E. Kaier

BASIC-Programmierbuch

Programmieren von Mikrocomputern

Die Bände dieser Reihe geben den Benutzern von Heimcomputern, Hobbycomputern
bzw. Personalcomputern über die Betriebsanleitung hinaus zusätzliche Anwendungshilfer
Der Leser findet wertvolle Informationen und Hinweise mit Beispielen zur optimalen
Ausnutzung seines Gerätes, besonders auch im Hinblick auf die Entwicklung eigener
Programme.

Bisher erschienene Bände

Band 1   **Einführung in BASIC**
von W. Schneider

Band 2   **Lehr- und Übungsbuch für die Rechnerserien cbm 2001 und cbm 3001**
von G. Oetzmann

Band 3   **BASIC für Fortgeschrittene**
von W. Schneider

Band 4   **Einführung in Pascal**
von W. Schneider

Band 5   **Lehr- und Übungsbuch für die Rechnerserien cbm 4001 und cbm 8001**
von G. Oetzmann

Band 6   **BASIC-Programmierbuch zu den grundlegenden Ablaufstrukturen
der Datenverarbeitung**
von E. Kaier

Band 7   **Lehr- und Übungsbuch für Commodore-Volkscomputer**
von G. Oetzmann

Band 8   **Assembler-Programmierung von Mikroprozessoren (8080, 8085, Z 80)
mit dem ZX 81**
von P. Kahlig

Band 9   **Einführung in die Anwendung des Betriebssystems CP/M**
von W. Schneider

Band 10   **Datenstrukturen in Pascal und BASIC**
von D. Herrmann

Band 11   **Programmierprinzipien in BASIC und Pascal**
von D. Herrmann

Band 12   **Assembler-Programmierung von Mikroprozessoren (8080, 8085, Z 80)
mit dem ZX Spectrum**
von P. Kahlig

Programmieren von Mikrocomputern Band 6

Ekkehard Kaier

BASIC-Programmierbuch

**zu den grundlegenden Ablaufstrukturen
der Datenverarbeitung**

Mit 46 Programmbeispielen,
179 Übungsaufgaben einschl. Lösungen
und 55 Übersichtstabellen

Friedr. Vieweg & Sohn   Braunschweig / Wiesbaden

Das in dem Buch enthaltene Programm-Material ist mit keiner Verpflichtung oder Garantie irgendeiner Art verbunden. Der Autor übernimmt infolgedessen keine Verantwortung und wird keine daraus folgende oder sonstige Haftung übernehmen, die auf irgendeine Art aus der Benutzung dieses Programm-Materials oder Teilen davon entsteht.

1. Auflage 1983
   Nachdruck 1983
   Nachdruck 1984

Satz: Friedr. Vieweg & Sohn, Braunschweig

ISBN-13: 978-3-528-04222-6   e-ISBN-13: 978-3-322-85410-0
DOI: 10.1007/ 978-3-322-85410-0

Vorwort

Das BASIC-PROGRAMMIERBUCH richtet sich an Basic-Anfänger, die Computerleistung
und -programme nicht passiv konsumieren, sondern aktiv gestalten wollen — seien es
Hobbyisten oder professionelle Anwender, 15jährige oder 75jährige, Computer-Fans (die
sich freiwillig mit dem Computer beschäftigen) oder Schüler und Studenten (die dies
vielleicht nur tun müssen).

Das BASIC-PROGRAMMIERBUCH ist kein Einführungsbuch im üblichen Sinne: es orientiert sich an den *Grundlegenden Ablaufstrukturen* der Datenverarbeitung/Informatik,
enthält *zwei Gliederungen*, beschreibt alle Programmbeispiele nach einem *einheitlichen
6-Punkte-Schema*, berücksichtigt die *strukturierte Programmierung*, liefert vollständige
Lösungen zu Aufgaben und kann *unabhängig vom Basic-Dialekt* eingesetzt werden.

Ob man Programme analysiert und in ihre Bestandteile zerlegt oder aber selbst Programme
schreibt und zu größeren Einheiten zusammenfügt — immer wieder wird man auf drei
Ablaufstrukturen als Grundmuster treffen: auf Folgestrukturen (lineare Abläufe), auf
Auswahlstrukturen (verzweigende Abläufe) und auf Wiederholungsstrukturen (Abläufe
mit Schleifen). Diese bilden als *Grundlegende Ablaufstrukturen* die Grundlage jeder
Programmierarbeit und aus diesem Grunde auch den Schwerpunkt des BASIC-PRO-
GRAMMIERBUCHS. 46 Programme demonstrieren Art und Anordnung der Ablaufstruk-
turen (auch Programmstrukturen genannt).

Das BASIC-PROGRAMMIERBUCH enthält zwei Gliederungen: Wollen Sie Ihre Program-
mierkenntnisse systematisch verbessern, dann verwenden Sie die *Gliederung nach Ablaufstrukturen;* Sie schreiten dabei — was das Programmieren betrifft — vom Einfachen zum
Schweren voran. Wollen Sie einzelne Anwendungen nachschlagen, dann verwenden Sie die
zweite *Gliederung nach Anwendungsgebieten.*

Jedes der 46 Programme des BASIC-PROGRAMMIERBUCHS ist nach folgendem
6-Punkte-Schema einheitlich beschrieben: Nach der Problemstellung (Punkt A) werden
die Problemanalyse (Punkt B), der Programmablaufplan (PAP) und das Struktogramm
(Punkt C), die Codierung in Basic (Punkt D), die Ausführung mit Dialogprotokoll/Com-
putertest und Testprotokoll/Schreibtischtest (Punkt E) und Fragen (Punkt F) wiedergegeben.

Der Programmiersprache Basic wird oftmals nachgesagt, sie führe zwangsläufig zum Programmieren im „Spaghetti-Stil" mit wilden Verzweigungen. Die Abläufe des BASIC-
PROGRAMMIERBUCHS zeigen, daß in dieser Programmiersprache sehr wohl *strukturiert
und klar aufgebaute Programme* geschrieben werden können.

Das BASIC-PROGRAMMIERBUCH bietet mit 59 Aufgaben und 120 Fragen ausgedehnte
Übungsmöglichkeiten. Die *vollständigen Lösungen* hierzu finden sich in Abschnitt 6 (alle
59 Aufgaben) und in Abschnitt 7 (alle 120 Fragen mit 8 Zusatzprogrammen).

Sämtliche Programme des BASIC-PROGRAMMIERBUCHS erfordern nur die elementaren
Anweisungen von Basic (Minimal-Basic) und können somit auf jedem *Computertyp
unabhängig vom Hersteller* ausgeführt werden.

Die Abläufe des BASIC-PROGRAMMIERBUCHS wurden in mehreren Kursen erprobt.

Für Hinweise auf Fehler ist der Autor jedem Leser dankbar.

Heidelberg, Frühjahr 1983   Ekkehard Kaier

Inhaltsverzeichnis

Gliederung nach Ablaufstrukturen

Inhaltsverzeichnis

Gliederung nach Anwendungsgebieten

I Grundlagen

1 Zum Aufbau dieses Buches

1.1 Arbeitsschritte zur Erstellung von Programmen

Die zweifellos revolutionärste Idee der elektronischen Datenverarbeitung (EDV) hatte
John von Neumann (1903–1957): danach enthält der Hauptspeicher des Computers
neben den zu verarbeitenden Daten auch das gerade in Ausführung befindliche Programm.
Mit der damit gegebenen Möglichkeit, neben den *Daten* („was" wird verarbeitet?) auch
das *Programm* („wie" ist zu verarbeiten?) verändern und auswechseln zu können, wird
ein und derselbe Computer (unveränderte Technik = *Hardware*) zum universellen Problem-
lösungsinstrument (veränderbare Programme = *Software*).
Entsprechend programmiert, läßt sich ein bestimmter Computer so zur Lösung von Pro-
blemen der Buchführung, der Wettervorhersage, der Rechnungsschreibung oder der Aus-
kunfterteilung über den Kontostand verwenden. Wie kam John von Neumann wohl auf
die Idee der *Speicherprogrammierung von Computern?* Er orientierte sich an der Datenverarbeitung beim Menschen und entwarf analog (ähnlich) dazu sein Modell der Datenverarbeitung beim Computer; dabei ist die Zentraleinheit als ‚Gehirn des Computers'
analog zum menschlichen Gehirn aufgebaut.

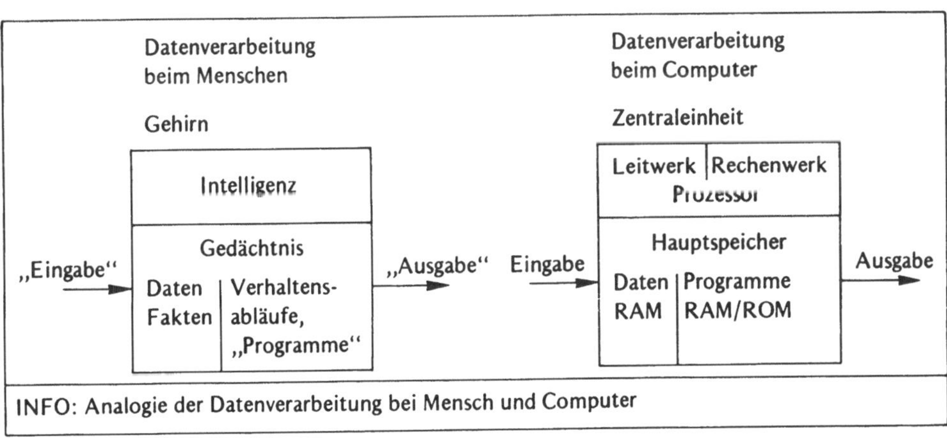

INFO: Analogie der Datenverarbeitung bei Mensch und Computer

Daten und Anwenderprogramme werden in flüchtigen Speichern RAM abgelegt, während
Systemprogramme häufig in Festwertspeichern ROM bereitgestellt sein können.

1.1.1 Arbeitsschritte allgemein

Wie kommt nun ein Programm in den Hauptspeicher des Computers? Wie geht man bei der Erstellung eines Programmes vor? Wie bei allen größeren Vorhaben unterteilt man sich auch hier die Arbeit in mehrere *Arbeitsschritte;* im allgemeinen sind es die folgenden fünf Arbeitsschritte A bis E:

A Problemstellung

Nennen des Problems, das vom Computer per Programm zu lösen ist. Programmnamen festlegen.

B Problemanalyse

Untersuchen des Problems. Entwickeln und Beschreiben des geplanten Ablaufs der Problemlösung. Die verbale Lösungsbeschreibung bezieht sich zumeist auf die Ausgabe, Eingabe sowie Verarbeitung und beantwortet folgende Fragen:

Ausgabe: Welche Daten werden vom Programm als Resultat ausgegeben
               (Ausgabe z.B. auf dem Bildschirm)?
Eingabe: Welche Daten werden vom Programm als Eingabe erwartet (Eingabe
               z.B. durch den Benutzer an der Tastatur)?
Verarbeitung: Regeln zusammenstellen (Rechenregeln, Formeln, Vorschriften).
               Schrittplan aufstellen (Lösungsplan als Folge von Teilschritten).
               Teilprobleme angeben (umfangreiches Gesamtproblem aufteilen).

C Zeichnerische Darstellung

1. Struktogramm (STG) entwerfen.
2. Programmablaufplan (PAP) nach DIN 66001 aufstellen.

D Codierung

Umsetzen des in den Schritten B und C verbal sowie zeichnerisch dargestellten Programms in eine Programmiersprache, z.B. in die Sprache BASIC.

E Ausführung bzw. Programmlauf

Codiertes Programm eingeben, testen und z.B. auf Diskette oder Kassette abspeichern.
1. Dialogprotokoll: Computertest für ein Anwendungsbeispiel mit RUN.
2. Testprotokoll: Schreibtischtest ohne Computer auf Blatt Papier.

INFO: Arbeitsschritte zur Erstellung eines Programms

1.1.2 Arbeitsschritte an einem Beispiel

Diese Arbeitsschritte sollen an einem einfachen Beispiel zur Mittelwertberechnung demonstriert werden. Als Programmnamen wählen wir den Namen DEMO1.

A Problemstellung zu DEMO1

Berechnung des Mittelwerts zweier Zahlen.

Zwei Zahlen sollen an der Tastatur des Terminals eingegeben werden. Das Programm hat den Mittelwert der beiden Zahlen zu berechnen und am Bildschirm des Terminals auszugeben.

B Problemanalyse zu DEMO1

Die Lösung des Problems ‚Mittelwertberechnung' läßt sich auf vielfältige Art und Weise beschreiben. Fünf Möglichkeiten seien hier wiedergegeben:

1. Umgangssprache (kurz): Zusammenzählen und halbieren.
2. Umgangssprache (ausführlicher): Zur Berechnung des Mittelwerts von zwei Zahlen werden diese addiert, um dann die so erhaltene Summe durch 2 zu dividieren.
3. Umgangssprache (ablauforientiert): Die beiden vom Benutzer an der Tastatur des Terminals eingegebenen Zahlen sind abzuspeichern. Dazu werden diese Zahlen den beiden Variablen namens X und Y zugewiesen.
   Anschließend soll das Programm den Inhalt dieser beiden Variablen addieren und die so erhaltene Zwischensumme der Variablen namens Z zuweisen.
   Der Inhalt von Z ist durch 2 zu teilen und als Mittelwert in M zu speichern.
   Zum Schluß ist der Mittelwert zusammen mit einem feststehenden Text am Bildschirm auszugeben.
4. Fachsprache der Mathematik (als Formel): $M = \dfrac{X + Y}{2}$
5. Fachsprache der Mathematik (ablauforientiert): $\begin{aligned} Z &= X + Y \\ M &= Z : 2 \end{aligned}$

Für die in diesem Buch angeführten Programmbeispiele wird eine Form der Beschreibung gewählt, die sich streng an die Beschreibungspunkte ‚Ausgabe', ‚Eingabe' und ‚Verarbeitung' hält und dabei auf die Erläuterung von Variablen eingeht:

Ausgabe: M Mittelwert (= Variable mit Namen M und Inhalt einer Zahl als Mittelwert)

Eingabe: X Erste Zahl
                 Y Zweite Zahl

Verarbeitung: Z Zwischensumme

Regel zur Mittelwertberechnung:

$$Z = X + Y$$
$$M = Z / 2$$

Schrittplan:
(1)   X und Y eingeben,
(2)   Zwischensumme Z berechnen,
(3)   Mittelwert M berechnen,
(4)   Ergebnis ausgeben.

C Zeichnerische Darstellung zur DEMO1

C.1 Struktogramm (STG) zu DEMO1

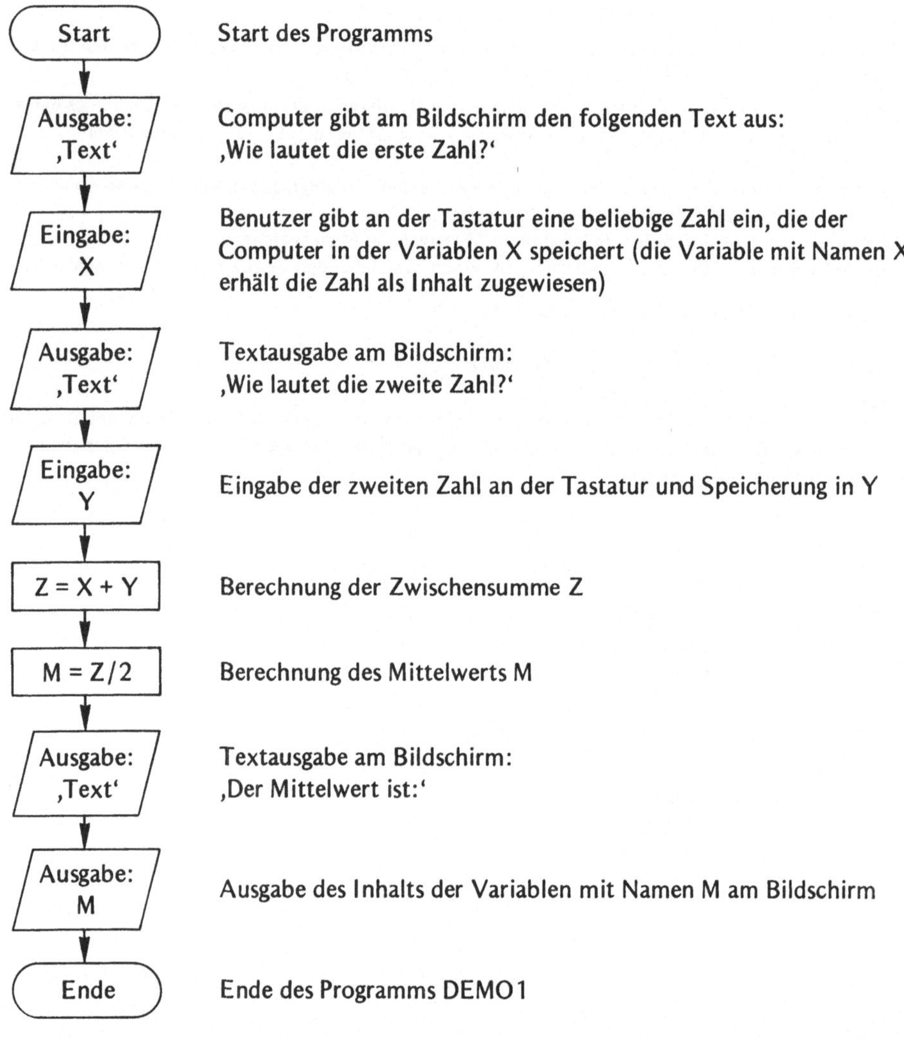

Bei umfangreichen Abläufen werden Struktogramm (STG) und Programmablaufplan (PAP) häufig wie folgt kombiniert: *Ein STG* zur Grobdarstellung des Gesamtablaufes verweist auf *mehrere PAPs*, welche die entsprechenden Unterabläufe im Detail darstellen.

C.2 Programmablaufplan (PAP) zu DEMO1

Start des Programms

Computer gibt am Bildschirm den folgenden Text aus: ‚Wie lautet die erste Zahl?'

Benutzer gibt an der Tastatur eine beliebige Zahl ein, die der Computer in der Variablen X speichert (die Variable mit Namen X erhält die Zahl als Inhalt zugewiesen)

Textausgabe am Bildschirm: ‚Wie lautet die zweite Zahl?'

Eingabe der zweiten Zahl an der Tastatur und Speicherung in Y

Berechnung der Zwischensumme Z

Berechnung des Mittelwerts M

Textausgabe am Bildschirm: ‚Der Mittelwert ist:'

Ausgabe des Inhalts der Variablen mit Namen M am Bildschirm

Ende des Programms DEMO1

D Codierung zu DEMO1

Unter einem *Programm* versteht man eine geordnete Folge von Anweisungen. Programm
DEMO1 ist in Programmiersprache BASIC codiert und besteht aus neun Anweisungen,
die in den neun Programmzeilen 0010 bis 0090 in der Sprache BASIC codiert sind.

```
0001  REM NAME    = DEMO1
0002  REM INHALT = MITTELWERT BERECHNEN
0003  REM -----------------------------------------
0010  PRINT 'WIE LAUTET DIE ERSTE ZAHL?'
0020  INPUT X
0030  PRINT 'WIE LAUTET DIE ZWEITE ZAHL?'
0040  INPUT Y
0050  LET Z=X+Y
0060  LET M=Z/2
0070  PRINT 'DER MITTELWERT IST:'
0080  PRINT M
0090  STOP
```

E Ausführung zu DEMO1

E.1 Dialogprotokolle zu DEMO1:

Ein *Dialogprotokoll* gibt den Dialog zwischen Mensch und Computer wieder, wie er
während der Programmausführung am Bildschirm erscheint bzw. am Drucker festgehalten
wird. Protokolliert werden dabei sämtliche Eingaben des Menschen (hier beim 1. Protokoll
der Reihe nach RUN, 5 und 9) und sämtliche Ausgaben des Computers auf Bildschirm
bzw. Drucker.

1. Dialogprotokoll

```
RUN
WIE LAUTET DIE ERSTE ZAHL?
5
WIE LAUTET DIE ZWEITE ZAHL?
9
DER MITTELWERT IST:
 7
```

2. Dialogprotokoll

```
RUN
WIE LAUTET DIE ERSTE ZAHL?
12500
WIE LAUTET DIE ZWEITE ZAHL?
24009.45
DER MITTELWERT IST:
 18254.725
```

E.2 Testprotokoll (Schreibtischtest) zu DEMO1

Der *Schreibtischtest* wird auch als Trockentest bezeichnet. Mit ihm wird am Schreibtisch
bzw. ‚im trockenen‘ (d.h. ohne Computer) verfolgt, wie das Programm läuft. Dazu hält
man auf dem Testblatt fest, welche Werte die Variablen während der Programmausführung
annehmen und welche Entscheidungen für bedingte Verzweigungen dabei getroffen werden:

— Spalte „Nr.“: Fortlaufende Numerierung eines Testvorgangs.

— Spalte „Programmzeile“: Anweisungsnummer im BASIC-Programm.

— Spalten „Wert der Variablen“: Variablen, deren Werte (= Inhalte) im Test untersucht
   werden.
   Ein Wert wird nur dann eingetragen, wenn er erstmals einer Variablen zugewiesen wird
   oder geändert wird.

– Spalten „Resultat der Entscheidung": Entscheidungen, in Abhängigkeit derer das Programm verzweigt.

Da das Programm DEMO1 ein lineares Programm ohne Verzweigungen ist, bleibt die Rubrik „Resultat der Entscheidung" natürlich ohne Eintragung.

<table>
<tr><td rowspan="2"></td><td rowspan="2">Nr.</td><td rowspan="2">Programm-zeile</td><td colspan="4">Wert der Variablen</td><td rowspan="2">Resultat der Entscheidung</td></tr>
<tr><td>X</td><td>Y</td><td>Z</td><td>M</td></tr>
<tr><td rowspan="4">1. Aus-
führung zu
Programm
DEMO1</td><td>1</td><td>20</td><td>5</td><td></td><td></td><td></td><td></td></tr>
<tr><td>2</td><td>40</td><td></td><td>9</td><td></td><td></td><td></td></tr>
<tr><td>3</td><td>50</td><td></td><td></td><td>14</td><td></td><td></td></tr>
<tr><td>4</td><td>60</td><td></td><td></td><td></td><td>7</td><td></td></tr>
<tr><td rowspan="4">2. Aus-
führung zu
Programm
DEMO1</td><td>1</td><td>20</td><td>12500</td><td></td><td></td><td></td><td></td></tr>
<tr><td>2</td><td>40</td><td></td><td>24009.45</td><td></td><td></td><td></td></tr>
<tr><td>3</td><td>50</td><td></td><td></td><td>36509.45</td><td></td><td></td></tr>
<tr><td>4</td><td>60</td><td></td><td></td><td></td><td>18254.725</td><td></td></tr>
<tr><td colspan="8">INFO: Schreibtischtest an einem Beispiel</td></tr>
</table>

1.2 Grundlegende Ablaufstrukturen

Bei der Aufgliederung noch so umfangreicher Programmabläufe, wie z.B. bei der Aufgliederung des Gesamtablaufes der Gewinnermittlung für Produkt X in einem Industrieunternehmen, trifft man letztlich immer wieder auf die gleichen drei Ablaufstrukturen: auf Folge-, Auswahl- und Wiederholungsstrukturen.

Diese Ablaufstrukturen bezeichnen wir aus zwei Gründen als *Grundlegende Ablaufstrukturen:* zum einen, da wir bei der Analyse von Gesamtabläufen immer wieder diese Ablaufstrukturen als ‚atomare Abläufe' finden; sie bilden die Grundlage von Programmabläufen schlechthin. Zum anderen, da wir umgekehrt aus diesen drei Ablaufstrukturen – entsprechend kombiniert angeordnet – die unterschiedlichsten Abläufe konstruieren können.

1.2.1 Folgestrukturen

Eine Folgestruktur wird Anweisung für Anweisung stets in derselben Reihenfolge durchlaufen. Da die Anweisungen der Folgestruktur eine Linie bilden, spricht man auch von einem linearen Ablauf.

1.2.2 Auswahlstrukturen

Die meisten Programme weisen einen verzweigenden Ablauf auf, bei dem in Abhängigkeit
von einer oder mehreren Bedingungen bei der Programmausführung unterschiedliche Wege
eingeschlagen werden. Bei Auswahlstrukturen wird dabei immer nach vorwärts verzweigt.
Zur Einseitigen Auswahl als der einfachsten Form der Auswahlstrukturen ein Beispiel:

> *Wenn* Rechnungspreis R größer als 1000 DM (Verzweigungsbedingung R > 1000),
> *dann* gewähre 10 % Rabatt (Bedingung erfüllt, Anweisungen am JA-Zweig), *sonst*
> aber tue *nichts* (Bedingung nicht erfüllt, keine Anweisungen am NEIN-Zweig).

Bei der Zweiseitigen Auswahl gilt ebenfalls die Logik „Wenn — dann — sonst", nur sind
hierbei unterschiedliche Anweisungen an den beiden Zweigen vorgesehen:

> *Wenn* R > 1000, *dann* 10 % Rabatt, *sonst* 3 % Rabatt.

Die Mehrseitige Auswahl enthält mehrere Bedingungen bzw. Abfragen zum gleichen
Thema, mindestens also zwei Bedingungen:

> *Wenn* R > 1000, *dann* 10 % Rabatt.
> *Wenn* R zwischen 500 und 1000, *dann* 5 % Rabatt.
> *Sonst* 3 % Rabatt.

Da bei der Mehrseitigen Auswahl mehrere Fälle abgefragt werden, nennt man diese Auswahlstruktur häufig auch Fallabfrage.

1.2.3 Wiederholungsstrukturen

Im Gegensatz zu den Auswahlstrukturen wird bei den Wiederholungsstrukturen nicht
nach vorwärts verzweigt, sondern nach rückwärts. Dadurch kommt es zur Wiederholung
eines bestimmten Programmabschnittes und damit zur Schleifenbildung. Unter einer
Schleife versteht man eine Folge von Anweisungen, die mehrmals durchlaufen wird,
deren Ausführung sich also wiederholt.

Bei der Schleife mit nachheriger Abfrage steht die Bedingung am Ende:

> *Wiederhole* Anweisungen,
> *bis* eine bestimmte Bedingung erfüllt ist (REPEAT-Schleife).

Bei der Schleife mit vorheriger Abfrage hingegen steht die Bedingung am Anfang:

> *Wiederhole* Anweisungen,
> *solange* eine bestimmte Bedingung erfüllt ist (WHILE-Schleife).

Diese beiden Schleifentypen sind Extremfälle; sehr oft steht die Bedingung irgendwo
‚in der Mitte' der Schleife.

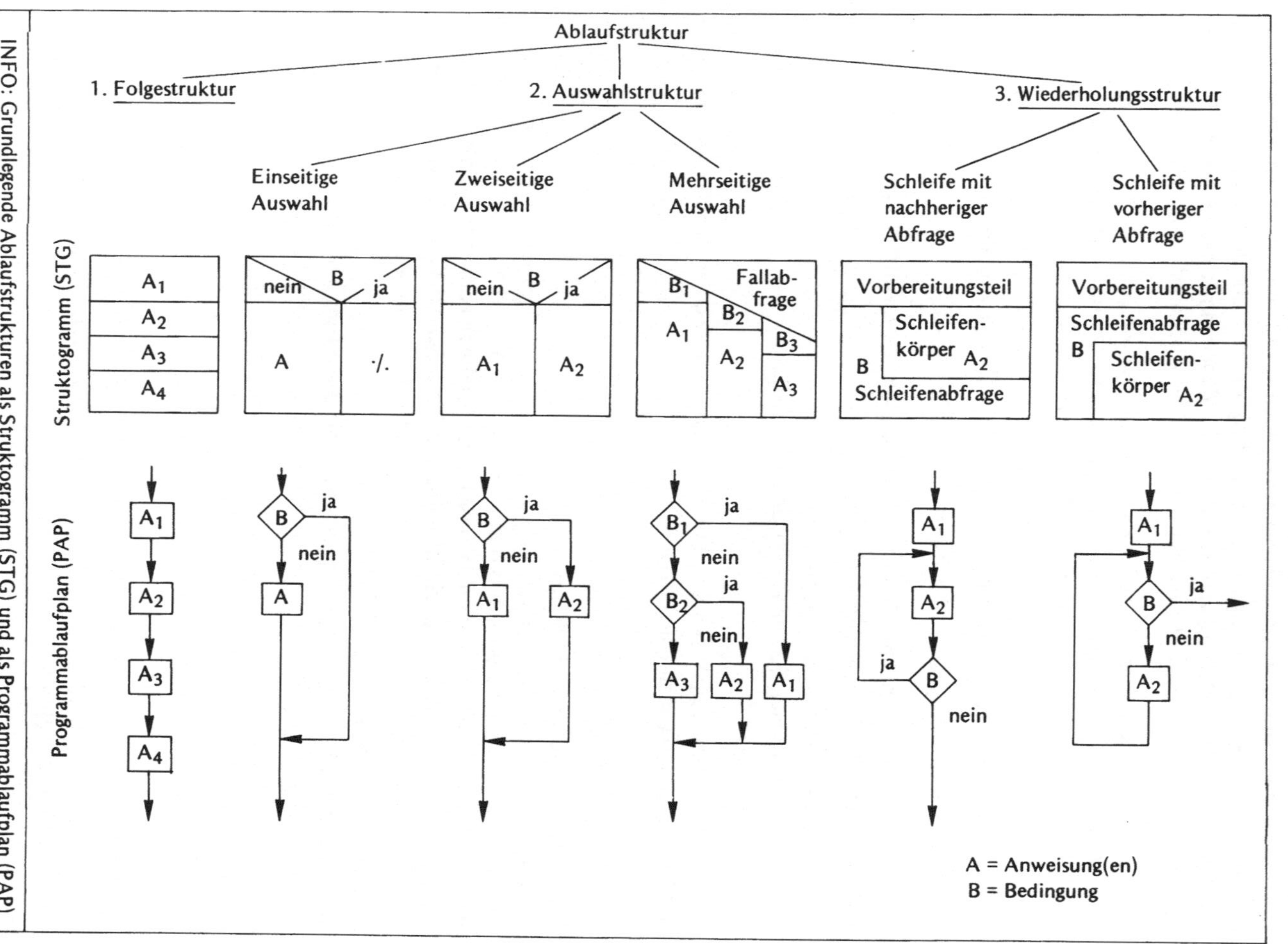

INFO: Grundlegende Ablaufstrukturen als Struktogramm (STG) und als Programmablaufplan (PAP)

1.2.4 Anordnung von Ablaufstrukturen in einem Programm

In *einem* Programm können beliebig *viele* Ablaufstrukturen enthalten sein. Dabei gilt es, die folgenden beiden Anordnungsmöglichkeiten zu unterscheiden:

> Ablaufstrukturen *hintereinander* bzw. in Reihe anordnen: Die erste Ablaufstruktur ist vollkommen durchlaufen, bevor mit der zweiten Ablaufstruktur begonnen wird.

> Ablaufstrukturen *geschachtelt* anordnen: Die erste Ablaufstruktur ist noch nicht beendet, wenn mit der nächsten Ablaufstruktur begonnen wird.

Beide Ordnungsmöglichkeiten von Schleifen, das hintereinander Anordnen und das geschachtelte Anordnen, können in umfangreichen Programmen natürlich kombiniert werden.

1.3 Einheitliches Gliederungsschema zu den Programmen

1.3.1 Gliederungspunkte A—F

Die Beschreibungen der Programmbeispiele dieses Buches sind alle nach dem gleichen Schema gegliedert. Das *Gliederungsschema* entspricht den in Abschnitt 1.1 erläuterten „Arbeitsschritten zur Erstellung eines Programms". Zusätzlich zu den Gliederungspunkten A—E ist der Punkt F mit Fragen angeführt.

A Problemstellung zu Programm ...
- Problemkreis und Problemangabe
- Programmname

B Problemanalyse zu Programm ...
- Ausgabe
- Eingabe
- Verarbeitung mit 1. Regeln, 2. Schrittplan und 3. Teilprobleme

C Zeichnerische Darstellung zu Programm ...
- C.1 Struktogramm (STG)
- C.2 Programmablaufplan (PAP)

D Codierung in BASIC zu Programm ...
Auflistung der Anweisungen (mittels LIST)

E Ausführung bzw. Programmlauf zu Programm ...
- E.1 Dialogprotokoll als Computertest (mittels RUN)
- E.2 Testprotokoll als Schreibtischtest

F Fragen zu Programm ...
Kontrollfragen sowie weiterführende Aufgaben.

INFO: Einheitliches Gliederungsschema zu den Programmen dieses Buches

Die Gliederungspunkte A—F finden sich bei jedem einzelnen Programm. Beim Gliederungspunkt *B Problemanalyse* wird vom Einfachen (Ausgabe als erwartetes Resultat zumeist
mit der Problemstellung bereits vorgegeben) zum Schwierigen (Verarbeitung) vorgegangen.
Der Schrittplan wird nur bei einigen Programmen angegeben, das Zerlegen eines Gesamt-
problems in überschaubare Teilprobleme ist nur bei umfangreicheren Abläufen erforderlich.

Beim Gliederungspunkt *C Zeichnerische Darstellung* wird häufig nur eine der beiden Dar-
stellungsarten verwendet, also das Struktogramm (STG) oder der Programmablaufplan (PAP).

Beim Gliederungspunkt *E Ausführung* werden in jedem Fall ein oder mehrere Dialogprotokolle wiedergegeben; das Testprotokoll (Schreibtischtest) hingegen ist nur bei einigen Programmen angeführt.

1.3.2 Datenflußplan zu den Programmen

Neben den in Abschnitt 1.1 angeführten Arbeitsschritten A—E wird oftmals ein weiterer
Schritt genannt: der *Datenflußplan.* Aus folgenden beiden Gründen wurde dieser Datenflußplan nicht als weiterer Punkt in das Gliederungsschema zu den einzelnen Programmbeispielen aufgenommen: Zum einen orientiert sich der Datenflußplan mehr an den tech-
nischen Einheiten bzw. Geräten des Computers (Hardware) als am Programm bzw. an der
Programmierung (Software). Zum anderen ist der Datenflußplan für sämtliche Programmbeispiele dieses Buches fast gleich:

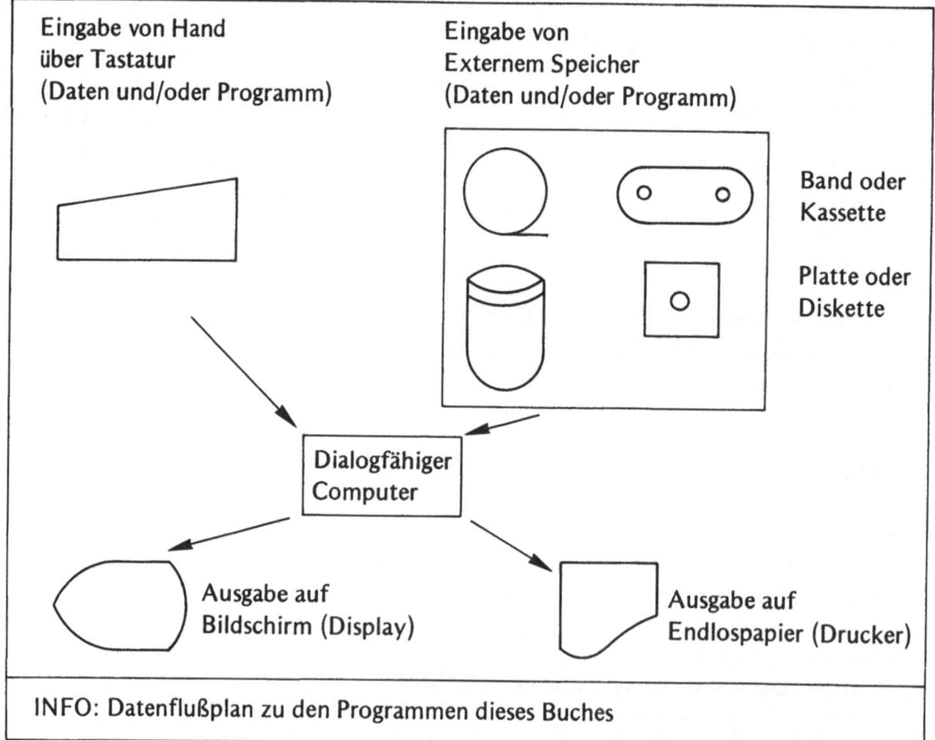

1.3.3 Reihenfolge der Bearbeitung der Programme

In der ersten Gliederung sind die *Programme nach Ablaufstrukturen* geordnet: Folge-,
Auswahl- und Wiederholungsstrukturen. Die Programme sind dabei nach steigendem
Schwierigkeitsgrad gegliedert. Wichtige Inhalte sind in INFOs übersichtlich zusammen-
gefaßt (INFO steht für Information).

In der zweiten Gliederung sind die *Programme nach Anwendungsgebieten* geordnet: von
einfachen Demonstrationsprogrammen über das Verteilen von Kapitalien bis zu Anwendungen des Terminrechnens. Ein Teil der Anwendungen erstreckt sich auf das Wirtschafts-
rechnen.

1.3.4 Bearbeitung mit und ohne Computer

Die in diesem Buch angeführten Programme können Sie auf Ihrem Computer bzw. Mikrocomputer eingeben und laufen lassen. Da bei diesen Programmen nur die elementaren,
den Standards für ein „Minimal Basic" entsprechenden Anweisungen Verwendung finden,
werden die Programme in jedem Fall auf Ihrer EDV-Anlage laufen — gleichgültig, welches
Fabrikat Sie besitzen. Nur kleinere — die Schreibweise und nicht die Logik betreffende —
Änderungen müssen Sie evtl. vornehmen: Anführungszeichen oben " anstelle Hochkomma
oben ', IF—THEN anstelle von IF—GOTO, andere Bezeichnung bei der Druckmaske für
PRINT USING.

Ein Tip für diejenigen, die noch über keinen eigenen Computer verfügen: Dialogsprachen
dienten oftmals anfangs als allgemeine Hilfsmittel zur Beschreibung von Problemlösungen,
um erst später zur Programmierung von Computern genutzt zu werden. Den Arbeits-
schritt D (Programm in Dialogsprache BASIC dargestellt) können Sie also durchaus auch
ohne Computereinsatz verstehen; er dient der exakten und ablaufmäßigen Darstellung des
entsprechenden Problems. Die anderen zu jedem Problem angeführten Arbeitsschritte
A, B, C, E und F beziehen sich nicht unmittelbar auf den Computer. Das heißt: Die in
diesem Buch wiedergegebenen Programmbeispiele können auch ohne den Einsatz einer
EDV-Anlage sinnvoll bearbeitet werden; der Schreibtischtest müßte dann an die Stelle
des Computertests treten.

II Programme

2 Programme mit Folgestrukturen

2.1 Ablauf mit Wertzuweisung und Ausgabe
(9.1 Prozentwert ermitteln mit Textausgabe (PROZ 1))

<table>
<tr><td colspan="2">Wertzuweisung mittels LET-Anweisung:</td></tr>
<tr><td>0040 LET W=5</td><td>Weise die numerische Konstante 5 der Variablen W zu (Langform) oder W ergibt sich aus 5 (Kurzform).</td></tr>
<tr><td>0050 LET W=25 · 20/100</td><td>Weise W das Ergebnis des rechts vom Zuweisungszeichen = stehenden Ausdrucks (d.h. 5) zu.</td></tr>
<tr><td colspan="2">Ausgabe mittels PRINT-Anweisung:</td></tr>
<tr><td>0020 PRINT 'RECHNUNGSBETRAG:'</td><td>Gib die Textkonstante RECHNUNGSBETRAG: aus (Text ist alles, was zwischen Hochkomma steht).</td></tr>
<tr><td>0070 PRINT W</td><td>Gib den derzeitigen Inhalt der Variablen W aus.</td></tr>
<tr><td>0080 PRINT W; 'DM.'</td><td>Gib den Inhalt von W und dahinter den Text DM. aus.</td></tr>
<tr><td>0090 PRINT W, 'DM.'</td><td>Trennungszeichen , bewirkt großen Zwischenraum und Trennungszeichen ; kleinen Zwischenraum.</td></tr>
</table>

INFO: Einfache Anwendungen der Anweisungen LET und PRINT

Das Anweisungswort LET kann bei vielen BASIC-Systemen weggelassen werden. Der Übersicht wie Systemunabhängigkeit halber wird in den Programmbeispielen dieses Buches das Anweisungswort LET stets angeführt.

2.1.A Problemstellung zu PROZ 1

Prozentrechnen: allgemeine Rechenregel.

Es ist ein Programm zu erstellen, das die allgemeinen Regeln des Prozentrechnens zusammen mit einem Beispiel am Bildschirm ausgibt (siehe Dialogprotokoll).

2.1.B Problemanalyse zu PROZ1

Ausgabe: W   Prozentwert, Textausgabe,

Eingabe: keine Eingabe,

Verarbeitung: Wertzuweisung zur Variablen W nach der Rechenregel des Prozentrechnens:

$$W = \frac{3 \cdot 50}{100}.$$

2.1.C Zeichnerische Darstellung zu PROZ1

Struktogramm (STG)

1. Ausgabezeile: Text
2. Ausgabezeile: Text
3. Ausgabezeile: Text
4. Zeile: Wert nach W zuweisen
5. Ausgabezeile: Text
6. Ausgabezeile: Text sowie W
7. Zeile: Programmende bzw. -stop

Programmablaufplan (PAP)

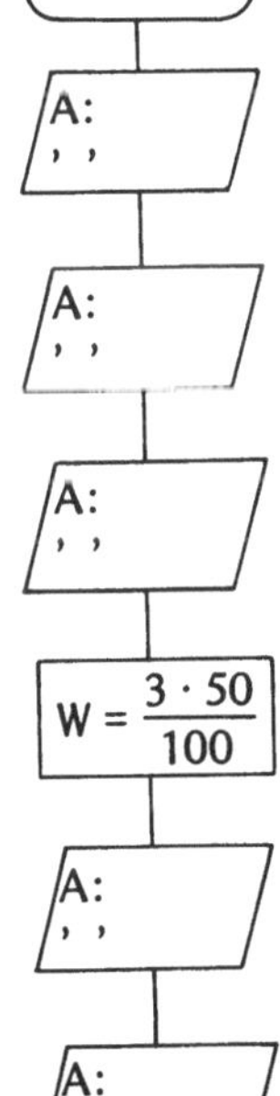

Sinnbild für Start/Stop:

Sinnbild für Eingabe (E) und Ausgabe (A):

Sinnbild für Verarbeitung bzw. Wertzuweisung:

2.1.D Codierung zu PROZ1

> **Ihre Aufgabe**

2.1.E Dialogprotokoll zu PROZ1

```
RUN
RECHENREGEL DES PROZENTRECHNENS:
PROZENTWERT(W) = PROZENTSATZ(P) * GRUNDWERT(G) / 100
3 PROZENT VON 50 DM ALS ANWENDUNGSBEISPIEL:
W = 3 * 50 / 100
W = 1.5   DM
```

2.1.F Fragen zu PROZ1

1. Entspricht das Zuweisungszeichen = bei der LET-Anweisung eher dem ← (Pfeil nach links) oder dem → (Pfeil nach rechts)?

2. Erklären Sie anhand der beiden Anweisungen 0010 PRINT 'W' und 0040 PRINT W die Begriffspaare numerische Daten — Textdaten sowie Konstante — Variable.

3. Die Trennungszeichen , und ; teilen in Ausgabezonen ein; wie groß sind diese Zonen bei Ihrem Computer?

2.2 Ablauf mit Eingabe, Verarbeitung und Ausgabe
(9.2 Prozentwert ermitteln (PROZ 2))

Kennzeichnend für jeden Ablauf der DV mittels Computer ist das EVA-Prinzip, d.h. die Anweisungsfolge Eingabe, Verarbeitung und Ausgabe.

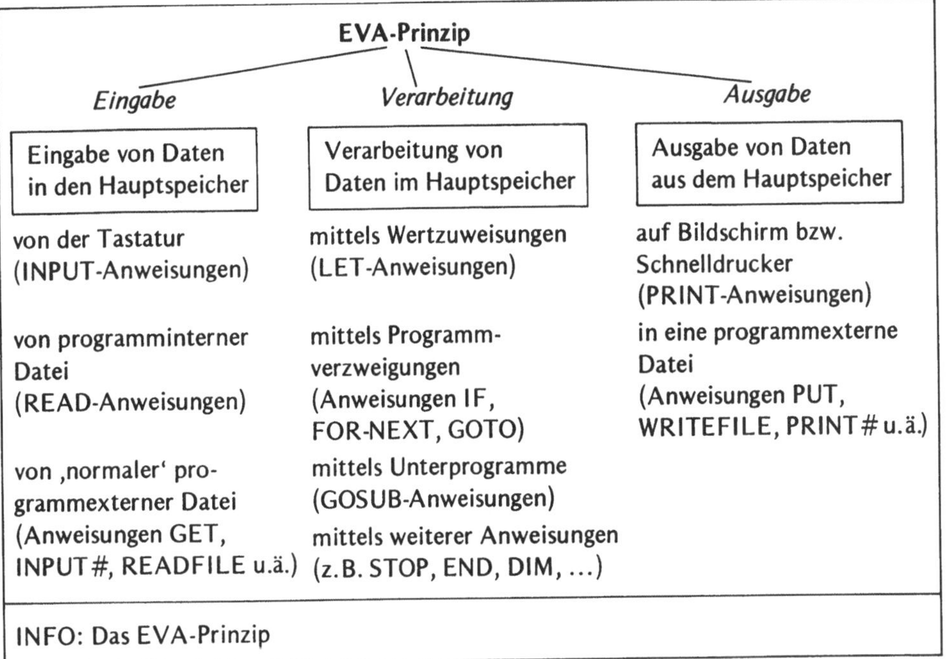

Auch umfangreichere Programme wird man schon der Übersicht halber möglichst so schreiben, daß das EVA-Prinzip als ,Grobgliederung' sichtbar bleibt.

Eingabe mittels INPUT-Anweisung:

0020 INPUT X   Warte auf eine Zahl als Tastatureingabe und weise diese der Variablen X zu.

0030 INPUT Y, Z   Warte auf zwei Zahlen als Tastatureingabe und weise die erste Zahl Y und die zweite Zahl X zu.

INFO: Einfache Anwendungen der INPUT-Anweisung

Jeder Tastatureingabe mittels INPUT muß eine Eingabeanforderung mittels PRINT vorausgehen: Nur so weiß der Benutzer, welche Werte er überhaupt einzugeben hat. Viele BASIC-Systeme lassen aus diesem Grunde eine Kombination von PRINT und INPUT wie folgt zu:

<table>
<tr><td>0010 PRINT 'PROZENTSATZ?'
0020 INPUT P

PRINT für Ausgabe und
INPUT für Eingabe</td><td>0010 INPUT 'PROZENTSATZ?';P

INPUT für Ausgabe wie für Eingabe</td></tr>
<tr><td colspan="2">INFO: Eingabeanforderung mittels PRINT oder INPUT</td></tr>
</table>

Damit die Programme dieses Buches systemunabhängig verwendbar und gut lesbar sind, wird die Eingabeanforderung stets getrennt in einer gesonderten PRINT-Anweisung geschrieben.

2.2.A Problemstellung zu PROZ2

Prozentrechnen: Prozentwert ermitteln.

Es ist ein Programm zu erstellen, das das Problem „Wieviel DM ergeben P Prozent von 50 DM?" löst, wobei ein beliebiger Prozentsatz P an der Tastatur eingetippt wird.

2.2.B Problemanalyse zu PROZ2

Ausgabe: W Prozentwert sowie Textausgabe,

Eingabe: P Prozentsatz (über Tastatur),

Verarbeitung: Wertzuweisung zur Variablen W nach der Rechenregel $W = \dfrac{P \cdot 50}{100}$ mit 50 als Grundwert.

2.2.C Programmablaufplan zu PROZ2

> Ihre Aufgabe

2.2.D Codierung zu PROZ2

```
0001 REM NAME    = PROZ2
0002 REM INHALT = PROZENTWERT ERMITTELN
0003 REM --------------------------------
0010 PRINT 'PROZENTSATZ EINTIPPEN:'
0020 INPUT P
0030 LET W=P*50/100
0040 PRINT P;'PROZENT VON 50 SIND';W
0050 STOP
```

2.2.E Zwei Dialogprotokolle zu PROZ2

```
RUN
PROZENTSATZ EINTIPPEN:
10
  10     PROZENT VON 50 SIND 5

RUN
PROZENTSATZ EINTIPPEN:
125
 125    PROZENT VON 50 SIND 62.5
```

2.2.F Fragen zu PROZ2

1. Warum geht man bei der Problemanalyse nicht dem EVA-Prinzip gemäß vor, sondern in der Folge AEV (Ausgabe, Eingabe, Verarbeitung)?
2. Ändern Sie Programm PROZ2 so ab, daß die Programmausführung z.B. folgendes Dialogprotokoll ergibt (Programmname PROZ21):

```
RUN
EINGABE: PROZENTSATZ, GRUNDWERT
500 , 700
PROZENTWERT: 3500
```

2.3 Verwendung vorgefertigter Funktionen
(10.7 Zinszahlen runden (ZINS 7))

Vorgefertigte Funktionen (Beispiele):

ABS(X)   Absolutwert von X angeben (ABS(−3) ergibt 3).
INT(X)   Ganzzahligen Teil von X angeben (INT(1.45) ergibt 1).
PEEK(X)   Wert des Bytes der Adresse X angeben.
RND   Zufallszahl erzeugen (RND ergibt z.B. 0.15 oder 0.97).

Selbsterstellte Funktionen:

Benutzer definiert selbst eine Funktion zur Lösung eines sich wiederholenden Problems.

INFO: Vorgefertigte und selbsterstellte Funktionen

BASIC-Systeme stellen eine Vielzahl *vorgefertigter Funktionen* zur Verfügung, auch Standardfunktionen oder eingebaute Funktionen genannt. Diese Funktionen werden ähnlich verwendet wie die Funktionstasten beim Taschenrechner: An die Stelle des Tippens von INT(1.9) tritt der Funktionsaufruf INT(1.9), um als Ergebnis den ganzzahligen Teil 1 zu erhalten. Eine Funktion kann man sich vorstellen als Unterprogramm; die Größe, auf die eine Funktion angewandt wird, nennt man *Parameter*.

In einigen BASIC-Systemen hat der Benutzer die Möglichkeit, selbst eine eigene Funktion
zu codieren, um diese dann in einem Programm als Unterprogramm mehrmals aufzurufen;
man spricht von *selbsterstellten bzw. selbstdefinierten Funktionen.*

2.3.A Problemstellung zu ZINS 7

Ein Programm soll beliebige positive Zahlen auf die Einer-, die Zehner-, die Hunderterstelle
usw. runden.

Anwendungsbeispiel: Zinszahlen, deren Dezimalstellen ab 0.5 auf Ganze aufgerundet
werden.

2.3.B Problemanalyse zu ZINS 7

Ausgabe: Z1 Gerundete Zahl

Eingabe: Z0 Zahl, die zu runden ist (Z0 = Z null).
                 S   Anzahl von Dezimalstellen, auf die zu runden ist.

Verarbeitung: Beispiel: Die Zahl 12.555 soll auf zwei Dezimalstellen gerundet werden.

Schrittplan zum Rundungsvorgang:

(1) $S = 10^S \Rightarrow 100$ Zwei Dezimalstellen entsprechen dem Hundertstel
(2) $S \cdot Z0 \Rightarrow 1255.5$ Zahl mit 100 multiplizieren
(3) $1255.5 + 0.5 \Rightarrow 1256$ 0.5 dazu addieren
(4) $INT(1256) \Rightarrow 1256$ Evtl. vorhandene Dezimalen abschneiden
(5) $1256 : 100 \Rightarrow 12.56$ Durch 100 dividieren

2.3.C Programmablaufplan zu ZINS 7

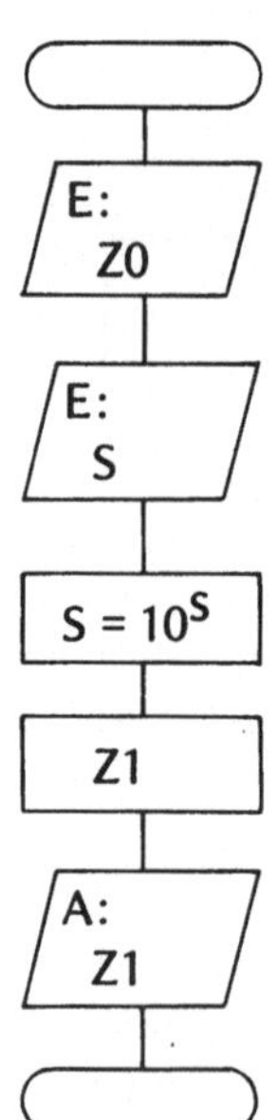

2.3.D Codierung zu ZINS 7

> **Ihre Aufgabe**

2.3.E Zwei Dialogprotokolle zu ZINS 7
Runden Sie die Zahl 12.6 auf eine ganze Zahl und die Zahl 12.555 auf zwei Dezimalstellen.

```
RUN
ZU RUNDENDE ZAHL ?
12.6
AUF WIEVIELE DEZIMALSTELLEN IST ZU RUNDEN ?
0
 12.6      AUF   13      GERUNDET

RUN
ZU RUNDENDE ZAHL ?
12.555
AUF WIEVIELE DEZIMALSTELLEN IST ZU RUNDEN ?
2
 12.555    AUF   12.56      GERUNDET
```

2.3.F Fragen zu ZINS 7

1. „Ein Parameter einer Funktion dient der Eingabe eines Wertes vom rufenden Programm
   in die Funktion und umgekehrt der Ausgabe von der Funktion ins Programm."
   Stimmen Sie dem zu?
2. Welche Funktionen mit Parameterangabe und welche Funktionen ohne Parameterangabe kennt Ihr BASIC-System?

2.4 Ausgabeformatierung

(11.1 Barwert ermitteln und formatiert ausgeben (DISK 1))

Die (Druck-)Ausgabe formatieren heißt, sie in eine geordnete Form bringen. Sprachmittel
zur Formatierung sind das *Semikolon* (; für kleinen Zwischenraum, z.B. zwei Leerstellen),
das *Komma* (, für großen Zwischenraum auf nächster vortabulierten Stelle, z.B. 14 Stellen),
die *Funktion TAB(X)* (TAB(9) spricht Tabulatorstelle 9 an) und die *Anweisungen
PRINT USING mit Maske.*

Ungeordnete Druckausgabe:

```
RECHNUNGSBETRAG 100.85     0060 PRINT 'RECHNUNGSBETRAG';R
RABATT 2                   0070 PRINT 'RABATT';T
```

Geordnete Druckausgabe (formatierte Ausgabe):

```
RECHNUNGSBETRAG 100.85     0060 PRINT USING 80, 'RECHNUNGSBETRAG',R
RABATT              2.00   0070 PRINT USING 80, 'RABATT',T
                           0080 MASKE ≠≠≠≠≠≠≠≠≠≠≠≠≠≠ ≠≠≠.≠≠
```

Die Maske in Zeile 80 dient der spaltenweise geordneten Druckausgabe, d.h. der Formatierung.

INFO: Anweisungspaar PRINT USING mit MASKE zur formatierten Ausgabe

---

2.4.A Problemstellung zu DISK 1

Diskontrechnen: Ermitteln des Barwerts eines bei der Bank zum Diskont eingereichten Wechsels.

Es ist ein Programm zu erstellen, das den Wechselbetrag, den Diskontsatz und die Zinstage als Eingabe erwartet, den Barwert ermittelt und diesen zusammen mit dem Wechselbetrag sowie Diskont in einer Übersicht am Bildschirm ausgibt.

2.4.B Problemanalyse zu DISK 1

Ausgabe: K Wechselbetrag in DM
                D Diskontabzug in DM
                B Barwert in DM
                Text zur Erläuterung dieser Ausgabewerte.

Eingabe: K Wechselbetrag in DM
                P Diskontsatz in %
                T Tage von Einreichdatum bis zur Fälligkeit des Wechsels.

Verarbeitung: 1. Berechnung des Diskonts D nach der Zinsformel:

$$D = \frac{K \cdot P \cdot T}{100 \cdot 360}$$

                2. Berechnung des Barwerts B:

$$B = K - D$$

                3. Aufbereitung der Druckausgabe z.B. mittels der Anweisung PRINT USING und einer MASKE.

2.4.C *Programmablauf zu DISK 1*

Programmablaufplan ausführlich:

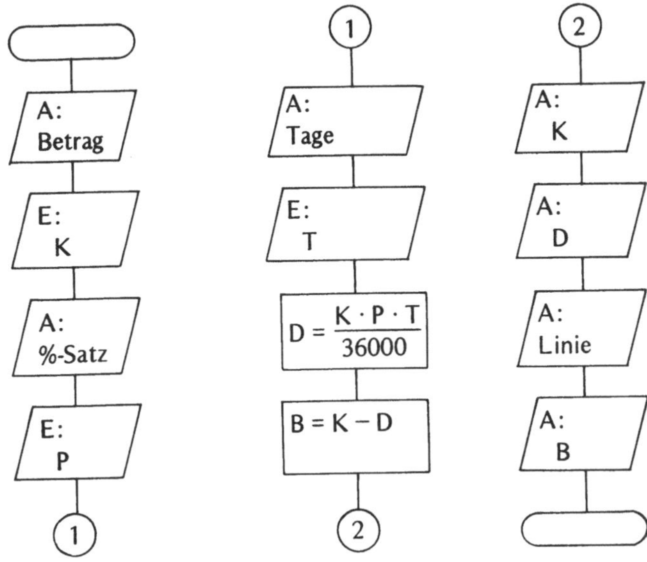

Programmablaufplan verkürzt:

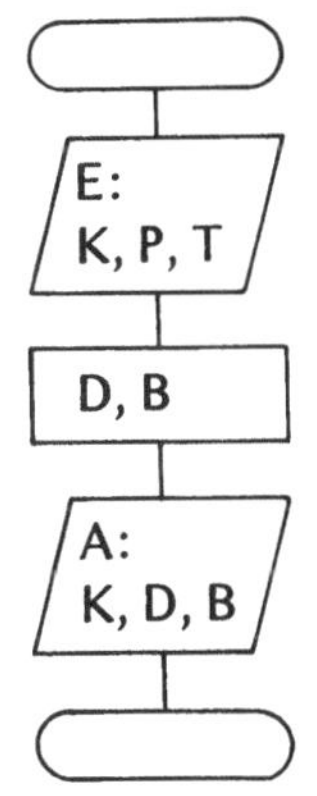

Sinnbild für Anschlußpunkt,
Konnektor bzw. Verbinder:

2.4.D *Codierung zu DISK 1*

Ihre Aufgabe

2.4.E Zwei Dialogprotokolle zu DISK1

Ein Kunde reicht einen Wechsel über 10 000.00 DM 1/2 Jahr vor Fälligkeit zum Diskontieren ein. Wieviel DM schreibt ihm die Bank gut (Diskontsatz 9 %)?

Wie groß ist der Barwert eines Wechsels über 15 000.00 DM bei 8 % Zinssatz und 90 Tage Restlaufzeit?

```
RUN                                 RUN
WECHSELBETRAG  =?                   WECHSELBETRAG  =?
10000                               15000
DISKONTSATZ  =?                     DISKONTSATZ  =?
9                                   8
TAGE BIS FAELLIGKET  =?             TAGE BIS FAELLIGKET  =?
180                                 90
 WECHSEL  :  10000.00               WECHSEL  :  15000.00
-DISKONT  :    450.00              -DISKONT  :    300.00
-- -- --- --- --- --- --- --- ---   -- --- --- --- --- --- --- ---
=BARWERT  :   9550.00              =BARWERT  :  14700.00
```

2.4.F Fragen zu DISK1

1. Prinzip der Ausgabeformatierung: Ein oder mehrere PRINT-Anweisungen gebrauchen (USING) eine Maske. Wie ist diese Maske (auch Image-Anweisung genannt) bei Ihrem System anzuwenden?

2. Bei gleichbleibendem Wechselbetrag K und Diskontsatz P soll der Barwert für jeweils andere (von Ihnen an der Tastatur einzutippende) Tage berechnet werden.

   a) Durch Einfügen welcher einen zusätzlichen Anweisung könnte dies mit dem Ablauf DISK1 erreicht werden?

   b) Was müßte dann sinnvollerweise noch eingebaut werden?

   c) Würde dann noch eine Folgestruktur vorliegen?

3 Programme mit Auswahlstrukturen

In Abschnitt 1.2 wurden als grundlegende *Ablaufstrukturen* bzw. *Programmstrukturen* unterschieden:

— Folgestrukturen (lineare unverzweigte Abläufe),
— Auswahlstrukturen (verzweigte Abläufe, Vorwärtsverzweigung),
— Wiederholungsstrukturen (verzweigte Abläufe, Rückwärtsverzweigung;
   auch Schleifen genannt).

Die *Auswahlstrukturen* lassen sich gliedern in die Einseitige Auswahl, die Zweiseitige Auswahl und die Mehrseitige Auswahl (Fallabfrage).

3.1 Einseitige Auswahl

Der Einseitigen Auswahl liegt folgende Logik zugrunde:

    wenn   ...
            dann tue nichts
            sonst führe Anweisung(en) A aus
    Ende-wenn

Der Programmablauf ist damit abhängig von einer Bedingung (wenn ...).

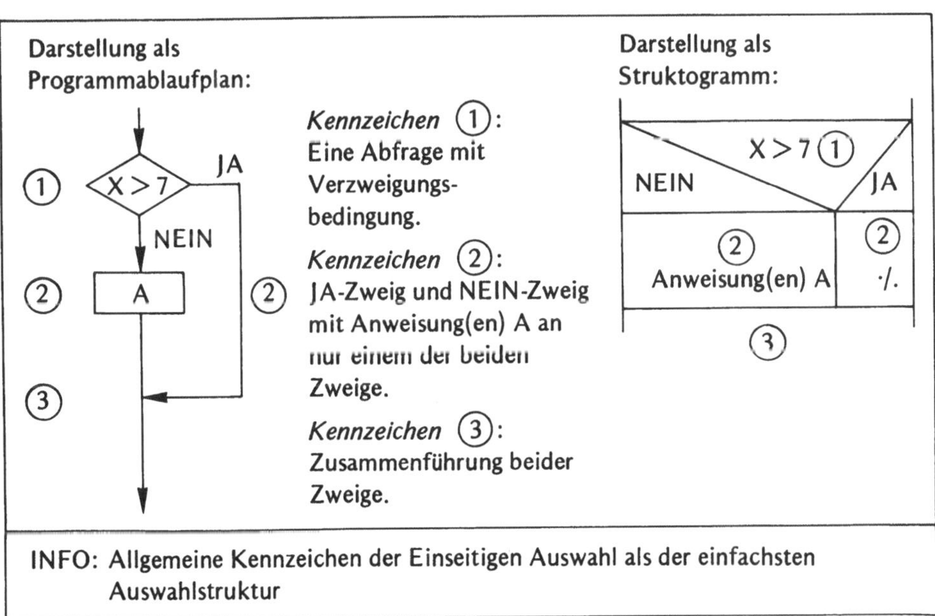

INFO: Allgemeine Kennzeichen der Einseitigen Auswahl als der einfachsten
   Auswahlstruktur

3.1.1 Bedingte Verzweigung mit JA-Zweig und NEIN-Zweig
(1.2 Positive Zahl angeben (DEMO 2))

In BASIC steht für die Einseitige Auswahl die IF-Anweisung zur Verfügung.

```
0020 .....                 JA-Zweig:
0030 IF X > 7 THEN 0050     Wenn die Bedingung  X > 7  erfüllt ist, dann gehe
0040 .....                  nach Zeile 0050.
0050 .....                  Dies trifft zu z.B. für die Zahlen 8, 9, 10, 11, ...
```

Anstelle von IF-THEN wird häufig auch IF-THEN GOTO oder auch IF-GOTO verwendet. Die Schreibweise ist anders, die Logik jedoch ist gleich.

NEIN-Zweig:
Wenn die Bedingung X > 7 nicht erfüllt ist, dann fahre, wie sonst stets auch, mit der Folgezeile fort, also mit Zeile 0040.
Dies trifft zu z.B. für die Zahlen 7, 6, 5, ...

INFO: Bedingte Verzweigung mittels einfacher IF-Anweisung

3.1.1.A *Problemstellung zu DEMO 2*

Elemente von Mengen: Angabe, ob bestimmte Objekte Elemente der Menge der positiven Zahlen sind oder nicht.

Es ist ein Programm zu erstellen, das prüft, ob eine an der Tastatur eingetippte Zahl positiv ist oder nicht.

3.1.1.B *Problemanalyse zu DEMO 2*

Ausgabe: Text POSITIVE ZAHL (falls Z größer oder gleich 0) oder aber keine Ausgabe (falls Z kleiner als 0).

Eingabe: Z beliebige Zahl.

Verarbeitung: Abfrage $Z < 0$ mit leerem Zweig als JA-Zweig und Textausgabe POSITIVE ZAHL als NEIN-Zweig.

3.1.1.C Zeichnerische Darstellung zu DEMO2

Programmablaufplan (PAP)   **Struktogramm (STG)**

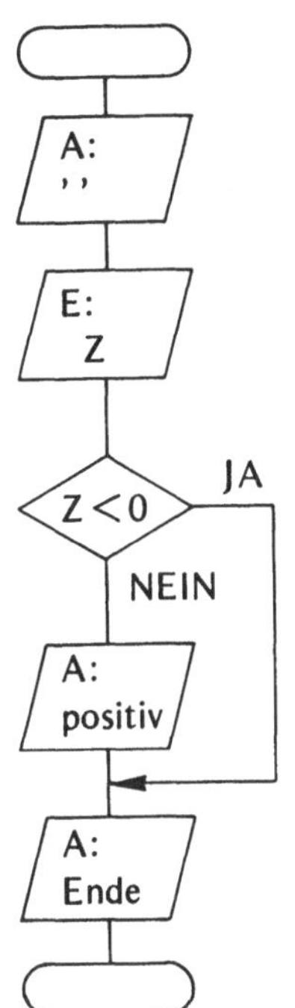

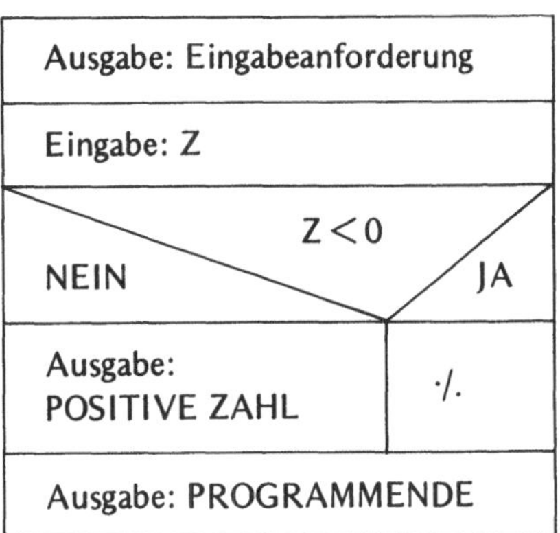

3.1.1.D Codierung zu DEMO2

```
0001 REM NAME    = DEMO2
0002 REM INHALT = POSITIVE ZAHL ANGEBEN
0003 REM --------------------------------------------------
0010 PRINT 'EINGABE: BELIEBIGE ZAHL.'
0020 INPUT Z
0030 IF Z<0 GOTO 50
0040 PRINT 'POSITIVE ZAHL.'
0050 PRINT 'PROGRAMMENDE'
0060 STOP
```

3.1.1.E Dialogprotokoll zu DEMO2

Welche Dialogprotokolle erhält man, wenn das Programm DEMO2 nacheinander dreimal
ausgeführt wird:

a) Tastatureingabe 7,

b) Tastatureingabe -4.55,

c) Tastatureingabe 0 (null)?

Ihre Aufgabe

3.1.1.F Fragen zu DEMO2

1. „DEMO2 besteht aus einer Folgestruktur und aus einer Auswahlstruktur". Stimmt diese Behauptung?
2. Erklären Sie die drei Kennzeichen der Einseitigen Auswahl anhand von Programm DEMO2.
3. Codieren Sie DEMO2 unter Verwendung der Verzweigungsbedingung $Z \geq 0$ anstelle der Bedingung $Z < 0$ und beurteilen Sie diese Codierungsart. Programmname: DEMO21.

3.1.2 Zwei Auswahlstrukturen hintereinander angeordnet

(11.4 Laufzeit ermitteln anhand Abrechnungs- und Fälligkeitsdatum (DISK4))

Ein Programm kann mehrere Ablaufstrukturen enthalten, wobei diese Ablaufstrukturen entweder hintereinander oder aber geschachtelt angeordnet sein können (vgl. Abschnitt 1.2.4).

Das folgende Programmbeispiel zeigt, wie zwei Auswahlstrukturen (genauer: zwei Einseitige Auswahlen) hintereinander angeordnet sind.

3.1.2.A Problemstellung zu DISK4

Diskontrechnen bzw. Zinsrechnen: Ermittlung der Laufzeit in Tagen.

Es ist ein Programm zu erstellen, das ein beliebiges Abrechnungsdatum sowie ein beliebiges Fälligkeitsdatum als Eingabe erwartet und daraus die Zinstage ermittelt.

Für die Zinstage gilt die deutsche Methode, d.h. Jahr zu 360 Tagen und Monat zu 30 Tagen.

3.1.2.B Problemanalyse zu DISK4

Ausgabe:	L Laufzeit in Tagen.
Eingabe:	Abrechnungsdatum, an dem z.B. ein Wechsel abzurechnen ist (A1 = Tag, A2 = Monat, A3 = Jahr), Fälligkeitsdatum, an dem der abzurechnende Wechsel fällig wird (F1 = Tag, F2 = Monat, F3 = Jahr).
Verarbeitung:	M Monate, die bei der Ermittlung der Laufzeit zu berücksichtigen sind,
	T Tage, für die Ermittlung der Laufzeit,
	Eingabeformat: TT, MM, JJ,
	Vorgehen bei der Ermittlung der Laufzeit: Zuerst die Jahre, dann die Monate und schließlich die Tage umrechnen.

3.1.2.C Struktogramm zu DISK 4

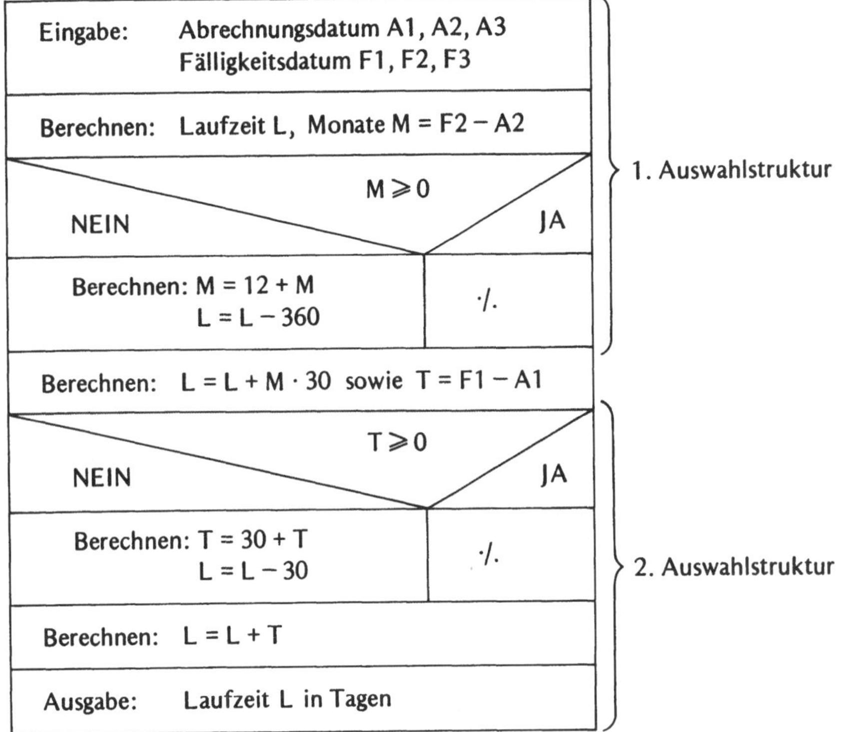

3.1.2.D Codierung zu DISK 4

Ihre Aufgabe

3.1.2.E Zwei Dialogprotokolle zu DISK 4

Zinstage eines am 20.11.1978 bei der Bank eingereichten Wechsels mit Fälligkeit 30.12.1979?
Für wie viele Tage berechnet eine Bank Kreditzinsen, wenn ein zum 8.1.80 fälliger Wechsel
von ihr am 10.1.79 abgerechnet wird?

```
RUN
ABRECHNUNGSDATUM IN DER FORM TT,MM,JJ =?
20,11,83
FAELLIGKEITSDATUM IN DER FORM TT,MM,JJ =?
30,12,84
LAUFZEIT: 400  TAGE


RUN
ABRECHNUNGSDATUM IN DER FORM TT,MM,JJ =?
10,1,83
FAELLIGKEITSDATUM IN DER FORM TT,MM,JJ =?
8,1,84
LAUFZEIT: 358  TAGE
```

3.1.2.F Fragen zu DISK 4

1. „Am Beispiel der Anweisungen 0130 LET T = T + 30 oder 0020 LET Z = Z + 1 zeigt sich deutlich der Unterschied zwischen dem Zeichen = als Gleichheitszeichen der Mathematik und dem Zeichen = als Zuweisungszeichen in BASIC". Erklären Sie diese Aussage.

2. Machen Sie einen Schreibtischtest für DISK 4 bei folgenden Eingaben: Abrechnungsdatum 30.11.78 und Fälligkeitsdatum 20.10.79. Verwenden Sie dazu das in Abschnitt 1.1.2 zu Programm DEMO 1 aufgezeigte Schema für das Testprotokoll.

3. Zeichnen Sie den PAP zum Programm DISK 4.

4. Die dem Programm DISK 4 zugrundeliegende Vorgehensweise zur Ermittlung der Zinstage aus vorgegebenem Datum ist sicher nicht die einzig mögliche. Versuchen Sie, eine weitere Vorgehensweise aufzustellen.

5. Sollen *mehrere* Wechsel zu *einem* Datum abgerechnet werden, so wäre ein automatisches Rückverzweigen zur Eingabe eines weiteren Fälligkeitsdatums sinnvoll. Ändern Sie die Codierung entsprechend ab (Eingabe von F1 = 0 bewirkt Programmende).

3.2 Zweiseitige Auswahl

Der Zweiseitigen Auswahl liegt folgende Ablauflogik zugrunde:

```
wenn   ...
         dann führe Anweisung(en) A2 aus
         sonst führe Anweisung(en) A1 aus
Ende-wenn
```

Der Unterschied zur Einseitigen Auswahl (Abschnitt 3.1) besteht also darin, daß an zwei Zweigen unterschiedliche Anweisungen auszuführen sind. Allgemein hat jede Zweiseitige Auswahl diese drei Kennzeichen:

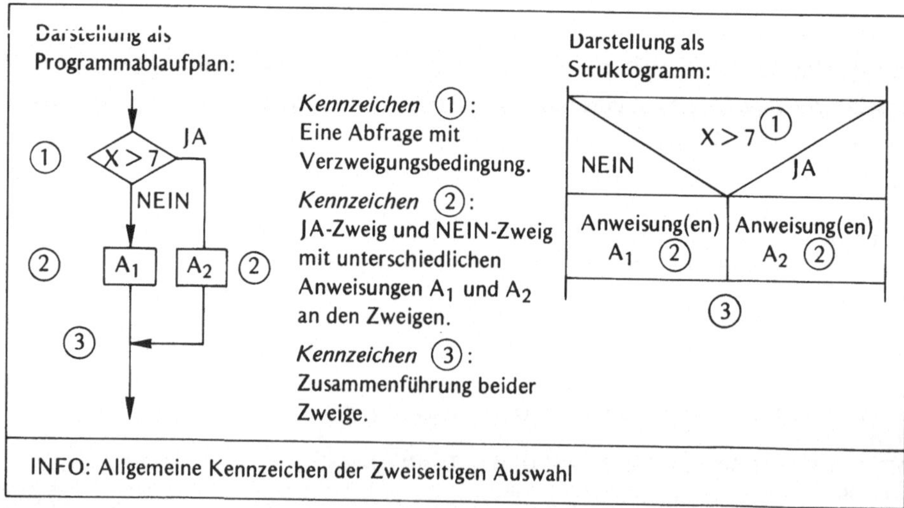

3.2.1 Bedingte Verzweigung und unbedingte Verzweigung
(1.3 Positive und negative Zahl angeben (DEMO 3))

Bedingte Verzweigung mittels IF-Anweisung:

0030 IF X > 7 THEN 60 Wenn X > 7 erfüllt ist, dann verzweige nach Zeile 60.

Unbedingte Verzweigung mittels GOTO-Anweisung (Sprunganweisung):

0050 GOTO 70 Verzweige in jedem Fall (unbedingt) nach Zeile 70.

Zwei Möglichkeiten der Codierung der Zweiseitigen Auswahl:

1. Möglichkeit:	2. Möglichkeit:
zuerst Hauptzweig, dann	JA-Zweig und NEIN-Zweig
Nebenzweig codieren.	zusammen codieren.
0030 IF X > 7 THEN 60	0030 IF X > 7 THEN 60
0040 PRINT 'TAETIGKEIT 1'	0040 PRINT 'TAETIGKEIT 1'
0050 STOP	0050 GOTO 70
0060 PRINT 'TAETIGKEIT 2'	0060 PRINT 'TAETIGKEIT 2'
0070 GOTO 50	0070 STOP
= OFTMALS KLARER	= OFTMALS UNDURCHSICHTIG

INFO: Codierung der Zweiseitigen Auswahl mittels einfacher IF-Anweisung

---

Die zur Codierung der zweiseitigen Auswahl verwendete *einfache IF-Anweisung* wird in den einzelnen BASIC-Versionen — unabhängig von der Ablauflogik — oft etwas abweichend benannt: IF-THEN, IF-THEN GOTO oder IF-GOTO.

Daneben ist in einigen BASIC-Versionen eine *strukturierende IF-Anweisung* verfügbar, welche die Zweige gesondert behandelt:

Einfache Anweisung IF-THEN:	*Strukturierende Anweisung IF-THEN-ELSE:*
0030 IF X > 7 THEN 60	0030 IF X > 7 THEN PRINT 'TAETIGKEIT 2'
0040 PRINT 'TAETIGKEIT 1'	ELSE PRINT 'TAETIGKEIT 1'
0050 GOTO 70	0040 REM ZUSAMMENFUEHRUNG
0060 PRINT 'TAETIGKEIT 2'	DER ZWEIGE
0070 REM ZUSAMMENFUEHRUNG	0050 ...
ELSE-Teil zwingend in	ELSE-Teil gesondert benannt
Folgezeile 0040	

INFO: Einfache und strukturierende IF-Anweisung mit einer Anweisung je Zweig

Nach THEN und ELSE darf jeweils nur eine Anweisung stehen (hier im Beispiel PRINT-Anweisung). Enthalten JA-Zweig und/oder NEIN-Zweig mehrere Anweisungen, so ist ggf. durch Einführen von REM-Anweisungen besonders auf klare Programmierung zu achten:

```
Anweisung IF-THEN:                      Anweisung IF-THEN-ELSE:
0030 IF X > 7 THEN 100                  0030 IF X > 7 THEN 100 ELSE 40
0040 REM NEIN-ZWEIG                     0040 REM NEIN-ZWEIG FUER ELSE
0050 Anweisung 11                       0050 Anweisung 11
0060 Anweisung 12                       0060 Anweisung 12

...                                     ...
0090 GOTO 200                           0090 GOTO 200
0100 REM JA-ZWEIG                       0100 REM JA-ZWEIG FUER THEN
0110 Anweisung 21                       0110 Anweisung 21
0120 Anweisung 22                       0120 Anweisung 22

...                                     ...
0190 Anweisung 2n                       0190 Anweisung 2n
0200 REM ZUSAMMENFUEHRUNG               0200 REM ZUSAMMENFUEHRUNG
...                                     ...
```

INFO: Einfache und strukturierende IF-Anweisung mit mehreren Anweisungen je Zweig

Anstelle von 0030 IF X > 7 THEN 100 ELSE 40 hätte man auch schreiben können 0030 IF X > 7 THEN 40 ELSE 100, um dann in der Codierung den JA-Zweig bzw. THEN-Teil zuerst zu programmieren. Bei der einfachen IF-THEN-Anweisung verbietet sich ein solches Austauschen, da der NEIN-Zweig hier *immer* in der auf IF folgenden Programmzeile beginnt.

3.2.1.A Problemstellung zu DEMO3

Elemente von Mengen: Angabe, ob bestimmte Objekte Elemente der Menge der positiven Zahlen sind oder nicht.

Das Programm DEMO3 soll prüfen, ob eine über Tastatur eingegebene Zahl positiv ist oder nicht und in beiden Fällen entsprechende Texthinweise ausgeben.

3.2.1.B Problemanalyse zu DEMO3

Ausgabe: Text POSITIVE ZAHL oder aber NEGATIVE ZAHL.

Eingabe: Z beliebige Zahl

Verarbeitung: Abfrage Z < 0 mit Textausgabe NEGATIVE ZAHL im JA-Zweig und Textausgabe POSITIVE ZAHL im NEIN-Zweig.

3.2.1.C Zeichnerische Darstellung zu DEMO3

Programmablaufplan (PAP)   Struktogramm (STG)

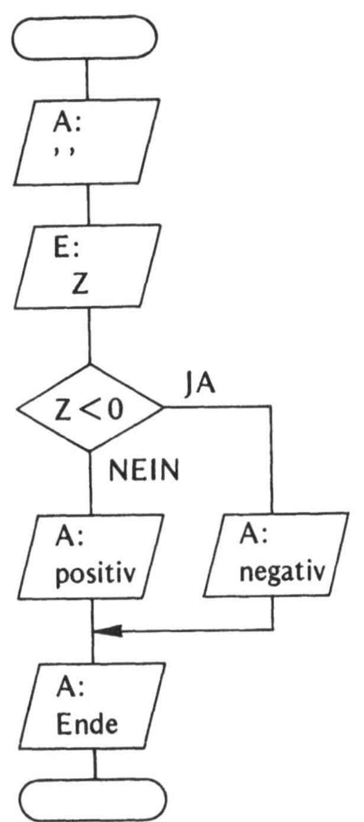

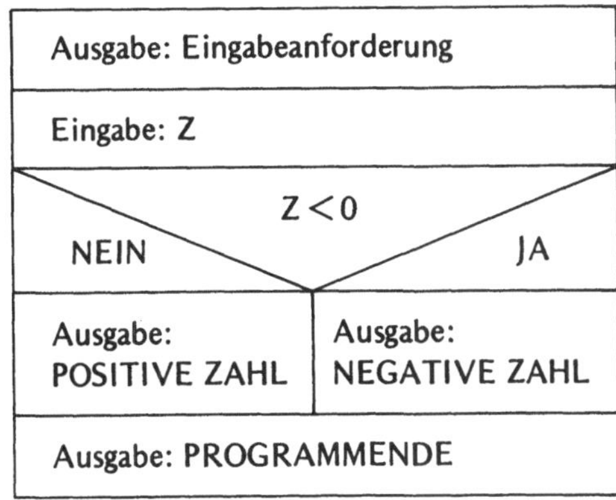

3.2.1.D Codierung zu DEMO3

Ihre Aufgabe

3.2.1.E Zwei Dialogprotokolle zu DEMO3

```
RUN                                    RUN
EINGABE: BELIEBIGE ZAHL                EINGABE: BELIEBIGE ZAHL
15777                                  -30
ZAHL  15777      IST POSITIV           ZAHL -30       IST NEGATIV
PROGRAMMENDE                           PROGRAMMENDE
```

3.2.1.F Fragen zu DEMO3

1. Welche allgemeinen Kennzeichen hat jede Zweiseitige Auswahl? In welchen Programmzeilen von DEMO3 finden sich diese Kennzeichen?

2. Zur einfacher IF-Anweisung:
   Codieren Sie DEMO3 mit der STOP-Anweisung (bzw. END-Anweisung) als letzter Anweisung des Programms (Fall 1) und mit der STOP-Anweisung in der ,Mitte' des Programms (Fall 2).
   Welche Codierungsart halten Sie für günstiger und übersichtlicher?

3. Zur strukturierenden IF-Anweisung:
   Eigens für die Zweiseitige Auswahl ist bei einigen Systemen die IF-THEN-ELSE-
   Anweisung vorgesehen.
   Codieren Sie DEMO3 mit dieser Anweisung.

3.2.2 Einheitliche Gliederung und Beschreibung der Programmcodierung
(9.4 Rechnungspreis bei gestaffelten Rabattsätzen (PROZ4))

Bei der Programmierung von Abläufen in der Sprache BASIC besteht die Gefahr,
durch allzuviele Sprung- und Verzweigungsanweisungen mittels GOTO und
IF-THEN und fehlende Kommentarzeilen unübersichtliche und nur schwer nach-
vollziehbare Codierungen zu erhalten.

Kommentar mittels REM-Anweisungen erscheint bei der Programmauflistung
(LIST), nicht aber bei Programmausführung (RUN).

Das folgende bei umfangreichen Programmen einheitlich verwendbare Schema soll
klar und übersichtlich gestaltete BASIC-Codierungen ermöglichen:

```
0010 REM NAME    = ........
0020 REM INHALT  = ........
0030 REM +++++ ANFANG VEREINBARUNGSTEIL ++++++++++++++++++++++
```

Vereinbarungen (Deklarationen) zu:

  — Variablennamen und -bedeutung
  — Anfangswerte (Initialisierung)
  — Deklaration von Feldern (Vektor, Matrix, DIM-Anweisungen)

```
0280 REM +++++ ENDE VEREINBARUNGSTEIL +++++++++++++++++++++++
0290 REM
0300 REM +++++ ANFANG ANWEISUNGSTEIL +++++++++++++++++++++++++
```

Programmteile wie z.B.:

  — Eingabe
  — Verarbeitung
  — Ausgabe

  — Berechnung
  — Abfrage
  — Erklärung
  — Suche

  — Unterprogramm

  — Öffnen Datei
  — Verarbeiten Datei
  — Schließen Datei

  — Druckmasken zur Ausgabeformatierung
    (stets als letzter Teil)

Bezeichnung von Grundlegenden
Ablaufstrukturen innerhalb der
Programmteile (z.B. zwei ge-
schachtelte Auswahlstrukturen):

```
REM 11 EINSEITIGE AUSWAHL    11
REM 22 ZWEISEITIGE AUSWAHL  22
REM 222222222222222222222222222
REM 111111111111111111111111111
```

```
3000 REM +++++ ENDE ANWEISUNGSTEIL +++++++++++++++++++++++++++
```

INFO: Schema zur einheitlichen Gestaltung der Programmcodierung

REM-Anweisungen ‚kosten' Speicherplatz und Ausführungszeit. Fügt man zuviele REMs ein, so besteht die Gefahr, daß sich die ursprüngliche Absicht ins Gegenteil verkehrt: Vor lauter Übersichtlichkeit findet man die eigentlichen Programmanweisungen kaum noch. Aus diesem Grunde ist im Einzelfall abzuwägen, wie viele REMs einzufügen sind.

Die Programmbeispiele dieses Buches weisen zum überwiegenden Teil sehr kurze Codierungen auf. Da zudem Problemanalyse und PAP bzw. STG jeweils vorliegen, wurde auf allzuviele REMs verzichtet.

3.2.2.A Problemstellung zu PROZ4

Prozentrechnen: Ermitteln des Prozentwerts.

Zu erstellen ist ein Programm, das für einen beliebigen Listenpreis den Sonderrabatt sowie den um den Sonderrabatt verminderten Rechnungspreis berechnet.

Rabatt wird gewährt wie folgt:

Listenpreis kleiner als 1000.00 DM: 15 % Rabatt,
Listenpreis größer oder gleich 1000.00 DM: 20 % Rabatt.

3.2.2.B Problemanalyse zu PROZ4

Ausgabe: L   Listenpreis in DM
                S   Sonderrabatt in DM
                R   Rechnungspreis in DM
Eingabe: L   Listenpreis in DM
Verarbeitung: P   Prozentsatz für Rabatt

           Berechnung von S nach der Formel:

$$S = \frac{L \cdot P}{100}$$

Berechnung von R:

$$R = L - S.$$

3.2.2.C Programmablaufplan zu PROZ4

Ihre Aufgabe

3.2.2.D Codierung zu PROZ4

Codierung zu PROZ4 mit Kommentarzeilen

```
0001  REM NAME    = PROZ4
0002  REM INHALT = RECHNUNGSPREIS BEI GESTAFFELTEN RABATTSAETZEN
0003  REM ***** ANFANG VEREINBARUNGSTEIL ***************************
0004  REM L = LISTENPREIS IN DM
0005  REM S = SONDERRABATT IN DM
0006  REM R = RECHNUNGSPREIS IN DM
0007  REM P = PROZENTSATZ FUER RABATT IN V.H.
0008  REM ***** ENDE VEREINBARUNGSTEIL ****************************
0009  REM ***** ANFANG EINGABETEIL *******************************
0010  PRINT 'WIE GROSS IST DER LISTENPREIS ?'
0020  INPUT L
0021  REM ***** ENDE EINGABETEIL *********************************
0022  REM
0023  REM ***** ANFANG VERARBEITUNGSTEIL *************************
0024  REM 11111 ZWEISEITIGE AUSWAHL ZUR ZUWEISUNG VON P 11111111
0030  IF L<1000 GOTO 60
0040  LET P=20
0050  GOTO 70
0060  LET P=15
0061  REM 1111111111111111111111111111111111111111111111111111111
0062  REM 22222 FOLGESTRUKTUR ZUR BERECHNUNG VON S UND R 2222222
0070  LET S=L*P/100
0080  LET R=L-S
0081  REM 2222222222222222222222222222222222222222222222222222222
0082  REM ***** ENDE VERARBEITUNGSTEIL **************************
0083  REM
0084  REM ***** ANFANG AUSGABETEIL *****************************
0090  PRINT ' LISTENPREIS      :';L
0100  PRINT '-SONDERRABATT     :';S
0110  PRINT '------------------------------------'
0120  PRINT '=RECHNUNGSPREIS :';R
0130  PRINT '===================================='
0131  REM ***** ENDE AUSGABETEIL *******************************
0140  STOP
```

Codierung zu PROZ4 ohne Kommentarzeilen

```
0001  REM NAME    = PROZ4
0002  REM INHALT = RECHNUNGSPREIS BEI GESTAFFELTEN
0003  REM RABATTSAETZEN
0004  REM ------------------------------------------------
0010  PRINT 'WIE GROSS IST DER LISTENPREIS ?'
0020  INPUT L
0030  IF L<1000 GOTO 60
0040  LET P=20
0050  GOTO 70
0060  LET P=15
0070  LET S=L*P/100
0080  LET R=L-S
0090  PRINT ' LISTENPREIS      :';L
0100  PRINT '-SONDERRABATT     :';S
0110  PRINT '------------------------------------'
0120  PRINT '=RECHNUNGSPREIS :';R
0130  PRINT '===================================='
0140  STOP
```

3.2.2.E Drei Dialogprotokolle zu PROZ4

> Ihre Aufgabe: Welche Dialogprotokolle erhalten Sie am Bildschirm, wenn Sie das Programm dreimal laufen lassen, und zwar für die Listenpreise 500.00 DM, 1000.00 DM und 5000.00 DM.

3.2.2.F Fragen zu PROZ4

1. Kann man auf die Verwendung von P als ‚Hilfsvariable‘ verzichten?
2. Verbessern Sie das Druckbild der Ausgabe durch Verwendung der Anweisung PRINT USING anstelle von PRINT.
3. Wodurch könnte man die Einsatzbreite des Programms erhöhen (Hinweis: betrachten Sie die im Programm vorgesehenen Konstanten)?
4. Welche Ablaufstrukturen liegen dem Programm zugrunde?

3.3 Mehrseitige Auswahl bzw. Fallabfrage

Im Gegensatz zur Zweiseitigen Auswahl sind bei der Mehrseitigen Auswahl mehr als nur zwei Fälle möglich. Die Ablauflogik der Mehrseitigen Auswahl verdeutlicht dies:

```
wenn ...
      dann führe Anweisung(en) A1 aus
      sonst wenn ...
            dann führe Anweisung(en) A2 aus
            sonst wenn ...
                  dann führe Anweisung(en) A3 aus
                  sonst ...
                  ...
Ende-wenn
```

Die Ablauflogik, das Struktogramm und — wenn auch nicht so deutlich — der Programmablaufplan zeigen, daß die Mehrseitige Auswahl im Grunde eine Schachtelung mehrerer Zweiseitiger Auswahlen darstellt: Innerhalb der ersten Auswahl (Bedingung B1) ist eine zweite Auswahl (B2) angeordnet, an dieser wiederum eine dritte Auswahl (B3), usw. ...

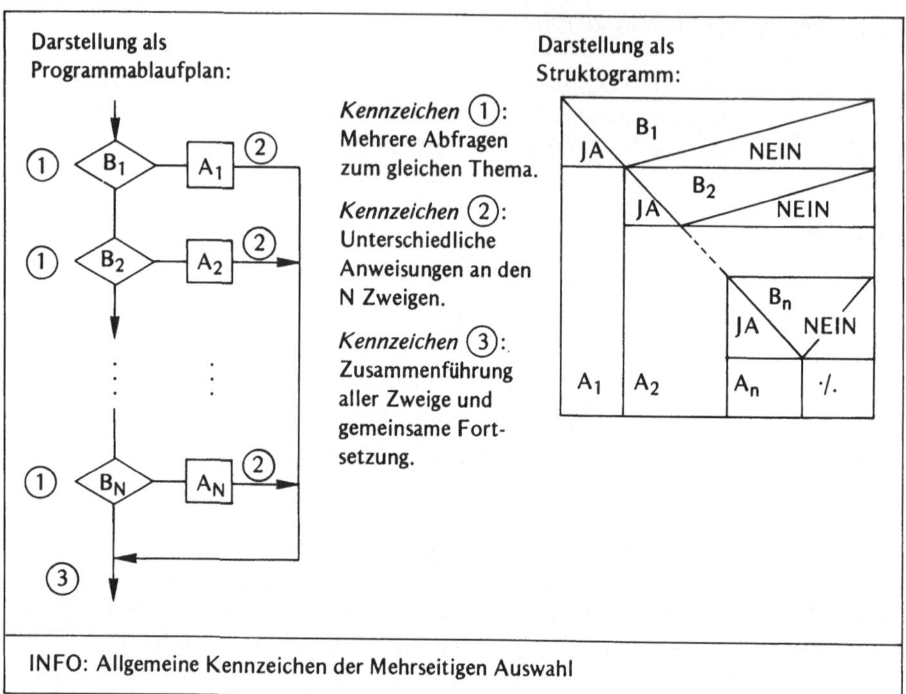

INFO: Allgemeine Kennzeichen der Mehrseitigen Auswahl

Mit zunehmender Anzahl von Verzweigungsbedingungen wird diese Schachtelung recht umständlich. Deshalb vereinfacht man die Mehrseitige Auswahl auch zur Fallabfrage.

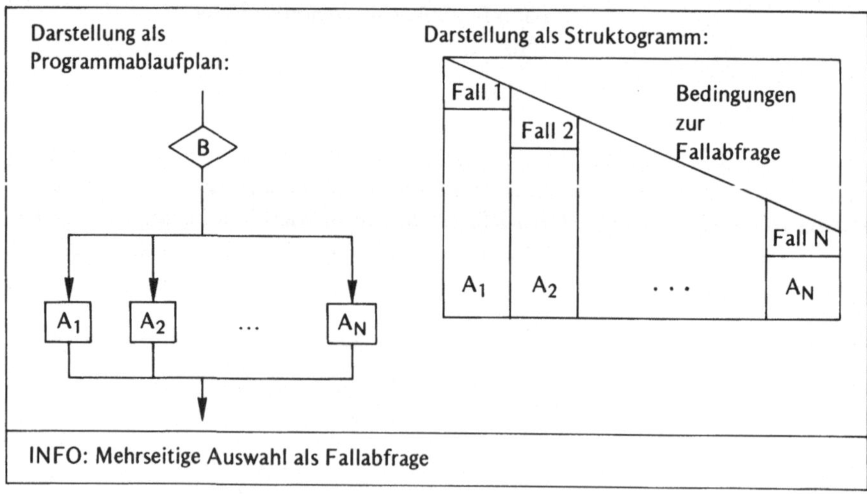

INFO: Mehrseitige Auswahl als Fallabfrage

Einige BASIC-Systeme sehen für die Fallabfrage (auch Fallstruktur genannt) gesonderte
Anweisungen vor wie die ON-Anweisung in der Form GOTO-ON oder ON-GOTO:

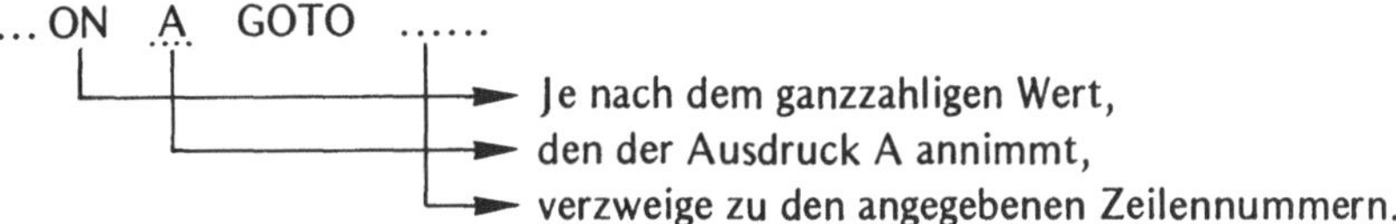

Bezeichnungen der ON-Anweisung:

Bedingte GOTO-Anweisung
Mehrfachverzweigungs-Anweisung
Errechnete Sprunganweisung

ON-Anweisung allgemein:

... ON   A   GOTO   ......

                        ► Je nach dem ganzzahligen Wert,
                        ► den der Ausdruck A annimmt,
                        ► verzweige zu den angegebenen Zeilennummern.

ON-Anweisung an einem Beispiel:

```
0040 PRINT "EINGABE 1, 2, 3 oder 4"
0050 INPUT E
0060 IF E < 1 THEN 0040
0070 IF E > 4 THEN 0040
0080 IF E ≠ INT (E) THEN 0040
0090 ON E GOTO 500, 1000, 1500, 3000
```

Die Prüfung, ob E zwischen 1 und 4 liegt bzw. ganzzahlig ist, sollte durchgeführt
werden, wenn das System keine Fehlermeldung vorsieht.

INFO: ON-GOTO-Anweisung zur Codierung der Fallabfrage

3.3.1 Mehrseitige Auswahl mit drei Fällen

(1.4 Klassen bzw. Intervalle von Zahlen bilden (DEMO 4))

3.3.1.A Problemstellung zu DEMO 4

Elemente von Mengen: Angabe, ob bestimmte Objekte Elemente der positiven Zahlen
sind oder nicht.

Es ist ein Programm zu erstellen, das angibt, ob eine an der Tastatur eingegebene Zahl
größer als 100 ist (Fall 1), zwischen 41 und 100 liegt (Fall 2) oder aber kleiner/gleich 40
ist (Fall 3).

3.3.1.B Problemanalyse zu DEMO 4

Ausgabe: Texthinweise für die drei Fälle.

Eingabe: Z beliebige Zahl.

Verarbeitung: Mehrseitige Auswahl mit Fallabfragen Z > 100 und Z > 40 und entsprechenden
                 Textausgaben an den drei Zweigen.

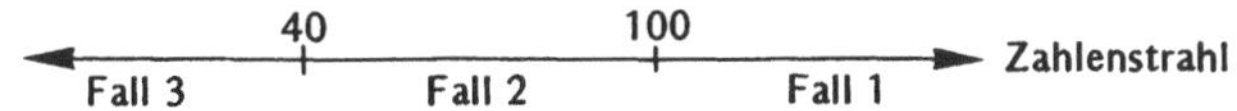

3.3.1.C Zeichnerische Darstellung zu DEMO4

Programmablaufplan (PAP)   **Struktogramm (STG)**

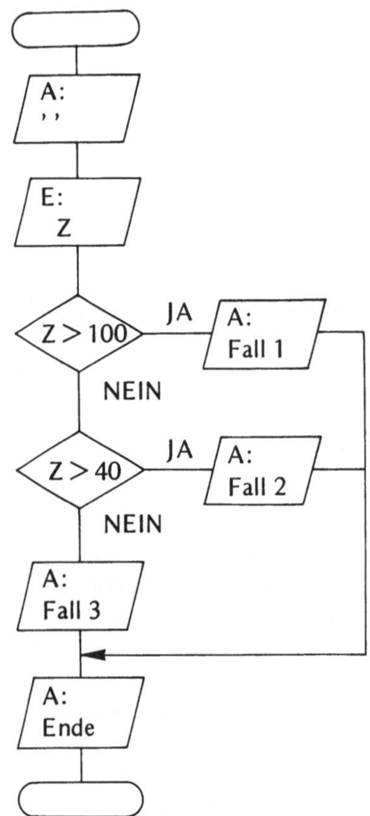

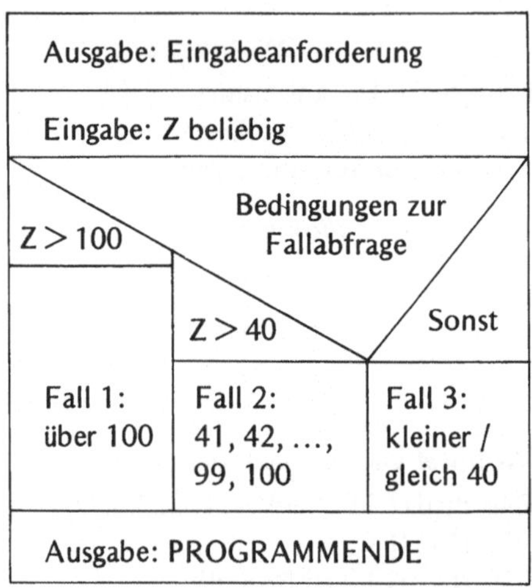

3.3.1.D Codierung zu DEMO4

Ihre Aufgabe

3.3.1.E Drei Dialogprotokolle zu DEMO4

```
RUN
EINGABE: BELIEBIGE ZAHL
56
DIE ZAHL 56     LIEGT ZWISCHEN 41 UND 100
(JEWEILS EINSCHLIESSLICH)
PROGRAMMENDE


RUN
EINGABE: BELIEBIGE ZAHL
3000
DIE ZAHL 3000      LIEGT UEBER 100
PROGRAMMENDE


RUN
EINGABE: BELIEBIGE ZAHL
2
DIE ZAHL 2      IST KLEINER ODER GLEICH 40
PROGRAMMENDE
```

3.3.1.F Fragen zu DEMO4

1. Codieren Sie Programm DEMO4 unter Verwendung des Vergleichsoperators $\leqslant$ (kleiner)
   anstelle von $>$ (größer).
2. Erklären Sie die allgemeinen Kennzeichen der Mehrseitigen Auswahl am Beispiel des
   Programms DEMO4.
3. Warum braucht man zur Erfassung der *drei* Fälle bzw. Intervalle nur *zwei* Abfragen
   (Begründung)?
4. „Regel zur Codierung der Mehrseitigen Auswahl: Zuerst den linearen Hauptzweig bis
   zu STOP bzw. END codieren und dann die JA-Zweige anhängen und jeweils mit GOTO
   zu STOP zurückführen".
   Was halten Sie von dieser Regel?
5. Falls die ON-GOTO-Anweisung verfügbar ist: Läßt sich mit dieser Anweisung jede
   Mehrfache Auswahl codieren (Begründung)?

3.3.2 Logische Operatoren

(1.5 Klassen bilden mit logischen Operatoren (DEMO5))

Logischer Operator OR (ODER):

0050 IF Z < 10 OR Z > 15 THEN 90

	1. Klasse	2. Klasse	3. Klasse
Nach Zeile 90 wird verzweigt, wenn Z kleiner als 10 ist ODER wenn Z größer als 15 ist.	... ~~7 8 9~~	10 11 12 13 14 15	~~16 17 18~~ ...
	Bedingung erfüllt		Bedingung erfüllt

Logischer Operator AND (UND):

0060 IF W > 20 AND W < 40 THEN 100

Nach Zeile 100 wird verzweigt, wenn W größer als 20 ist UND wenn W kleiner als 40 ist.	... 18 19 20	~~21 22~~ ... ~~38 39~~	40 41 42 ...
		Bedingung erfüllt	

Logischer Operator NOT (Negation, NICHT):

0070 IF NOT X THEN 200   Verzweigt wird, wenn "X gleich null".

INFO: Logische Operatoren OR (ODER), AND (UND) sowie NOT (NICHT)

3.3.2.A Problemstellung zu DEMO5

Es ist ein Programm zu erstellen, das feststellt, ob eine über Tastatur eingegebene Zahl

— Fall 1: den Wert 2 oder den Wert 9 hat.
— Fall 2: größer als 20 und kleiner als 30 ist, d.h. zwischen 20 und 30 (jeweils ausschließlich) liegt.
— Fall 3: einen sonstigen Wert hat.

3.3.2.B Problemanalyse zu DEMO5

Ausgabe: Texthinweis, ob eingegebene Zahl Z zu Fall 1, Fall 2 oder zu Fall 3 gehört.

Eingabe: Z beliebige Zahl

Verarbeitung: Fallabfragen mit zwei Verzweigungsbedingungen mit logischen Operatoren ODER sowie UND.

3.3.2.C Struktogramm zu DEMO5

> Ihre Aufgabe

3.3.2.D Codierung zu DEMO5

> Ihre Aufgabe: Erste Verzweigungsbedingung mit ODER und zweite Bedingung mit UND.

3.3.2.E Drei Dialogprotokolle zu DEMO5

```
RUN
EINE ZAHL =?
25
FALL 2: ZAHL GROESSER ALS 20 UND KLEINER ALS 30
PROGRAMMENDE

RUN
EINE ZAHL =?
11
FALL 3: ZAHL HAT SONSTIGEN WERT
PROGRAMMENDE


RUN
EINE ZAHL =?
9
FALL 1: ZAHL HAT DEN WERT 2 ODER DEN WERT 9
PROGRAMMENDE
```

3.3.2.F Fragen zu DEMO5

1. Wie viele logische Operatoren können in Ihrer BASIC-Version in *einer* IF-Anweisung vorgesehen werden?

2. Welcher der folgenden PAPs stellt logisch UND dar und welcher logisch ODER?

PAP 1:   PAP 2:

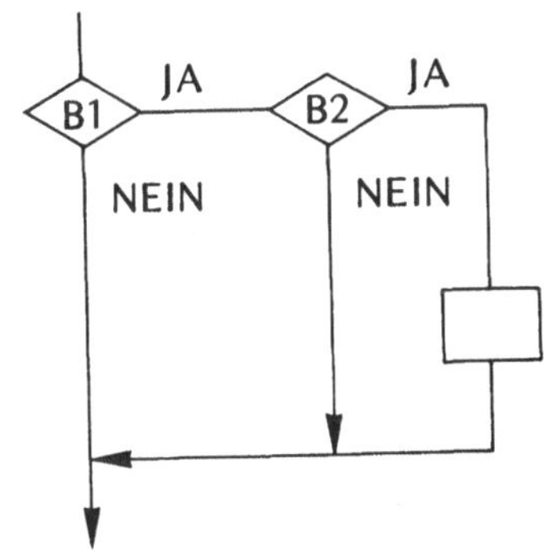

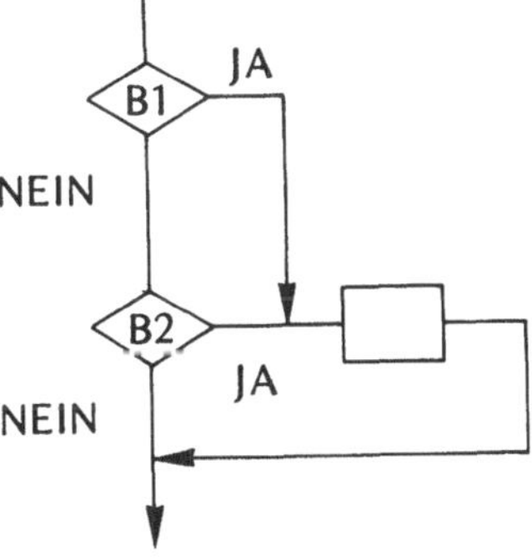

4 Programme mit jeweils einer Wiederholungsstruktur

Es gibt drei Arten von Ablaufstrukturen (vgl. Abschnitt 1.2): Folge-, Auswahl- und Wiederholungsstrukturen. Jede Wiederholungsstruktur führt als Folge von Anweisungen zur Bildung einer *Schleife*, die wiederholt durchlaufen wird.

Eine Schleife besteht aus einem *Vorbereitungsteil* und einem *Wiederholungsteil* mit Schleifenkörper und Schleifenabfrage, wobei der Vorbereitungsteil ggf. entfallen kann. Bei der *Endlosschleife* führt die Schleifenabfrage zu keinem Abbruch oder es ist anstelle der Abfrage (bedingte Verzweigung mit IF-THEN) eine unbedingte Verzweigung mit GOTO vorgesehen.

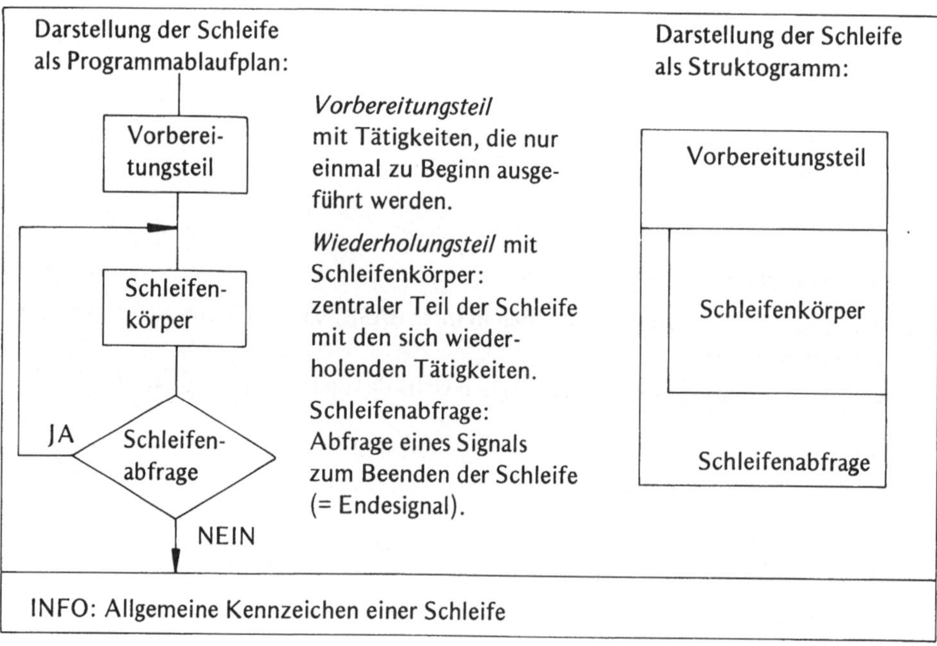

INFO: Allgemeine Kennzeichen einer Schleife

Im Hinblick auf das Beenden einer Schleife können die folgenden drei Schleifentypen unterschieden werden.

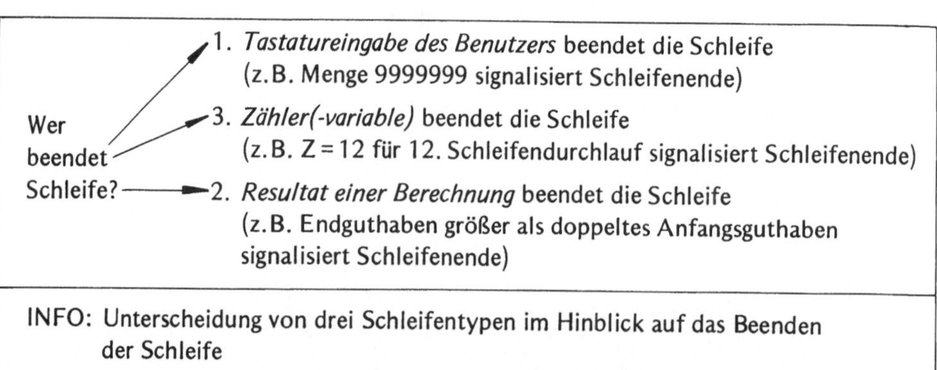

INFO: Unterscheidung von drei Schleifentypen im Hinblick auf das Beenden der Schleife

4.1 Tastatureingabe des Benutzers beendet die Schleife

4.1.1 Schleife mit nachheriger Abfrage (nicht-abweisende Schleife)

Soll sich eine Schleife nicht als Endlosschleife ständig wiederholen, so muß eine Schleifenabfrage programmiert sein. Diese Abfrage kann nach oder vor dem Schleifenkörper plaziert
sein oder aber irgendwo dazwischen. Dementsprechend lassen sich die folgenden drei
Schleifentypen unterscheiden:

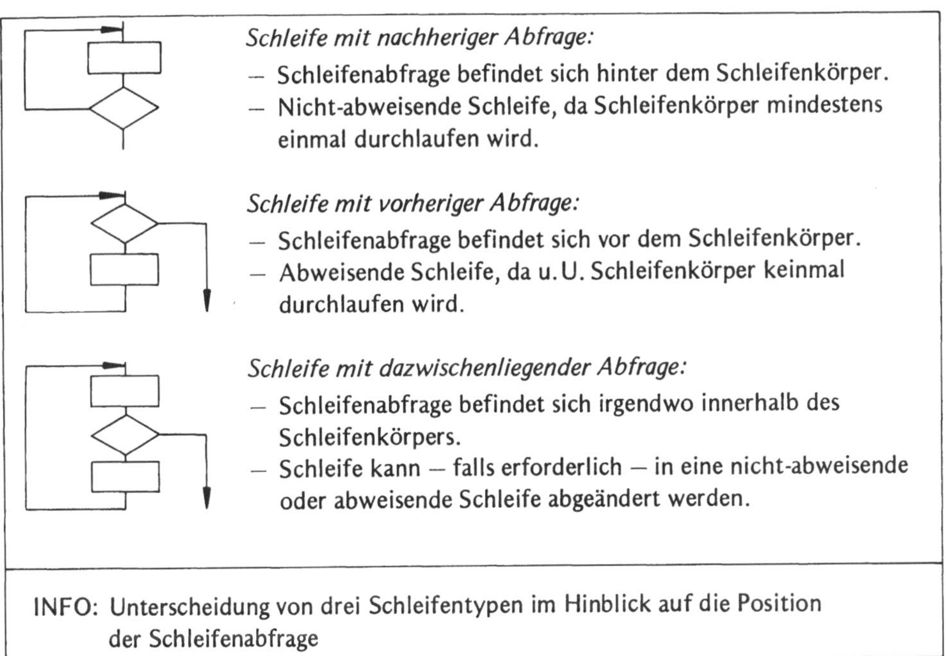

Schleife mit nachheriger Abfrage:
- Schleifenabfrage befindet sich hinter dem Schleifenkörper.
- Nicht-abweisende Schleife, da Schleifenkörper mindestens
  einmal durchlaufen wird.

Schleife mit vorheriger Abfrage:
- Schleifenabfrage befindet sich vor dem Schleifenkörper.
- Abweisende Schleife, da u.U. Schleifenkörper keinmal
  durchlaufen wird.

Schleife mit dazwischenliegender Abfrage:
- Schleifenabfrage befindet sich irgendwo innerhalb des
  Schleifenkörpers.
- Schleife kann — falls erforderlich — in eine nicht-abweisende
  oder abweisende Schleife abgeändert werden.

INFO: Unterscheidung von drei Schleifentypen im Hinblick auf die Position
      der Schleifenabfrage

Programmiersprachen wie PASCAL oder ADA kennen für die vorherige Abfrage mit
WHILE-DO und für die nachherige Abfrage mit REPEAT-UNTIL eigene Anweisungs-
strukturen; entsprechend werden diese Schleifentypen streng getrennt. In BASIC ist diese
Trennung weit weniger streng, da hier die Schleifenkontrolle durch die Anweisungen IF
sowie GOTO vom Programmierer jeweils selbst zu gestalten ist.

4.1.1.1 Signal für Schleifenende wird errechnet
(1.6 Abweichung von einer Zahl ermitteln (DEMO 6))

Möchte der Benutzer eine Schleife während ihrer Ausführung über Tastatureingabe beenden, so hat er dazu drei Möglichkeiten. Das nachfolgende Programm DEMO6 demonstriert die erste Möglichkeit, bei der das Signal für Schleifenende errechnet wird.

Signal für Schleifenende wird errechnet:

Benutzer gibt während eines Schleifendurchlaufs über Tastatur einen Wert vor, aus dem sich dann das Endesignal errechnet.

Signal für Schleifenende erfolgt über besonderen Variablenwert:

Für eine Variable wird ein besonderer Wert vereinbart (z.B. 0 oder 99999), dessen Eingabe während eines Schleifendurchlaufs dann das Schleifenende signalisiert.

Signal für Schleifenende erfolgt über Zusatzfrage:

Eine Zusatzfrage wie NEUE BERECHNUNG (JA/NEIN)? fordert während eines Schleifendurchlaufs zur Eingabe des Endesignals auf.

INFO: Drei Möglichkeiten zum Beenden der Schleife über Tastatureingabe

---

4.1.1.1.A Problemstellung zu DEMO6

Ermittlung der Abweichungen von Zahlen von 14.

Es ist ein Programm zu erstellen, das ermittelt, um wieviel über Tastatur eingegebene Zahlen von der fest vorgegebenen Zahl 14 abweichen. Bei Abweichung 0 (null) endet das Programm.

4.1.1.1.B Problemanalyse zu DEMO6

Ausgabe: A   Abweichung

Eingabe: Z   beliebige Zahl

Verarbeitung: Formeln: $W = 14$ fest im Vorbereitungsteil zugeordneter Wert.
                              $A = Z - W$ im Wiederholungsteil errechnete Abweichung.

4.1.1.1.C Struktogramm zu DEMO6

Wertzuweisung: $W = 14$
Eingabe: Z als beliebige Zahl
Berechnung: Abweichung $A = Z - W$ Verminderung $Z = Z - 1$
Ausgabe: A
wiederhole bis $A = 0$ (null)

4.1.1.1.D Codierung zu DEMO6

```
0001 REM NAME    = DEMO6
0002 REM INHALT = ABWEICHUNG VON EINER ZAHL ERMITTELN
0003 REM ..........................................................
0004 REM
0010 REM ************ VORBEREITUNGSTEIL DER SCHLEIFE*
0020 LET W=14
0030 REM ************ WIEDERHOLUNGSTEIL DER SCHLEIFE*
0040 REM ************ SCHLEIFENKOERPER **************
0050 PRINT 'ZAHL UEBER 14 EINGEBEN:'
0060 INPUT Z
0070 LET A=Z-W
0080 LET Z=Z-1
0090 PRINT 'ABWEICHUNG:';A
0100 REM ************ SCHLEIFENABFRAGE **************
0110 IF A≠0 GOTO 70
0120 REM ************ ENDE DER SCHLEIFE *************
0130 STOP
```

4.1.1.1.E Zwei Ausführungen zu DEMO6

Zwei Dialogprotokolle als Computertest:

```
RUN
ZAHL UEBER 14 EINGEBEN:
16
ABWEICHUNG:  2
ABWEICHUNG:  1
ABWEICHUNG:  0

RUN
ZAHL UEBER 14 EINGEBEN:
14
ABWEICHUNG:  0
```

Testprotokoll als Schreibtischtest:

> Ihre Aufgabe: Schreibtischtest für die Ausführung mit dreimaligem Schleifen-
> durchlauf.

4.1.1.1.F Fragen zu DEMO6

1. Halten Sie eine Schleife ohne Vorbereitungsteil für denkbar?

2. Zeichnen Sie den PAP zu Programm DEMO6 und bezeichnen Sie die Schleifenbestand-
   teile Vorbereitungsteil und Wiederholungsteil mit Schleifenkörper und Schleifenabfrage.

4.1.1.2 Signal für Schleifenende durch Eingabe von null

(9.5 Provision in Abhängigkeit der Absatzmenge (PROZ5))

4.1.1.2.A Problemstellung zu PROZ5

Prozentrechnen: Ermitteln des Prozentwertes.

Ein Verkaufskommissionär behält seine Provision ein. Ein Programm soll ihm den jeweiligen Provisionsbetrag angeben, wenn der Provisionssatz je nach Absatzmenge wie folgt gestuft ist:

Absatz pro Woche:	Provisionssatz:
Bis einschließlich 100 Stück	5 %
Über 100 bis einschließlich 250 Stück	7.5 %
Über 250 Stück	12 %

Das Produkt hat einen Stückpreis von 20.00 DM. Wird als Absatzmenge 0 (null) eingegeben, so soll das Programm automatisch abbrechen.

4.1.1.2.B Problemanalyse zu PROZ5

Ausgabe:	P	Provisionsbetrag in DM
Eingabe:	A	Absatzmenge in Stück
Verarbeitung:	S	Prozentsatz für Provision (5 %, 7.5 % bzw. 12 %).

Mehrfachverzweigung im Ablauf:
1. Wenn A größer 250, dann 12 %
2. Wenn A größer 100, dann 7.5 %
3. Wenn A größer 0, dann 5 %
4. Sonst Programmende.

Formel für Provisionsbetrag:

$$P = A * \frac{20 * S}{100}$$

4.1.1.2.C Zeichnerische Darstellung zu PROZ5

Struktogramm zu PROZ5 | Programmablaufplan zu PROZ5

Absatzmenge A eintippen

A > 250 — Fallabfrage

A > 100

A > 0 / SONST

S = 12 % | S = 7.5 % | S = 5 %

Provision P berechnen | ·/.

Wert von P ausgeben

wiederhole bis A ≤ 0

Ausgabe: Ende des Programmes

Ihre Aufgabe

4.1.1.2.D Codierung zu PROZ5

Ihre Aufgabe

4.1.1.2.E Dialogprotokoll zu PROZ5

Zu ermitteln ist die Provision in DM für
folgende Absatzmengen: 1, 100, 200, 250, 300
und 251 Stück.

```
RUN
ABSATZMENGE IN STUECK:
1
PROVISION IN DM: 1
ABSATZMENGE IN STUECK:
100
PROVISION IN DM: 100
ABSATZMENGE IN STUECK:
200
PROVISION IN DM: 300
ABSATZMENGE IN STUECK:
250

PROVISION IN DM: 375
ABSATZMENGE IN STUECK:
300
PROVISION IN DM: 720
ABSATZMENGE IN STUECK:
251
PROVISION IN DM: 602.4
ABSATZMENGE IN STUECK:
0
ENDE DES PROGRAMMS
```

4.1.1.2.F Fragen zu PROZ5

1. Welche grundlegenden Ablaufstrukturen enthält das Programm?
2. Das Programm ist nicht ganz benutzersicher (Hinweis: Was passiert bei Eingabe von negativen Werten?). Beheben Sie diesen Mangel.
3. Codieren Sie das Programm so um, daß anstelle des Vergleichzeichens „>" ausschließlich das Zeichen „≤" verwendet wird.
4. Die Prozentsätze sollen vom Benutzer bei Beginn der Programmausführung selbst eingegeben werden können. Ändern Sie die Codierung des Programms entsprechend ab.

4.1.1.3 Signal für Schleifenende über Zusatzfrage
(7.1 Kapital im Verhältnis von drei Einlagen verteilen (VERTEIL 1))

Die vorangehenden Programme arbeiteten mit *numerischen Daten,* d.h. mit Ziffern mit Dezimalpunkt und Vorzeichen, mit denen gerechnet werden kann.

Mit *Textdaten* als Gegenstück zu diesen numerischen Daten kann nicht gerechnet werden: BASIC erkennt Text am Variablennamen (mit Dollarzeichen) und an den Anführungszeichen '' bzw. Hochkomma ', die den aus beliebigen Ziffern, Buchstaben und/oder Sonderzeichen bestehenden Text einrahmen. Text wird im folgenden — wie bei den meisten BASIC-Systemen üblich — als einfacher Datentyp behandelt (vgl. Abschnitt 5.1.1).

Numerische Variablen:

Inhalt: 3, 5.75, ... (Ziffern)
Variablenname: A, B, C, A1, B1, C1, ... (Buchstabe oder Buchstabe + Ziffer).

Textvariablen:

Inhalt: DM, MUELLER, 120.5 DOLLAR (beliebige zwischen Hochkomma gesetzte Zeichen).
Variablenname: A$, B$, C$ (Buchstabe, gefolgt von Dollarzeichen).

INFO: Textvariable als Gegenstück zur numerischen Variablen

4.1.1.3 Problemstellung zu VERTEIL 1

Verteilungsrechnen: Verteilung nach Kapitaleinlagen.

Ein bestimmtes Kapital ist an drei Personen A, B und C im Verhältnis ihrer Kapitaleinlagen zu verteilen.

Ein Programm soll die Kapitalanteile für A, B und C berechnen und eine nochmalige Berechnung vom Ergebnis der Frage ‚Neue Berechnung (JA/NEIN)?' abhängig machen.

4.1.1.3 B Problemanalyse zu VERTEIL 1

Ausgabe: A Anteilsbetrag für Person A.
B Anteilsbetrag für Person B.
C Anteilsbetrag für Person C.

Eingabe: N1, N2, N3 Verteilungsverhältnis N1:N2:N3.
K Kapital, das zu verteilen ist.
E$ Textvariable für 'JA' bzw. 'NEIN'.

Verarbeitung: N Summe der Teile: N=N1+N2+N3.
X Auf 1 Teil entfallender Betrag: X=K/N.

4.1.1.3.C Struktogramm zu VERTEIL 1

```
Ihre Aufgabe
```

4.1.1.3.D Codierung zu VERTEIL 1

```
Ihre Aufgabe
```

4.1.1.3.E Dialogprotokoll zu VERTEIL 1

Zu lösen sind folgende zwei Aufgaben:

— Ein Kapital von 16000.00 DM ist im Verhältnis 1:4:5 an drei Personen A, B und C zu verteilen.

— Ein Jahresgewinn von genau 36844.80 DM soll gemäß den Kapitaleinlagen von 13800.00 DM, 24700.00 DM und 30000.00 DM an die Gesellschafter A, B und C verteilt werden.

```
RUN
GEBEN SIE DAS VERTEILUNGSVERHAELTNIS   N1 : N2 : N3
IM DER FORM   N1,N2,N3    EIN:
1,4,5
WIE GROSS IST DAS ZU VERTEILENDE KAPITAL IN DM?
16000
A, B SOWIE C ERHALTEN IN DM:
 1600      6400       8000

NEUE BERECHNUNG (JA/NEIN)?
JA

GEBEN SIE DAS VERTEILUNGSVERHAELTNIS   N1 : N2 : N3
IM DER FORM   N1,N2,N3    EIN:
13800 , 24700 , 30000
WIE GROSS IST DAS ZU VERTEILENDE KAPITAL IN DM?
36844.80
A, B SOWIE C ERHALTEN IN DM:
 7422.748029     13285.643212     16136.408759

NEUE BERECHNUNG (JA/NEIN)?
NEIN
```

4.1.1.3.F Fragen zu VERTEIL 1

1. Die Wiederholung der Berechnung soll von der Frage ‚Neue Berechnung (1 für 'JA' und 0 für 'NEIN')?' abhängig gemacht werden. Ändern Sie das Programm entsprechend ab.
2. Ändern Sie das Programm VERTEIL 1 so ab, daß die DM-Beträge gerundet werden. Verwenden Sie dabei die Systemfunktion INT (vgl. Abschnitt 2.3).
3. Die Schleife hat keinen Vorbereitungsteil. Ändern Sie die Schleife (sinnvoll) so ab, daß sie einen Vorbereitungsteil aufweist.

4.1.2 Schleife mit vorheriger Abfrage (abweisende Schleife)

4.1.2.1 Einseitige Auswahl innerhalb einer Schleife
(11.3 Steuerbeträge für eingereichte Wechsel (DISK 3))

Ablaufstrukturen können hintereinander oder geschachtelt angeordnet sein. Dies gilt allgemein, d.h. auch für Programmschleifen. Was die Schachtelung betrifft, so kann im Schleifenkörper einer Schleife eine weitere Schleife angeordnet sein oder aber z.B. eine Auswahlstruktur. Auf diesen letzteren Fall geht das folgende Programmbeispiel ein: innerhalb einer Schleife mit vorheriger Abfrage ist eine Einseitige Auswahl eingeschachtelt.

4.1.2.1.A Problemstellung zu DISK 3
Diskontieren von Wechseln: Versteuern des unversteuert eingereichten Wechsels.

Es ist ein Programm zu schreiben, das für einen beliebigen Wechselsteuersatz die Steuerbeträge für mehrere der Reihe nach vom Benutzer eingetippte Wechsel ermittelt.

Die Eingabe von 0 (null) als Wechselbetrag soll dem Programm das Programmende anzeigen.

4.1.2.1.B Problemanalyse zu DISK 3

Ausgabe: S Steuerbetrag für den eingegebenen Wechsel.

Eingabe: W Wechselsteuersatz: Steuer je angefangene 100.00 DM. W wird einmal zu Programmbeginn eingegeben.

               K Kapital bzw. Wechselbetrag. Werte für K können innerhalb der Schleife mehrmals neu eingegeben werden.

Verarbeitung: A Anzahl der angefangenen 100.00 DM des jeweiligen Wechselbetrags K.

Berechnung des Steuerbetrags: $S = A \cdot W$

Schrittplan zur Ermittlung von A.

Schritt 1: $A = \dfrac{K}{100}$.

Schritt 2:   Frage, ob A eine Dezimalzahl ist.

Schritt 3:   Wenn ja, dann A auf die folgende ganze Zahl aufrunden.

Ermitteln des ganzzahligen Teils einer Zahl A: Mittels Funktion INT: $A = INT(A)$

4.1.2.1.C Zeichnerische Darstellung zu DISK3
Programmablaufplan zu DISK3

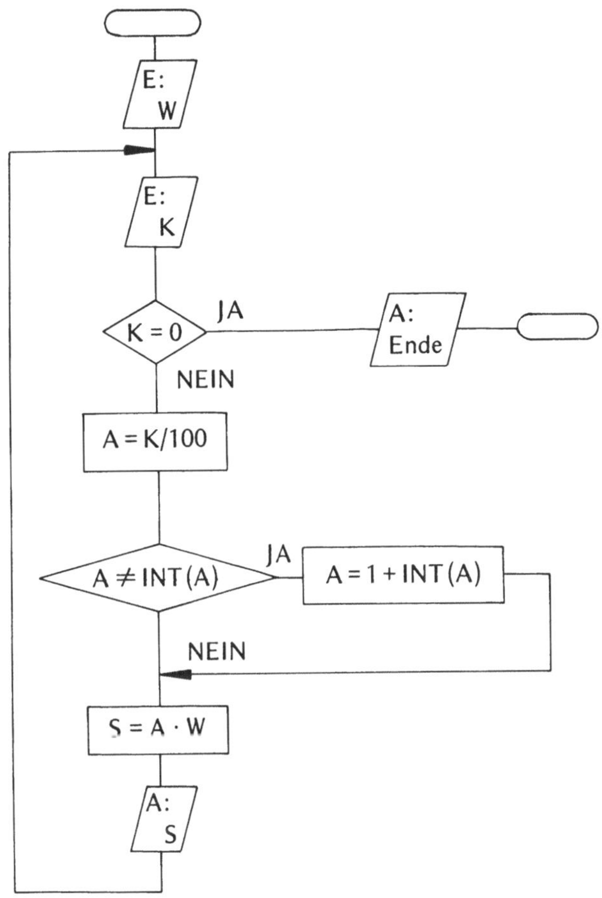

Struktogramm zu DISK3

Ihre Aufgabe

4.1.2.1.D Codierung zu DISK3

Ihre Aufgabe

4.1.2.1.E Dialogprotokoll zu DISK3
Berechnen Sie die Steuer für Wechsel über 100.00, 99.00, 101.00, 200.50 sowie 4005.00 DM.

An Wechselsteuer wird erhoben 0.15 DM je angefangene 100.00 DM Wechselbetrag.

```
RUN
WECHSELSTEUER  JE ANGEFANGENE 100 DM =?
0.15
WECHSELBETRAG  (0=ENDE) =?
100
STEUER IN DM:  .15
WECHSELBETRAG  (0=ENDE) =?
99
STEUER IN DM:  .15
WECHSELBETRAG  (0=ENDE) =?
101
STEUER IN DM:  .3
WECHSELBETRAG  (0=ENDE) =?
200.50

STEUER IN DM:  .45
WECHSELBETRAG  (0=ENDE) =?
4005
STEUER IN DM:  6.15
WECHSELBETRAG  (0=ENDE) =?
0
PROGRAMMENDE
```

4.1.2.1.F Fragen zu DISK 3

1. Welche Zeilen Ihres Programms stellen eine „Einseitige Auswahl" als grundlegende
   Ablaufstruktur dar?
   Erklären Sie den Zweck dieser Ablaufstruktur.
2. Will man z. B. 20 Steuerbeträge ermitteln, so ist es sehr zeitraubend, jeweils von neuem
   die Textausgabe WECHSELBETRAG (0=ENDE)? abzuwarten.
   Codieren Sie das Programm so, daß diese Textausgabe nur bei den ersten drei Wechsel-
   berechnungen erfolgt.

4.1.2.2 Zweiseitige Auswahl innerhalb einer Schleife
(8.1 Zwei Währungen umrechnen bei beliebigem Kurs (KURS 1))

4.1.2.2.A Problemstellung zu KURS 1
Währungsrechnen: Umrechnen von Kursen.

Ein Programm soll die Namen zweier Währungen sowie den Kurs als Eingabe erwarten.
Daraufhin sollen für beliebig große Währungsmengen Umrechnungen vorgenommen
werden können; die Mengeneingabe 0 (null) soll diese Umrechnungen beenden.

4.1.2.2.B Problemanalyse zu KURS1

Ausgabe: X   Umzurechnender Betrag.
               Y   Resultierender Betrag.
               A$ Name der Währung 1.
               B$ Name der Währung 2.

Eingabe: A$ Name der Währung 1.
               B$ Name der Währung 2.
               K1   Kurs, d.h. Preis in Währung 1 für eine Einheit der Währung 2.
               X   Umzurechnender Betrag }
                                              innerhalb des Schleifenkörpers
               W   Umzurechnende Währung }

Verarbeitung: K2   Kurs, d.h. Preis in Währung 2 für eine Einheit der Währung 1: K2=1/K1.
                    Y   Resultierender Betrag: Y=K1·X oder Y=K2·X, je nachdem ob W$ ≠ A$
                          oder W$ = A$ ist.

                   Aufbereitung der Druckausgabe mittels PRINT USING.

                   Wenn Eingabe X=0 (null), dann Programmende.

4.1.2.2.C Programmablaufplan zu KURS1

> Ihre Aufgabe

4.1.2.2.D Codierung zu KURS1

> Ihre Aufgabe

4.1.2.2.E Dialogprotokoll zu KURS1

Umrechnen von DM und FF, wobei der Kurs bei 0.45 DM/FF angenommen wird.

Umgerechnet werden sollen folgende Beträge: 2 DM, 10 FF und 12750 DM.

```
RUN
EINGABE: NAME WAEHRUNG 1 , NAME WAEHRUNG 2
DM , FF
WIEVIEL DM ERHAELT MAN FUER
EINE EINHEIT FF ?
0.45
EINGABE:  UMZURECHNENDER BETRAG , DM ODER FF
(EINGABE FUER ENDE: 0 , WAEHRUNGSNAME)

EINGABE:  BETRAG , DM ODER FF
2 , DM
                 2.000  DM          =            4.444   FF
EINGABE:  BETRAG , DM ODER FF
10 , FF

                10.000  FF          =            4.500   DM
EINGABE:  BETRAG , DM ODER FF
12750 , DM
             12750.000  DM          =        28333.333   FF
EINGABE:  BETRAG , DM ODER FF
0 , DM
PROGRAMMENDE
```

4.1.2.2.F Fragen zu KURS 1

1. Erklären Sie anhand von PAP und BASIC-Programm die Grundlegenden Ablaufstrukturen von KURS 1.
2. Könnte man das Programm auch als „Auskunftssystem" bezeichnen (Begründung)?

4.1.2.3 Mehrseitige Auswahl innerhalb einer Schleife
(3.3 Portokosten nach Briefmarken ordnen (TABELL 3))

Beim nachfolgenden Programmbeispiel sind mittels der Anweisung LET P = P + P0 Preise P0 zum Gesamtpreis P aufzusummieren. Bei diesem Sonderfall der LET-Anweisung zeigt sich deutlich der Unterschied zwischen dem Zuweisungszeichen = (im Sinne von ← bzw. von :=) und dem Gleichheitszeichen = aus der Mathematik.

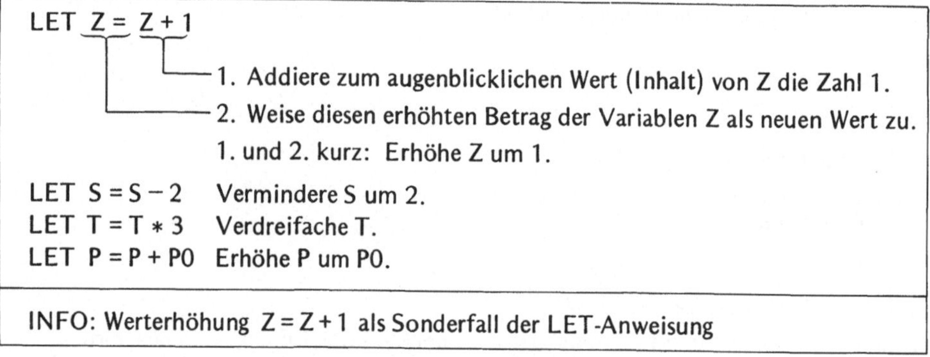

LET Z = Z + 1

    1. Addiere zum augenblicklichen Wert (Inhalt) von Z die Zahl 1.

    2. Weise diesen erhöhten Betrag der Variablen Z als neuen Wert zu.

    1. und 2. kurz: Erhöhe Z um 1.

LET S = S − 2   Vermindere S um 2.
LET T = T * 3   Verdreifache T.
LET P = P + P0   Erhöhe P um P0.

INFO: Werterhöhung Z = Z + 1 als Sonderfall der LET-Anweisung

4.1.2.3.A Problemstellung zu TABELL 3

Porti für Drucksachensendungen: Ermittlung der Gesamtkosten sowie Angabe der benötigten Briefmarken.

Die zu versendenden Drucksachen sind am Terminal nach Gewicht getrennt einzugeben: Eingabe jeweils 'Gewicht, Anzahl'; Abbruch durch Eingabe von Gewicht = 0 und/oder Anzahl = 0.

Ermittlung der Gesamtkosten sowie der Briefmarken entsprechend der Gebührentabelle der Bundespost.

4.1.2.3.B Problemanalyse zu TABELL 3

Ausgabe: B1 Anzahl der Briefmarken zu 0.30 DM
                B2 Anzahl der Briefmarken zu 0.60 DM
                B3 Anzahl der Briefmarken zu 0.70 DM
                B4 Anzahl der Briefmarken zu 1.20 DM
                P Gesamtpreis bzw. -kosten der Drucksachensendungen
Eingabe: G Gewicht der jeweiligen Drucksachen
                A Anzahl der jeweiligen Drucksachen
Verarbeitung: P0 Preis je eingegebener Drucksachenart.
                Der jeweilige Wert wird P0 in der entsprechenden Programmzeile direkt zugewiesen. Wertzuweisung gemäß Postgebührenheft, Stand 1.7.1976, S. 7:

    1.1.3 Drucksachen
          freizumachen   DM
          Standarddrucksachen*) 0,30
          andere Drucksachen bis 50 g 0,50
                   über 50 bis 100 g 0,60
                   über 100 bis 250 g 0,70
                   über 250 bis 500 g 1,20

Höchstgewicht 500 g

Hand- oder maschinenschriftlich dürfen nur die innere (mit der äußeren überein-
stimmende) Aufschrift, der Ort und Tag der Absendung und der Absender angegeben
sowie offensichtliche Druckfehler berichtigt werden.

Höchst- und Mindestmaße
Kartenform wie Postkarten; Briefform wie Briefe

Fallabfrage in der Reihenfolge:

      $G \leq 50$ $G \leq 500$
      $G \leq 100$ SONST
      $G \leq 250$

Fehlermitteilung bei Überschreitung des Höchstgewichtes.

4.1.2.3.C Struktogramm zu TABELL 3

> Ihre Aufgabe

4.1.2.3.D Codierung zu TABELL 3

> Ihre Aufgabe

4.1.2.3.E Dialogprotokoll zu TABELL 3

In einer Einzelhandelsfirma fielen am Montag folgende Drucksachensendungen an:
drei Sendungen zu 40 g Gewicht, eine Sendung zu 120 g, vier Sendungen zu 250 g und
zwei Sendungen zu 70 g. Gesucht sind die Gesamtkosten sowie die Anzahl der benötigten
Briefmarken.

```
RUN
GEWICHT, ANZAHL (0,0 = ENDE)
40,3
120,1
600,9
HOECHSTGEWICHT = 500 GRAMM
GEWICHT, ANZAHL (0,0 = ENDE)
250,4
70,2
0,0
BENOETIGTE BRIEFMARKEN:
    3 MARKEN FUER  DM         .50
    2 MARKEN FUER  DM         .60
    5 MARKEN FUER  DM         .70
    0 MARKEN FUER  DM        1.20
    ...........................................
    GESAMTKOSTEN DM          6.20
```

4.1.2.3.F Fragen zu TABELL 3

1. Die Post ändert ihre Gebühren des öfteren ab. Wie kann dies im Programm erfaßt werden, ohne jedes Mal die Codierung abändern zu müssen?

2. Annahme: Anstelle von vier Gewichtsklassen liegen 50 solcher Klassen vor. Wie müßte die Wertzuweisung nach P0 dann sinnvollerweise erfolgen?

3. Im Programm TABELL 3 werden innerhalb einer Schleife mehrere Größen aufsummiert: B1, B2, B3, B4, P.

   So wird durch die Anweisung LET P=P+P0 der Gesamtpreis P um den Preis der jeweiligen Drucksache P0 fortlaufend erhöht. Das Problem des Aufsummierens wiederholt sich mehrere Male.

   Erstellen Sie ein Programm namens TABELL 31, das mit der Anweisung LET S=S+Z die gerade eingegebene Zahl Z (z.B. 5) zur Summe S (z.B. 8.5) wie folgt addiert:

```
RUN
SOLANGE ZAHLEN Z UNGLEICH 0 EINGEGEBEN
WERDEN: AUFSUMMIEREN ZUR SUMME S
==========================================
BEGINN DER EINGABE:
3.5
5
900
0
SUMME: 908.5
```

4.1.2.4 Schleife mit einem Zähler

(1.7 Lagerbestandsfortschreibung (DEMO 7))

Das Programmbeispiel DEMO 7 weist einen Zähler auf, welcher die Anzahl von Tastatureingaben mitzählt. Jeder Zähler hat zwei Merkmale:

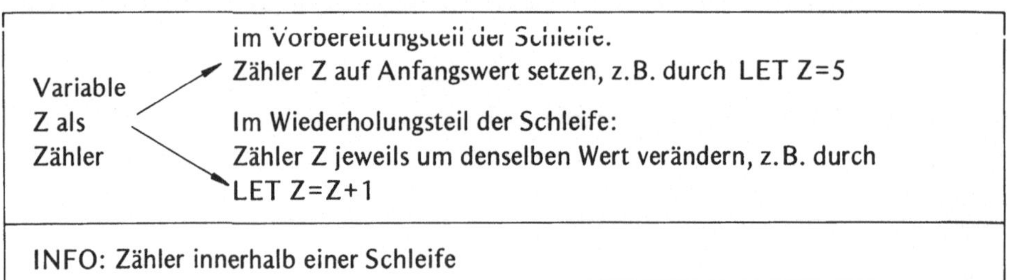

4.1.2.4.A Problemstellung zu DEMO 7

Feststellen des Endbestandes nach der Formel „Endbestand := Anfangsbestand + Zugänge – Abgänge".

Ein Programm soll, ausgehend von einem an der Tastatur einzugebenden Anfangsbestand, die Bewegungen (Zugänge sowie Abgänge) erfassen, deren Anzahl zählen und den Endbestand ermitteln.

Neben dem Endbestand ist auch die Anzahl der Bewegungen auszugeben. Das Programm soll solange weitere Bewegungen als Eingabe erwarten, bis 0 (null) eingegeben wird.

4.1.2.4.B Problemanalyse zu DEMO 7

Ausgabe:	E	Endbestand.
	Z	Anzahl der erfolgten Bewegungen.
	A	Anfangsbestand.
Eingabe:	A	Anfangsbestand.
	B	Bewegung (positiv = Zugang; negativ = Abgang).
Verarbeitung:	Z	Zählvariable bzw. Zähler zu Erfassung der Anzahl von Bewegungen.

Verarbeitung: Art der Eingabe:
A wird im Vorbereitungsteil und B im Wiederholungsteil der Schleife eingegeben.
Bestandsfortschreibung gemäß Formel.

Drei Beispiele für Bestandsfortschreibungen:

Beispiel:	Bestandsdaten:	Bewegungsdaten:
Lagerbestände	Artikelmengen	Lagerzugänge (+), Lagerabgänge (−)
Lieferantenkonto	Rechnungssaldo	Neue Rechnungen (+), Zahlungen (−)
Urlaubstatistik	Urlaubstage je Mitarbeiter	Neuer Urlaub (+), genommener Urlaub (−)

Formel zur Bestandsfortschreibung:

Bestand (neu) := Bestand (alt) + Zugänge − Abgänge
Bestand (neu) := Bestand (alt) + Bewegungen

Bestandsfortschreibung innerhalb einer Schleife:

Im Vorbereitungsteil der Schleife:	LET E = A	(E = Endbestand, A = Anfangsbestand)
Im Wiederholungsteil der Schleife:	LET E = E + B	(B = Bewegung + oder −)

INFO: Bestandsfortschreibung mit Bestandsdaten und Bewegungsdaten

4.1.2.4.C Struktogramm zu DEMO 7

Ihre Aufgabe

4.1.2.4.D Codierung zu DEMO 7

Ihre Aufgabe

4.1.2.4.E Dialogprotokoll zu DEMO 7

Anfangsbestand an Aktenordnern zu Jahresbeginn: 1000 Stück. Wie groß ist der Endbestand bei folgenden Bewegungen während des Jahres:

Zugang	Abgang
10	
90	
	120
	300
450	
3	
	500

```
RUN
ANFANGSBESTAND:
1000
EINGABE VON ZU-/ABGAENGEN
EINZELN (0=ENDE):
10
90
-120
-300
450
3
-500
0

ANFANGSBESTAND:   1000
ENDBESTAND:        633
BEWEGUNGEN:          7
```

4.1.2.4.F Fragen zu DEMO 7

1. Welche Ablaufstrukturen enthält DEMO 7 und wie sind diese angeordnet?
2. Im Programm bewirkt B=0 den Programmabbruch.
   Welche weitere Möglichkeiten sehen Sie, um den Schleifendurchlauf abzubrechen?
3. Ändern Sie die Codierung von DEMO 7 so ab, daß die Zugänge und die Abgänge zu-
   nächst getrennt aufsummiert werden, um dann den Endbestand nach der Formel
   E = A + Zugang (Z1) − Abgang (A1) zu ermitteln.

4.1.2.5 Unterprogramme als Mittel zur Strukturierung
(10.1 Zinsformel anwenden (ZINS 1))

Im Gegensatz zu Programmiersprachen wie PASCAL, ELAN oder ADA ‚erziehen' Sprachen
wie BASIC oder APL den Programmierer in keiner Weise zum Erstellen klar gegliederter,
leicht verständlicher und sich selbst dokumentierender Programme.

Die Beachtung der folgenden „Fünf Gebote" verhindert den gerade bei BASIC so weit ver-
breiteten Spaghetti-Code und trägt dazu bei, daß in BASIC auch umfangreiche Programme
als gute Programme geschrieben werden.

1. *Dreiteilung des Programmes*

   I. Anfangsteil
   Programmname sowie Zweck des Programmes nennen.

   II. Vereinbarungsteil
   — Variablen, deren Werte unverändert bleiben (,Konstante'),
   — Variablen: numerisch/Text, Felder (Vektor, Matrix),
   — Unterabläufe.

   III. Anweisungsteil
   Anweisungen zur Lösung des betreffenden Problemes als

   Folgestrukturen
   Auswahlstrukturen   } = Grundlegende Ablaufstrukturen
   Wiederholungsstrukturen

   hintereinander und/oder geschachtelt angeordnet.

2. *Benutzerfreundlicher Dialog*
   — Vor jeder Dateneingabe eine Aufforderung hierzu ausgeben.
   — Jede Datenausgabe durch Texthinweis erläutern.
   — Jede Eingabe auf formale Richtigkeit überprüfen.

3. *Optische Gliederung der Codierung in BASIC*
   — Leerzeilen sowie Einrücken,
   — Kommentar mittels REM.

4. *Einfache Programmierung*
   — Auf Programmiertricks verzichten.

5. *Strukturierte Programmierung*
   — Gesamtproblem in Teilprobleme aufteilen und damit: Gesamtprogramm in
     Blöcke (Module) aufteilen, die als Unterabläufe programmiert sind. Jeder
     Block hat nur einen Eingang (GOSUB) und nur einen Ausgang (RETURN).
   — Sprünge mit GOTO möglichst meiden; kein GOTO von einem Block in einen
     anderen Block; kein GOTO auf eine REM-Anweisung; möglichst nur Vorwärts-
     verzweigungen.
   — Grundlegende Ablaufstrukturen niemals teilweise geschachtelt, d.h. sich über-
     schneidend, anordnen.

INFO: Fünf Gebote zum Erstellen guter BASIC-Programme

Zu den fünf Geboten folgende Erläuterungen:

Zum 1. Gebot: Programmnamen als PRINT-Anweisung ausgeben zur Unterrichtung des Benutzers bei Beginn der Ausführung; Programmzweck durch PRINT oder REM angeben.

Im Vereinbarungsteil werden 1-dimensionale Variable (Vektoren) und 2-dimensionale Variable (Matrizen) durch DIM-Anweisungen vereinbart. Beispiele: DIM A(17) reserviert für A als Variable des Typs „Vektor numerisch" 17 Stellen; DIM B\$ (6,11) reserviert für B\$ als Variable des Typs „Matrix Text bzw. Zeichen(-ketten)" 66 Stellen in 6 Zeilen und 11 Spalten geordnet.

Im übrigen wird in BASIC durch die Wahl eines Variablennamens automatisch ein bestimmter Datentyp vereinbart. Diese implizite Vereinbarung geschieht nach folgenden Regeln:

> Buchstabe oder Buchstabe + Ziffer für den Datentyp „numerisch bzw. real"
> (z.B. A, B, C, ..., A1, A2, A3, ...);
> Buchstabe oder Buchstabe + Ziffer jeweils von Dollar-Zeichen gefolgt für den
> Datentyp „Text, Zeichenkette, Zeichenreihe bzw. string"
> (z.B. A\$, B\$, C\$, ..., A1\$, A2\$, A3\$, ...).

Eine explizite Vereinbarung ist nicht vorgesehen. Dies hat häufig zur Folge, daß man in der Codierung lange suchen muß, wo eine bestimmte Variable zum ersten Mal einen Wert erhält, um ihre Bedeutung und ggf. ihren Anfangswert zu erfahren. Um solch umständliche Suchereien zu vermeiden, werden im Vereinbarungsteil durch REM-Anweisungen sämtliche Variablennamen und ihre Bedeutung genannt. Die im Programm vorgesehenen Unterabläufe (GOSUB – RETURN) erhalten jeweils einen Namen.

Zum 2. Gebot: Einige BASIC-Versionen erlauben die Eingabeaufforderung in der INPUT-Anweisung; ist dies nicht möglich, so ist jedem INPUT ein PRINT voranzustellen.

Zum 3. Gebot: Die drei Teile des Programms, wie auch wichtige Ablaufstrukturen, werden durch Überschriften mittels REM gekennzeichnet. Dies gilt auch für den Beginn eines Unterablaufes (GOSUB). Zu vermeiden ist natürlich, daß man vor lauter REMs die eigentlichen Programmanweisungen nicht mehr erkennt.

Zum 4. Gebot: Berühmt und berüchtigt sind die sog. Ein-Zeiler in der Programmiersprache APL, bei der sehr viele Anweisungen in einer einzigen Zeile verknüpft werden, die der Programmierer dann nach kurzer Zeit selbst nicht mehr versteht. Sind solche Ein-Zeiler in BASIC auch nur sehr begrenzt möglich: der clevere Programmierer programmiert ohne Tricks, packt nur ganz wenige Anweisungen in eine Zeile, verwendet lieber eine Hilfsvariable mehr, arbeitet so, daß sein Programm leicht änderbar und auch noch später leicht lesbar ist.

Zum 5. Gebot: Wer gegen dieses Gebot verstößt, begeht so etwas wie eine Todsünde. Insbesondere bei umfangreicheren Programmen ist unbedingt zu strukturieren: Ein kurzes Hauptprogramm, von dem aus mittels GOSUB in die entsprechenden Unterabläufe (Module) verzweigt wird. Mit GOTOs sparsam umgehen (kein Sprung von einem Modul in ein anderes Modul; kein Sprung aus einer FOR-Schleife usw.). Die Grundlegenden Ablaufstrukturen vom Struktogramm bzw. PAP in die Codierung übernehmen und dort sichtbar machen (kein Sprung in eine Schleife; kein zusätzlicher Sprung aus einer mehrseitigen Auswahl usw.).

Für Unterprogramme stehen in BASIC die beiden Anweisungen GOSUB und RETURN zur Verfügung.

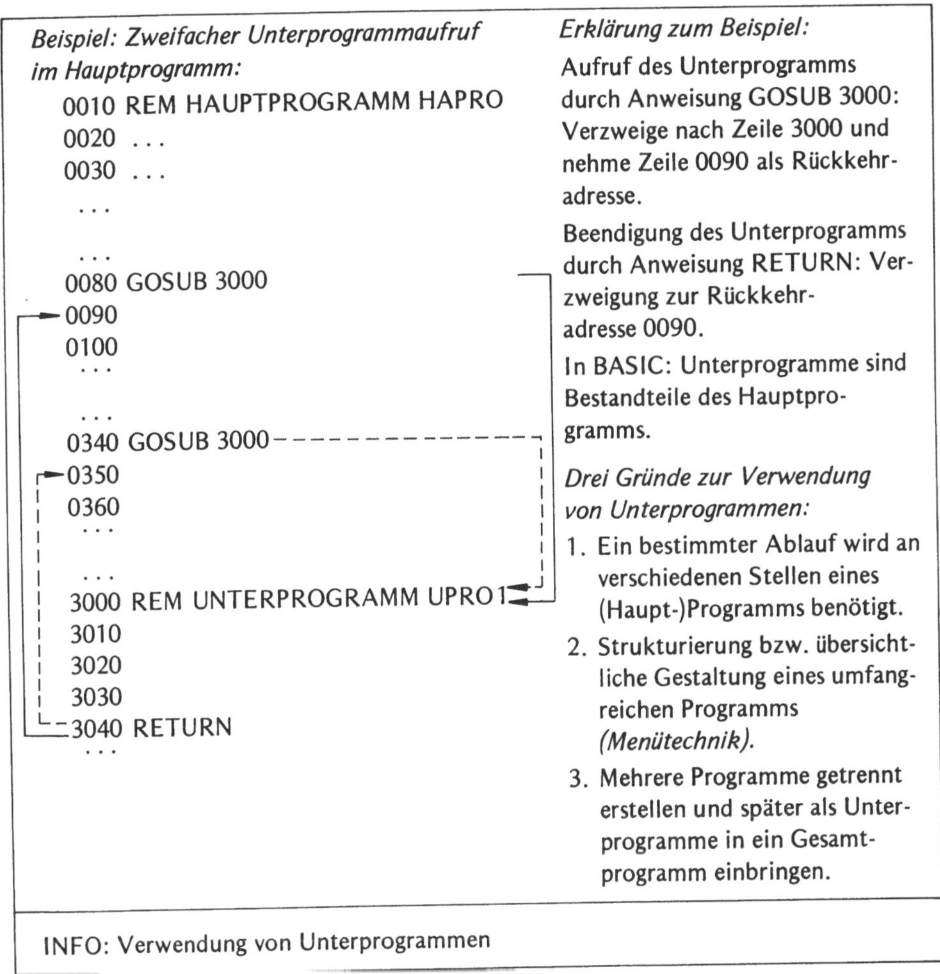

<table>
<tr><td valign="top">

*Beispiel: Zweifacher Unterprogrammaufruf
im Hauptprogramm:*

```
0010 REM HAUPTPROGRAMM HAPRO
0020 ...
0030 ...
   ...

   ...
0080 GOSUB 3000
0090
0100
   ...

   ...
0340 GOSUB 3000
0350
0360
   ...

   ...
3000 REM UNTERPROGRAMM UPRO 1
3010
3020
3030
3040 RETURN
   ...
```

</td><td valign="top">

Erklärung zum Beispiel:

Aufruf des Unterprogramms
durch Anweisung GOSUB 3000:
Verzweige nach Zeile 3000 und
nehme Zeile 0090 als Rückkehr-
adresse.

Beendigung des Unterprogramms
durch Anweisung RETURN: Ver-
zweigung zur Rückkehr-
adresse 0090.

In BASIC: Unterprogramme sind
Bestandteile des Hauptpro-
gramms.

*Drei Gründe zur Verwendung
von Unterprogrammen:*

1. Ein bestimmter Ablauf wird an
   verschiedenen Stellen eines
   (Haupt-)Programms benötigt.

2. Strukturierung bzw. übersicht-
   liche Gestaltung eines umfang-
   reichen Programms
   (Menütechnik).

3. Mehrere Programme getrennt
   erstellen und später als Unter-
   programme in ein Gesamt-
   programm einbringen.

</td></tr>
</table>

INFO: Verwendung von Unterprogrammen

Das nachfolgende Programm ZINS1 zeigt, wie ein Ablauf durch Bilden von vier Unterprogrammen strukturiert und damit übersichtlich gestaltet werden kann.

4.1.2.5.A Problemstellung zu ZINS 1

Zinsrechnen: Anwendung der allgemeinen Zinsformel.

In einem Programm sollen durch Anwendung der allgemeinen Zinsformel die Zinsen, das
Kapital, der Zinssatz oder die Zinstage ermittelt werden.

Welche dieser vier Größen jeweils berechnet werden soll, dies soll über eine besondere
Variable als Schalter bzw. Schaltervariable gesteuert werden.

Das Programm soll sich bis zur Eingabe für 'Ende' automatisch wiederholen.

<table>
<tr><td rowspan="1">1</td><td>Numerische Variable (überwiegend)
oder
Textvariable als Schalter.</td></tr>
<tr><td>2</td><td>Bit-Schalter (Inhalt 0 oder 1)
oder
Mehrfach-Schalter (Inhalt z.B. 1, 2, 3 oder 4).</td></tr>
<tr><td>3</td><td>Von außen (durch Tastatureingabe des Benutzers)
oder
von innen (durch Programmanweisung) gesetzter Schalter.</td></tr>
<tr><td colspan="2">INFO: Schalter als eigens der Ablaufsteuerung dienende Variable</td></tr>
</table>

4.1.2.5.B Problemanalyse zu ZINS 1

Ausgabe: Eine der vier Größen Z, K, P oder T.

Eingabe: Drei der vier Größen Z, K, P oder T:

     Z Zinsen
     K Kapital
     P Zinssatz
     T Tage
     E1 Schalter zur Steuerung der Berechnung.

Verarbeitung: Berechnung nach der Zinsformel:

$$Z = \frac{K \cdot P \cdot T}{100 \cdot 360}.$$

Der Schalter E1 kann die Werte 1, 2, 3, 4 annehmen mit der folgenden Bedeutung:

EINGABE:	GESUCHT:	GEGEBEN:		
1	Z	K,	P,	T
2	K	P,	T,	Z
3	P	T,	Z,	K
4	T	Z,	K,	P
0	FUER PROGRAMMENDE →			

(Menü)

Unzulässige Eingaben für Schalter E1 werden wie folgt abgefangen:

Prüfung, ob ganzzahlig:

a) E1 ≠ INT(E1)   Ist E1 ungleich dem ganzzahligen Teil von E1, d.h. E1 ist nicht
                           ganzzahlig eingegeben worden?

b) E1 < 0 OR E1 > 4 Ist E1 kleiner null oder ist E1 größer 4, d.h., ist für E1 keiner
                           der Werte 1 2, 3 oder 4 eingegeben worden?

Vorgehensweise:
— Auf der Speisekarte werden die Gänge eines Menüs dem Gast angeboten.
— Auf dem Bildschirm werden die Wahlmöglichkeiten zur Bearbeitung eines Programms dem Benutzer angeboten.
— Je nach Wahl des Benutzers wird in entsprechende Unterprogramme verzweigt.
— Aus den Unterprogrammen wird jeweils ins Menü zurückgekehrt.
— Programmende vom Menü aus.

Zweck:
— Übersichtliche Gestaltung der Codierung.
— Leichte Erweiterbarkeit (z.B. zusätzliche Wahlmöglichkeit durch Einfügen eines zusätzlichen Unterprogramms).

INFO: Menütechnik

4.1.2.5.C *Programmablaufplan zu ZINS 1*

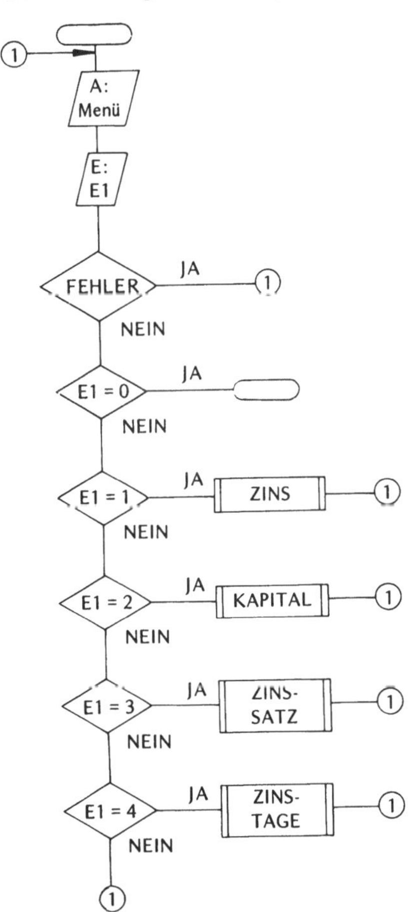

4.1.2.5.D Codierung zu ZINS1

> Ihre Aufgabe: Codierung mit Unterprogrammaufruf mittels ON-GOSUB-
> Anweisung

ON-Anweisung allgemein:

... ON A GOSUB ......

Je nach dem ganzzahligen Wert, den der Ausdruck A annimmt,

verzweige zu den angegebenen Zeilennummern zu den dort beginnenden Unterprogrammen

ON-Anweisung an einem Beispiel:

0020 ON E GOSUB 1000, 2000, 3000, 4000

— E kann die Werte 1, 2, 3 oder 4 annehmen.

— Mittels ON-GOSUB kann *ausschließlich* nur zu Unterprogrammen verzweigt
  werden, d.h. in allen vier Fällen muß mit RETURN abgeschlossen werden.

INFO: ON-GOSUB-Anweisung zur Codierung der Fallabfrage zwecks Unter-
      programmaufruf

Die ON-GOSUB-Anweisung entspricht der ON-GOTO-Anweisung (vgl. Abschnitt 3.3) bis
auf folgenden Unterschied: Bei ON-GOSUB wird in Unterprogramme verzweigt mit
Speicherung der Rückkehradresse (= Folgezeile von ON), während bei ON-GOTO zu den
angegebenen Zeilennummern ohne Rückkehradresse gesprungen wird.

4.1.2.5.E Dialogprotokoll zu ZINS1

Zu welchem Zinssatz wurden 2880.00 DM angelegt, wenn sie nach 55 Tagen 26.40 DM
an Zinsen erbringen?

Ein Kredit über 6400.00 DM kostet bei einem Zinssatz von 4.5 Prozent 83.20 DM an
Zinsen. Wie groß ist die Laufzeit des Kredits?

```
RUN
ZINS Z, KAPITAL K, ZINSSATZ P
ODER ZEIT T ERMITTELN:

EINGABE:       GESUCHT:      GEGEBEN:
    1             Z          K, P, T
    2             K          P, T, Z
    3             P          T, Z, K
    4             T          Z, K, P
    0          FUER PROGRAMMENDE
```

```
3                                    4
KAPITAL, ZINSEN, ZINSTAGE:           KAPITAL, ZINSEN, ZINSSATZ:
2880 , 26.40 , 55                    6400 , 83.20 , 4.5

ZINSSATZ: 6     PROZENT              ZINSTAGE: 104

EINGABE:   GESUCHT:    GEGEBEN:      EINGABE:   GESUCHT:    GEGEBEN:
   1          Z         K, P, T         1          Z         K, P, T
   2          K         P, T, Z         2          K         P, T, Z
   3          P         T, Z, K         3          P         T, Z, K
   4          T         Z, K, P         4          T         Z, K, P
   0        FUER PROGRAMMENDE          0        FUER PROGRAMMENDE

                            0
```

4.1.2.5.F Fragen zu ZINS 1

1. Aus welchen Gründen werden Unterprogramme verwendet?

2. „Komplexe Programme mit Wahlmöglichkeiten ohne Menütechnik sind nicht benutzerfreundlich". Stimmt diese Behauptung?

4.2 Zähler(-variable) beendet die Schleife

Bei der *offenen Schleife* ist zum Zeitpunkt der Programmausführung (RUN) vollkommen
offen, wie oft der Schleifenkörper durchlaufen wird, also 10 mal, 15 mal oder auch nur
1 mal (z. B. Programm ZINS 1 im Abschnitt 4.1.2.5). Bei der *geschlossenen Schleife* hingegen ist die Anzahl der Schleifendurchläufe bereits zum Zeitpunkt der Programmerstellung festgelegt worden.

<table>
<tr><td>

Offene Schleife:
Bei Eintritt in den Wiederholungsteil der Schleife ist noch nicht festgelegt, wie oft
der Schleifenkörper durchlaufen wird.

Geschlossene Schleife:
Bei Eintritt in den Wiederholungsteil der Schleife ist festgelegt, wie oft der Schleifenkörper durchlaufen wird.

</td></tr>
<tr><td>

INFO: Unterscheidung von offenen und geschlossenen Schleifen

</td></tr>
</table>

Geschlossene Schleifen sind zumeist als *zählergesteuerte Schleifen* (kurz: *Zählerschleife*) programmiert. Gleichwohl sind auch geschlossene Schleifen ohne Zähler möglich:

Bei Eintritt in den Wiederholungsteil einer geschlossenen Schleife ist festgelegt, wie oft dieser durchlaufen wird. Das bedeutet:

— Während der Schleifendurchläufe wird von außen (z.B. über Tastatur) kein Endesignal eingegeben.

— Die Anzahl der Schleifendurchläufe wird im Vorbereitungsteil durch Festlegen eines Endwertes (z.B. durch das Programm mit LET oder den Benutzer mit INPUT) eindeutig fixiert.

— Bei jeder Ausführung mit RUN wiederholt sich eine geschlossene Schleife gleich häufig (Voraussetzung: E derselbe Endwert).

Geschlossene Schleife mit Zähler als Kontrollvariable (Zählerschleife):

Zähler erhält im Vorbereitungsteil einen Anfangswert. Er wird im Schleifenkörper bei jedem Durchlauf um denselben Wert verändert (z.B. Zähler Z erhöht sich jeweils um 1: $Z=Z+1$). Zähler wird in der Schleifenabfrage mit einem bereits im Vorbereitungsteil fest vorgegebenen Endwert (z.B. 20) verglichen.

Geschlossene Schleife ohne Zähler als Kontrollvariable:

An die Stelle des Zählers tritt eine Variable, die im Schleifenkörper bei jedem Durchlauf eine bestimmte Wertveränderung erfährt (z.B. Kapital K erhöht sich um die — jeweils größer werdenden — Jahreszinsen).
Diese Variable wird in der Schleifenabfrage mit einem bereits im Vorbereitungsteil fest vorgegebenen Endwert (z.B. Kapital 2000 DM als sogenannte obere Schranke) verglichen.

INFO: Zwei Möglichkeiten der Gestaltung einer geschlossenen Schleife

Im vorliegenden Abschnitt 4.2 werden zählergesteuerte Schleifen bzw. Zählerschleifen genauer an Beispielen erläutert. Bei diesen *Zählerschleifen* ist der Zähler jeweils *Kontrollvariable*, d.h., er ist in der Schleifenabfrage enthalten und kontrolliert somit die Wiederholungen.

4.2.1 Schleife mit nachheriger Abfrage (nicht-abweisende Schleife)

4.2.1.1 Einfache Zählerschleife

(10.4 Endkapital nach 1, 2, ..., n Jahren (ZINS4))

4.2.1.1.A Problemstellung zu ZINS4

Zinsrechnen: Ermittlung von Zinsen für das Indianerproblem.

Der Überlieferung nach verkauften die Indianer im Jahre 1626 die Insel Manhattan für genau 24 Dollar.

Problem: Auf welchen Betrag wären diese 24 Dollar bis zum Jahre J angewachsen, wenn sie damals zu P Prozent auf einer Bank angelegt worden wären?

4.2.1.1.B Problemanalyse zu ZINS4

Ausgabe: Z Zinsen nach 1, 2, 3, ... Jahren.
     K Kapital, auf das die 24 Dollar angewachsen wären.

Eingabe: J Jahr, bis zu dem Zinsen zu berechnen sind.
     P Zinssatz.

Verarbeitung: S Schleifenzähler mit Anfangswert 1626.
     Z Zinsen pro Jahr:

$$Z = \frac{K \cdot P}{100}.$$

Schrittplan zur Kapitalermittlung:

(1) Eingabe von J und P über Tastatur,
(2) Anfangswerte setzen: K=24 und S=1626,
(3) Zinsen berechnen Z=K·P/100 und ausgeben,
(4) Kapital um Zins erhöhen: K=K+Z,
(5) Zähler erhöhen: S=S+1,
(6) Wenn S ≤ J, dann weiter mit (3),
(7) Sonst: Endkapital K ausgeben.

4.2.1.1.C Struktogramm zu ZINS4

> Ihre Aufgabe

4.2.1.1.D Codierung zu ZINS4

> Ihre Aufgabe

4.2.1.1.E Dialogprotokoll zu ZINS4

Angenommen, die 24 Dollar wären bis zum Ende des Jahres 1630 zu 10 % angelegt worden; auf welchen Betrag wären sie angestiegen?

```
RUN
BERECHNUNG VON 1626 BIS ZU WELCHEM JAHR?
1630
WELCHER ZINSSATZ WIRD ANGENOMMEN?
10
   1626                 2.4
   1627                 2.64
   1628                 2.904
   1629                 3.1944
   1630                 3.51384
KAPITAL VON 24 AUF   38.65224      GESTIEGEN.
```

4.2.1.1.F Fragen zu ZINS4

1. Berücksichtigt man den Faktor ‚Zeit‘, so zeigt sich bei der Ausführung des Programms ZINS4 ein großer Nachteil. Welcher?
2. „Eine Schleife mit einem Zähler ist stets eine geschlossene Schleife". Nehmen Sie Stellung zu dieser Behauptung (Hinweis: Programm DEMO7 im Abschnitt 4.1.2.4).

4.2.1.2 Zählerschleife mit variablem Anfangs- und Endwert
(10.3 Zinsentwicklung bei unterschiedlichen Zinssätzen (ZINS3))

4.2.1.2.A Problemstellung zu ZINS3

Zinsrechnen: Ermitteln von Zinsen bei unterschiedlichen Zinssätzen.

Für ein beliebiges Kapital sowie eine beliebige Zinszeit sollen die Zinsen berechnet werden, die man bei unterschiedlichen Zinssätzen erhält. Zinssätze und Zinsen sind in einer Übersicht aufzulisten.

4.2.1.2.B Problemanalyse zu ZINS3

Ausgabe:	P	Zinssätze in unterschiedlicher Höhe (Zähler).
	Z	Zinsen, die den Zinssätzen entsprechen.
Eingabe:	K	Kapital.
	T	Tage.
	P0	Kleinster Zinssatz (Anfangswert).
	P1	Größter Zinssatz (Endwert).
	S	Schrittweite bei der Berücksichtigung der Zinssätze zwischen P0 und P1.

Verarbeitung: Ermittlung von Zinsen nach der Zinsformel:

$$Z = \frac{K \cdot P \cdot T}{100 \cdot 360} .$$

Schleife ist so oft zu durchlaufen, wie $P \leq P1$ ist.

Druckaufbereitung der Übersichtszeile mittels PRINT USING.

4.2.1.2.C Struktogramm zu ZINS3

Eingabe: Kapital K, Tage T
Eingabe: Kleinster und größter Zinssatz P0, P1 / Schrittweite S
Anfangswert: P = P0
Drucken: Überschriftzeile
Berechnung Z=K·P·T/(100·360)
Ausgabe: Werte von P und Z
Erhöhung des Zinssatzes: P=P+S
wiederhole bis P > P1

4.2.1.2.D Codierung zu ZINS3

> Ihre Aufgabe

4.2.1.2.E Dialogprotokoll zu ZINS3

Wieviel DM an Zinsen ergeben 1000.00 DM in einem Jahr bei 12, 13, 14, 15, 16 und 17 %
Zinssatz?

```
RUN
KAPITAL, TAGE
1000 , 360
KLEINSTER, GROESSTER ZINSSATZ, SCHRITTWEITE
12 , 17 , 1
   ZINSSATZ           ZINSEN
     12               120.00
     13               130.00
     14               140.00
     15               150.00
     16               160.00
     17               170.00
```

4.2.1.2.F Fragen zu ZINS3

1. Liegt bei Programm ZINS3 eine offene Schleife oder eine geschlossene Schleife vor
   (vgl. Abschnitt 4.2)?
2. Welche Aufgaben werden im Vorbereitungsteil der Programmschleife bearbeitet?
3. Programmieren Sie die nicht-abweisende Schleife von ZINS3 (BIS-Schleife bzw. nachherige Abfrage) zu einer abweisenden Schleife (SOLANGE-Schleife bzw. vorherige
   Abfrage) um.

4.2.2 Schleife mit vorheriger Abfrage (abweisende Schleife)

4.2.2.1 Programminterne Datei einlesen
(3.2 Wochenlohn nach Personalnummern ordnen (TABELL2))

Dateien (files) dienen der Speicherung großer Datenbestände und spielen in der kommer-
ziellen DV eine bedeutende Rolle: Kundendatei mit 1240 Datensätzen für 1240 Kunden,
Artikeldatei mit 3000 Datensätzen zur Speicherung von Artikelnummer, Bezeichnung,
Lagerbestand, … der 3000 Artikel des Sortiments. Dateien werden normalerweise außer-
halb *(extern)* von Programmen gespeichert, BASIC ermöglicht zudem das Anlegen *interner*
Dateien innerhalb eines Programms.

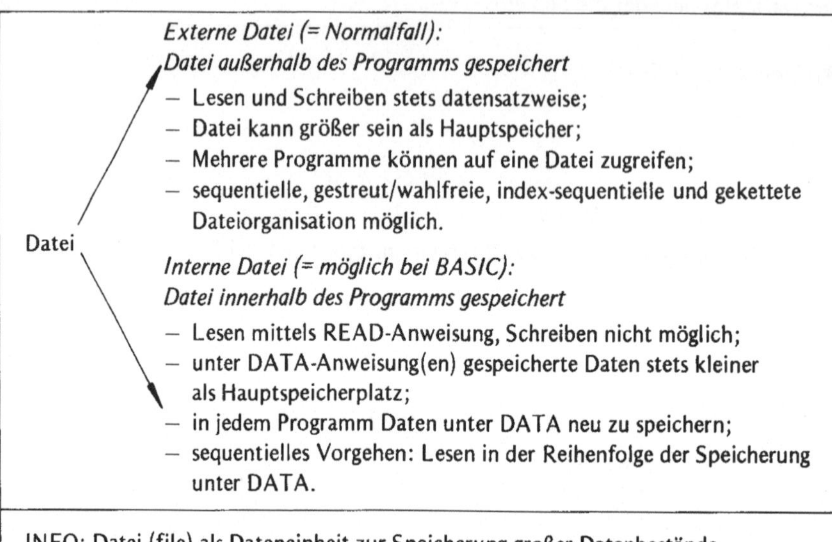

INFO: Datei (file) als Dateneinheit zur Speicherung großer Datenbestände

In BASIC kann eine interne Datei mittels DATA-Anweisung(en) gespeichert und mittels READ-Anweisung(en) bestimmten Variablen zugewiesen bzw. eingelesen werden.

Codierung zu LESEN 1:	Programmlauf zu LESEN 1:
0010 READ Z	RUN
0020 IF Z=0 THEN 60	6
0030 PRINT Z	12
0040 GOTO 10	15
0050 DATA 6, 12, 15, 20, 0	20
0060 STOP	

– Programm LESEN 1 liest 4 unter DATA gespeicherte Zahlen mittels READ einzeln nach Z und druckt sie aus.

– READ Z liest den Wert nach Z, auf den der Lesezeiger gerade zeigt, und erhöht den Lesezeiger dann um 1.

– DATA speichert numerische und/oder Textdaten in fester Reihenfolge im Programm ab.

– Daten können auf mehrere DATA-Anweisungen verteilt sein.

– DATA-Anweisungen zwecks Übersicht am Programmende placieren.

INFO: Anweisungspaar READ mit DATA

4.2.2.1.A Problemstellung zu TABELL 2

Erstellen einer Übersichtstabelle für den Wochenlohn.

In einem Programm soll eine Übersichtstabelle erstellt werden, in der für jeden Mitarbeiter bzw. jede Personalnummer P der Lohnsatz pro Stunde L, die gearbeitete Anzahl von Wochenstunden A sowie der Wochenlohn W gegenübergestellt werden.

P, L und A sollen innerhalb des Programmes unter der DATA-Anweisung gespeichert sein.

4.2.2.1.B Problemanalyse zu TABELL 2

Ausgabe:	Übersichtstabelle mit P, L, A sowie W.
	W Wochenlohn in DM.
Eingabe:	P Personalnummer.
	L Lohnsatz pro Stunde in DM/Std.
	A Anzahl von Stunden, die pro Woche gearbeitet wurden.
Verarbeitung:	Regel zur Ermittlung des Wochenlohnes: $W = L \cdot A$.
	Schleifenabfrage $P = 0$ unmittelbar hinter READ-Anweisung.

4.2.2.1.C Struktogramm zu TABELL 2

```
┌─────────────────────────────────────────────────┐
│ Ausgabe: Überschriftzeile                        │
├───┬─────────────────────────────────────────────┤
│   │ Lesen aus DATA: P, L und A                   │
│   ├─────────────────────────────────────────────┤
│   │ ──────── wenn P = 0 dann Schleifenende       │
│ ↓ ├─────────────────────────────────────────────┤
│   │ Berechnung des Wochenlohnes: W = L · A       │
│   ├─────────────────────────────────────────────┤
│   │ Ausgabezeile mit: P, L, A und W              │
└───┴─────────────────────────────────────────────┘
```

4.2.2.1.D Codierung zu TABELL 2

> Ihre Aufgabe

4.2.2.1.E Dialogprotokoll zu TABELL 2

In der ersten Märzwoche ermittelte man für vier Facharbeiter Arbeitszeiten wie folgt:
Der Arbeiter mit Personalnummer 101 arbeitete 40 Stunden bei einem Stundenlohn von 20.50 DM.
Die Arbeiter mit den Personalnummern 103, 105 bzw. 110 kamen auf 38, 40 bzw. 35 Stunden bei einem Stundenlohn von 22.50, 18.75 bzw. 26.50 DM.
Man stelle eine entsprechende Übersichtstabelle auf.

```
RUN
PERS.-  LOHN-     STUN-   WOCHEN-
NUMMER  SATZ      DEN     LOHN
 101    20.5      40       820
 103    22.5      38       855
 105    18.75     40       750
 110    26.5      35       927.5
```

4.2.2.1.F Fragen zu TABELL 2

1. Ändern Sie TABELL 2 so ab, daß die Schleife nicht durch die Abfrage $P = 0$ beendet wird, sondern durch eine Zählerabfrage. Programmname: TABELL 21.

2. Hat TABELL 2 eine offene oder eine geschlossene Schleife?

3. Welche Dateien stellen „den Normalfall" dar in der kaufmännischen Praxis: Interne oder externe Dateien?

4.2.2.2 Zählerschleife mit Anweisungen FOR und NEXT

(10.2 Um Zinsen vermehrtes Kapital bei unterschiedlichen Laufzeiten (ZINS 2))

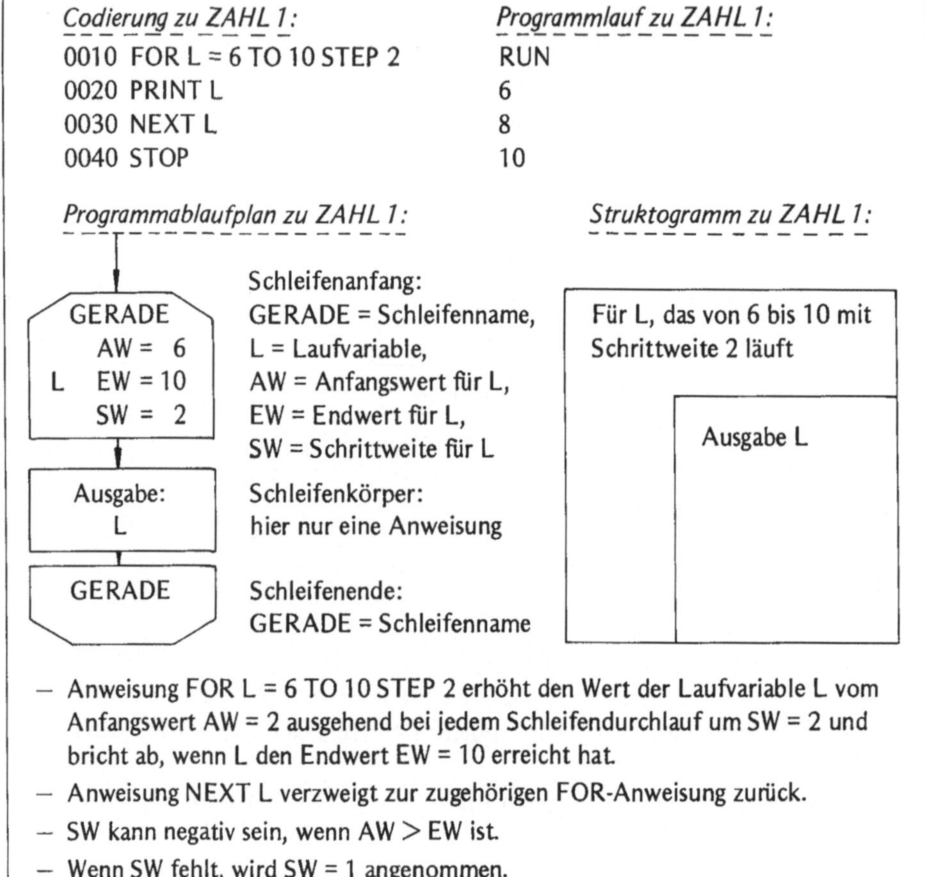

Codierung zu ZAHL 1:

```
0010  FOR L = 6 TO 10 STEP 2
0020  PRINT L
0030  NEXT L
0040  STOP
```

Programmlauf zu ZAHL 1:

```
RUN
6
8
10
```

Programmablaufplan zu ZAHL 1:

Schleifenanfang:
GERADE = Schleifenname,
L = Laufvariable,
AW = Anfangswert für L,
EW = Endwert für L,
SW = Schrittweite für L

Schleifenkörper:
hier nur eine Anweisung

Schleifenende:
GERADE = Schleifenname

Struktogramm zu ZAHL 1:

Für L, das von 6 bis 10 mit Schrittweite 2 läuft

Ausgabe L

— Anweisung FOR L = 6 TO 10 STEP 2 erhöht den Wert der Laufvariable L vom Anfangswert AW = 2 ausgehend bei jedem Schleifendurchlauf um SW = 2 und bricht ab, wenn L den Endwert EW = 10 erreicht hat.

— Anweisung NEXT L verzweigt zur zugehörigen FOR-Anweisung zurück.

— SW kann negativ sein, wenn AW > EW ist.

— Wenn SW fehlt, wird SW = 1 angenommen.

INFO: Anweisungspaar FOR mit NEXT

Das Anweisungspaar FOR mit NEXT (kurz FOR-NEXT-Anweisung genannt) ist eigens für die Zählerschleife vorgesehen. Es ist zu erwarten, daß mit WHILE-DO auch für die abweisende Schleife und mit REPEAT-UNTIL auch für die nicht-abweisende Schleife in Zukunft spezielle Anweisungen zur Schleifensteuerung in BASIC-Systemen bereitgestellt werden.

4.2.2.2.A Problemstellung zu ZINS 2

Zinsrechnen: Ermitteln von Zinsen und vermehrtem Kapital bei unterschiedlicher Anzahl von Tagen.

Das Programm soll für ein beliebiges Anfangskapital und einen beliebigen Zinssatz die Zinsen und das um die Zinsen vermehrte Anfangskapital ermitteln, das sich bei unterschiedlicher Laufzeit in Tagen ergibt. Die Zinsen und Endkapitalien sind in einer Übersichtstabelle auszugeben. Zinseszins bleibt unberücksichtigt.

4.2.2.2.B Problemanalyse zu ZINS 2

Ausgabe:	T	Tage (Zinstage).
	Z	Zinsen.
	K + Z	Endkapitalien.
Eingabe:	K	Anfangskapital.
	P	Zinssatz.
	T0	Tage (kleinster Wert).
	T1	Tage (größter Wert).
	S	Schrittweite für Zinstage.
Verarbeitung:	Zinsformel:	

$$Z = \frac{K \cdot P \cdot T}{100 \cdot 360}.$$

Ermittlung von Zinsen Z und Endkapitalien (K + Z) bei unterschiedlichen Tagen T innerhalb einer FOR-NEXT-Schleife namens ENDKAP:

T0 Anfangswert; I Laufvariable
T1 Endwert
S Schrittweite.

Druckaufbereitung der Tabellenzeile mittels PRINT USING-Anweisung.

4.2.2.2.C Programmablaufplan zu ZINS 2

> Ihre Aufgabe

4.2.2.2.D Codierung zu ZINS 2

> Ihre Aufgabe

4.2.2.2.E Dialogprotokoll zu ZINS 2

1000.00 DM sollen bei einem Zinssatz von 12 % angelegt werden.

Wie groß sind die Zinsen und das jeweilige Endkapital, wenn die 1000,00 DM 60, 70, 80 oder aber 90 Tage lang angelegt werden?

Berechnung der ‚einfachen‘ Zinsen, d.h. Zinseszins unberücksichtigt.

```
RUN
EINGABE: ANFANGSKAPITAL, ZINSSATZ
1000 , 12
EINGABE: TAGE MIN., TAGE MAX., SCHRITTWEITE
60 , 90 , 10
NACH ... TAGEN        ZINSEN           ENDKAPITAL
        60            20,00            1020,00
        70            23,33            1023,33
        80            26,67            1026,67
        90            30,00            1030,00
```

4.2.2.2.F Fragen zu ZINS 2

1. Das Programm kommt auch mit einer Variablen weniger aus; es kann also wesentlich vereinfacht werden.
   Welche Auswirkungen hat diese Vereinfachung auf die Codierung?

2. Ersetzen Sie die FOR-NEXT-Schleife im Programm durch eine Schleife mit vorheriger Abfrage.

4.2.2.3 Serielles Suchen über unechte Zählerschleife

(2.2 Gebührentabelle seriell durchsuchen (SUCHEN 2))

Eine Zählerschleife ist normalerweise eine geschlossene Schleife. Die *unechte Zählerschleife* weist — wie nachfolgend dargestellt — zwei Schleifenausgänge auf und kann auch als *offene Schleife* aufgefaßt werden; sie sollte möglichst durch den Hauptausgang verlassen werden.

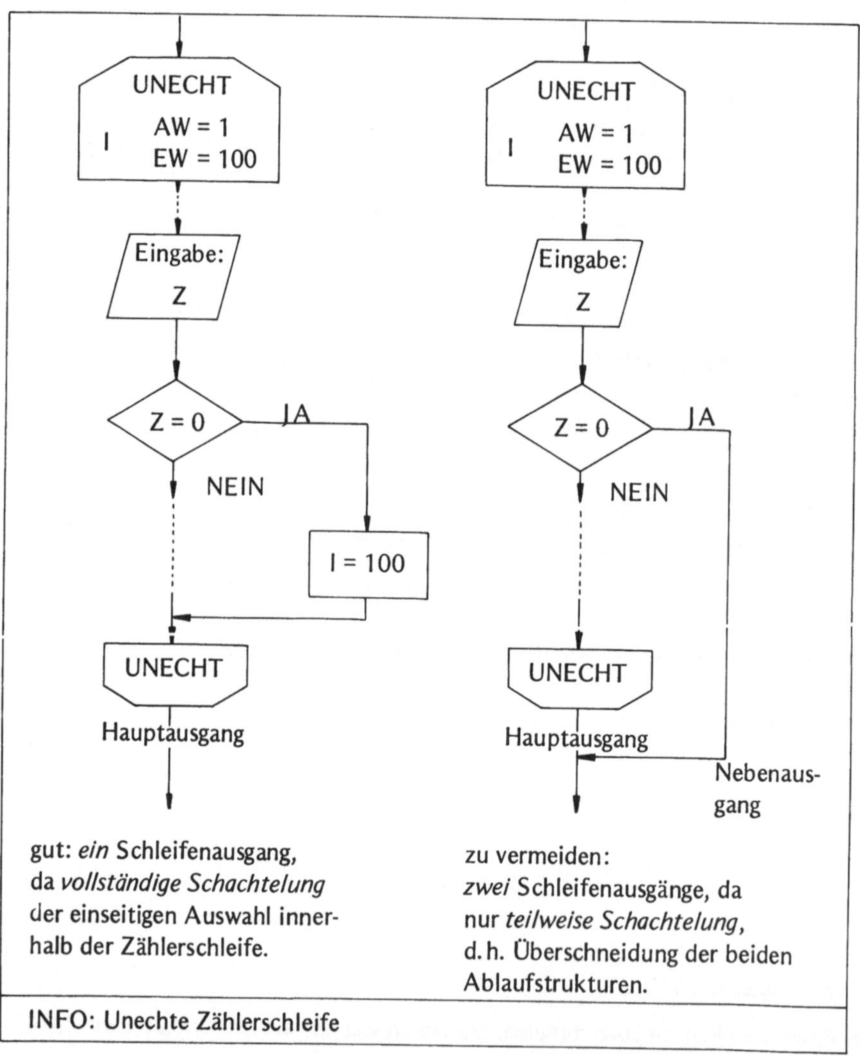

gut: *ein* Schleifenausgang, da *vollständige Schachtelung* der einseitigen Auswahl innerhalb der Zählerschleife.

zu vermeiden: *zwei* Schleifenausgänge, da nur *teilweise Schachtelung*, d. h. Überschneidung der beiden Ablaufstrukturen.

INFO: Unechte Zählerschleife

4.2.2.3.A *Problemstellung zu SUCHEN 2*

Porti für Paketsendungen: Berechnung der Kosten.

Eingabe von Gewicht, Entfernung zum Adressaten und Anzahl der zu versendenden Pakete an der Tastatur der Datenstation. Das Programm soll gemäß der Gebührentabelle der Bundespost die zutreffende Gewichtsklasse sowie Entfernungszone feststellen und anhand des entsprechenden Versendungspreises pro Paket die gesamten Portokosten ermitteln.

4.2.2.3.B *Problemanalyse zu SUCHEN 2*

Ausgabe:	P0 Preis je Paket laut Gebührentabelle.
	P Gesamtpreis.
Eingabe:	G Gewicht pro Paket.
	K Kilometerentfernung.
	A Anzahl zu versendender Pakete mit gleichem Gewicht sowie gleicher Entfernung.

Die Werte der Variablen G, K und A werden über die INPUT-Anweisung von der Tastatur aus eingegeben.

G0 Gewicht laut Gebührentabelle.

Z1 Preis in Zone 1.

Z2 Preis in Zone 2.

Z3 Preis in Zone 3.

Die Werte der Variablen G0, Z1, Z2 und Z3 werden über die READ-Anweisung aus dem unter der DATA-Anweisung programmintern gespeicherten Datenblock eingelesen.

Verarbeitung: I Schleifenzähler (I markiert die Zeile der Gebührentabelle).

Ermittlung des Gesamtpreises: $P = P0 \cdot A$.

Unter den DATA-Anweisungen des Programms ist die Gebührentabelle gemäß Postgebührenheft, Stand 1.7.76, S. 11 gespeichert.

	1. Zone*) bis 150 km DM	2. Zone*) über 150 bis 300 km DM	3. Zone*) über 300 km DM
bis 5 kg ..	3,10	3,30	3,50
über 5 " 6 " ..	3,60	4,10	4,60
" 6 " 7 " ..	4,10	4,90	5,70
" 7 " 8 " ..	4,60	5,70	6,80
" 8 " 9 " ..	5,10	6,50	7,90
" 9 " 10 " ..	5,60	7,30	9,00
" 10 " 11 " ..	6,60	8,70	10,50
" 12 " 14 " ..	7,60	10,10	12,10
" 14 " 16 " ..	8,80	11,50	13,80
" 16 " 18 " ..	9,60	12,90	15,60
" 18 " 20 " ..	10,60	14,30	17,50

Die DATA-Anweisungen speichern diese Tabelle in einem Datenblock zeilenweise bzw. fortlaufend ab:
5,3.10,3.30,3.50,6,3.60, ... , 17.50.

4.2.2.3.C Struktogramm zu SUCHEN 2

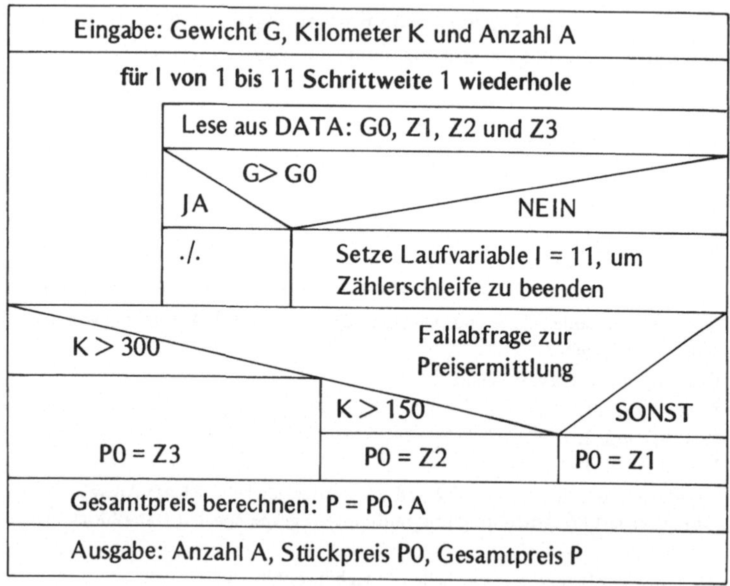

4.2.2.3.D Codierung zu SUCHEN 2

> Ihre Aufgabe

4.2.2.3.E Dialogprotokoll zu SUCHEN 2

Die Portokosten für folgende Paketsendungen sind festzustellen:

	Gewicht in kg	Entfernung in km	Anzahl in Stck.
a)	5	150	4
b)	17.80	270	20

```
RUN
EINGABE: GEWICHT, ENTFERNUNG IN KM, ANZAHL
5 , 150 , 4
   4      PAKETE ZU 3.1   DM/STUECK = 12.4      DM PORTO

RUN
EINGABE: GEWICHT, ENTFERNUNG IN KM, ANZAHL
17.80 , 270 , 20
  20      PAKETE ZU 12.9      DM/STUECK = 258   DM PORTO
```

4.2.2.3.F Fragen zu SUCHEN 2

1. Für jede neu durchzuführende Portoberechnung muß das Programm mit RUN neu gestartet werden. Geben Sie zwei Möglichkeiten an, wie dies umgangen werden könnte.

2. Warum läßt sich zur teilweisen Schachtelung (siehe INFO) bei der unechten Zählerschleife ohne Tricks *kein* Struktogramm zeichnen?

3. Die 3 Entfernungszonen werden mit der Vergleichsoperation ‚>' abgefragt. Mit welcher Vergleichsoperation könnten diese Zonen auch abgefragt werden? Geben Sie die Reihenfolge der Abfragen an.

4. Wenn sich die Postgebühren ändern: Muß ein vollkommen neues Programm erstellt werden, um die neuen Gebühren zu berücksichtigen?

4.2.2.4 Zählerschleife mit dezimalem Anfangs- und Endwert

(7.2 Verteilungsalternativen als Übersicht ausgeben (VERTEIL 2))

Die Zählerschleife des folgenden Programmbeispiels weist für die Laufvariable A Dezimalzahlen für Anfangs- und Endwert sowie für die Schrittweite auf.

4.2.2.4.A Problemstellung zu VERTEIL 2

Verteilungsrechnen: Verteilung nach Bruchteilen.

Ein Kapital K ist an zwei Personen A und B zu verteilen. Es ist ein Programm zu erstellen, das Auskunft über bestimmte Verteilungsalternativen gibt. Hierzu folgendes Beispiel:

A erhält	B Erhält
0.60 * K	0.40 * K
0.65 * K	0.35 * K
0.70 * K	0.30 * K
0.75 * K	0.25 * K
0.80 * K	0.20 * K
0.85 * K	0.15 * K
0.90 * K	0.10 * K

Wenn A also 0.60 mal K erhält, dann erhält B genau 0.40 mal K.

Das Programm soll die Bruchteile von A (im Beispiel oben 0.60 als kleinster Wert, 0.90 als größter Wert und 0.05 als Schrittweite) sowie das zu verteilende Kapital K als Eingabe an der Datenstation erwarten.

4.2.2.4.B Problemanalyse zu VERTEIL 2

Ausgabe:	A	Bruchteil von Person A als Dezimalzahl $(0 < A < 1)$.
	B	Bruchteil von Person B als Dezimalzahl $(0 < B < 1)$.
	S1	Summe für Person A in DM.
	S2	Summe für Person B in DM.
Eingabe:	A1	Bruchteil (kleinster Wert) von Person A als Dezimalzahl $(0 < A1 < 1)$.
	A2	Bruchteil (größter Wert) von Person A als Dezimalzahl $(0 < A2 < 1)$.
	A3	Schrittweite: Bruchteil, um den sich A1 im Zuge der Berechnungen jeweils erhöht.
	K	Zu verteilendes Kapital.

Verarbeitung: Ermittlung der auf Person A und Person B entfallenden Summen: S1 und S2:

S1 = A * K   sowie S2 = K − S1.

Ermittlung der Verteilungsalternativen innerhalb der folgenden Schleife:

FOR   A = A1   TO   A2   STEP   A3

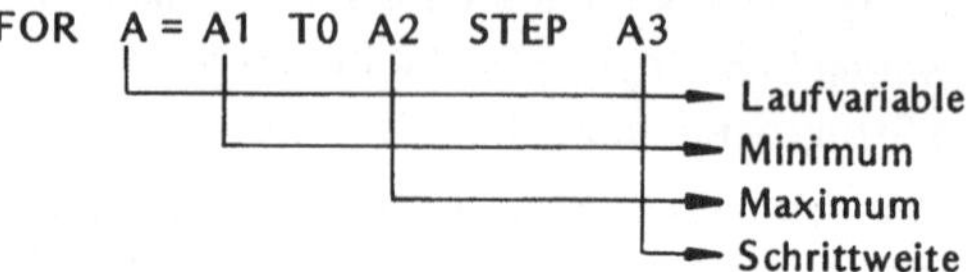

(Lies: Für Bruchteil A, der sich von Betrag A1 bis Betrag A2 jeweils um A3 erhöhen soll).

4.2.2.4.C Struktogramm zu VERTEIL 2

> Ihre Aufgabe

4.2.2.4.D Codierung zu VERTEIL 2

> Ihre Aufgabe

4.2.2.4.E Dialogprotokoll zu VERTEIL 2

Zwei Privatleute A und B wollen eine Firma gründen mit einem Anfangskapital von 10 000,00 DM. Dabei sind sie sich noch nicht einig über die von ihnen einzubringenden Anteile. Sie wünschen sich eine Übersicht für die Bruchteile (für A) von 0.2, 0.23, 0.26, 0.29, ..., 0.5.

```
RUN
ANTEIL VON A (KLEINSTER WERT ALS DEZIMALZAHL) =?
0.2
ANTEIL VON A (GROESSTER WERT ALS DEZIMALZAHL) =?
0.5
ANTEILE VON A (SCHRITTWEITE ALS DEZIMALZAHL) =?
0.03
ZU VERTEILENDES KAPITAL =?
10000


ANTEIL A       SUMME A    I I    ANTEIL B       SUMME B
..........................................................................

    .200       2000.00            .800        8000.00
    .230       2300.00            .770        7700.00
    .260       2600.00            .740        7400.00
    .290       2900.00            .710        7100.00
    .320       3200.00            .680        6800.00
    .350       3500.00            .650        6500.00
    .380       3800.00            .620        6200.00
    .410       4100.00            .590        5900.00
    .440       4400.00            .560        5600.00
    .470       4700.00            .530        5300.00
    .500       5000.00            .500        5000.00
```

4.2.2.4.F Fragen zu VERTEIL 2

1. Das Programm benutzt die Anweisung FOR A = A1 TO A2 STEP A3 zur Schleifenbildung. Versuchen Sie, das Programm ohne diese Anweisung zu programmieren unter Verwendung einer ‚einfachen' Schleifenabfrage.

2. Erstellen Sie ein Programm namens VERTEIL 21, das das Programm VERTEIL 2 wie folgt erweitert:

   — Verteilung an 3 Personen A, B und C mit

   A wie bisher durch A1, A2 und A3 gekennzeichnet.
   B wie bisher, d.h., B erhält den Rest S2 = K−(S1+S3).
   C neu vorgesehen mit C als Bruchteil für Person C und S3 als Summe von Person C.

   — Die Gestaltung der Eingabe und der auszugebenden Übersicht ist aus folgendem Anwendungsbeispiel zu ersehen:

```
RUN
ANTEIL VON A (KLEINSTER WERT ALS DEZIMALZAHL) =?
0.3
ANTEIL VON A (GROESSTER WERT ALS DEZIMALZAHL) =?
0.5
ANTEILE VON A (SCHRITTWEITE ALS DEZIMALZAHL) =?
0.04
ANTEIL VON C =?
0.2
ZU VERTEILENDES KAPITAL =?
10000
```

```
ANTEILE VON:            I   SUMMEN VON:
A        B        C     I   A             B             C
.300     .500     .200      3000.00       5000.00       2000.00
.340     .460     .200      3400.00       4600.00       2000.00
.380     .420     .200      3800.00       4200.00       2000.00
.420     .380     .200      4200.00       3800.00       2000.00
.460     .340     .200      4600.00       3400.00       2000.00
.500     .300     .200      5000.00       3000.00       2000.00
```

3. Warum können sich bei Ausführung des Programms VERTEIL 21 negative Werte ergeben? (Begründung)

4.2.2.5 Tabellenverarbeitung ohne Verwendung von Feldern

(9.6 Preisübersicht vor und nach einer Preisänderung (PROZ 6))

Tabellen als zweidimensionale Anordnungen mit Zeilen (waagerecht) und Spalten (senkrecht) sind zur übersichtlichen Gestaltung von Druckausgaben von großer Bedeutung.

Das folgende Programm PROZ 6 demonstriert die *Tabellenverarbeitung* mit einfachen Datentypen. Auf die Tabellenverarbeitung mit strukturierten Datentypen (Bereichen bzw. Feldern) wird z.B. in Abschnitt 5.1.6 (Programm MISCHEN 1) und in Abschnitt 5.3.3 (Programm GRUWE 2) näher eingegangen.

Tabelle mit 3 · 7 = 21 Elementen:

7 Spalten

		1	2	3	4	5	6	7
	1	11	12	13	14	15	16	17
3 Zeilen	2	21	22	23	24	25	26	27
	3	31	32	33	34	35	36	37

Verarbeitung von Tabellen in Programmen:

— Eine Tabelle hat zwei Ausdehnungen bzw. Dimensionen:
   1. Dimension waagerecht, horizontal (Zeile),
   2. Dimension senkrecht, vertikal (Spalte).

— Tabellenverarbeitung befaßt sich mit dem Aufbau und der Ausgabe von Tabellen.

— Sämtliche Daten einer Tabelle können in einer einzigen Variablen gespeichert sein: diese heißt 2-dimensionaler Bereich bzw. Feld; solche Variablen werden in der Tabellenverarbeitung häufig verwendet (vgl. Abschnitt 5.1.6).

— Sind (Übersichts-)Tabellen nur kurzfristig auszudrucken, nicht aber langfristig zu speichern, so kann auch mit 0-dimensionalen Variablen (Skalaren) gearbeitet werden (vgl. nachfolgendes Programm PROZ 6).

INFO: Tabellenverarbeitung mit 0- oder 2-dimensionalen Variablen

---

4.2.2.5.A Problemstellung zu PROZ 6

Preisänderungen (Erhöhungen wie Reduzierungen) beeinflussen die abzuführende Umsatzsteuer. Ein Programm soll zur Ermittlung der entsprechenden neuen Preise sowie Umsatzsteueranteile eingesetzt werden können.

Ein Haushaltswarengeschäft setzt bei einem Räumungsverkauf die Preise generell um P % herab. Bei einem Umsatzsteuersatz von U % sollen für die ,gängigen' Preishöhen die neuen Preise und die veränderten Umsatzsteueranteile aufgelistet werden.

4.2.2.5.B Problemanalyse zu PROZ 6

Ausgabe:
    P1   Alter Preis in DM
    P2   Preisänderung in DM
    P3   Neuer Preis in DM

    U1   Umsatzsteueranteil in P1 in DM
    U2   Umsatzsteueranteil in P2 in DM
    U3   Umsatzsteueranteil in P3 in DM

Eingabe:
    P   Preisänderung in %
    U   Umsatzsteuersatz in %

    A   Anfangswert für alte Preise ⎫
    E   Endwert für alte Preise   ⎬ Schleife
    S   Schrittweite für alte Preise ⎭ FOR P1 = A TO E STEP S

Verarbeitung: P1   Alter Preis und zugleich Laufvariable in Schleife

$$P2 \quad P2 = \frac{P1 \cdot P}{100} \qquad \text{Prozentwert im Prozentrechnen von Hundert.}$$

$$P3 \quad P3 = P1 + P2$$

$$U1 \quad U1 = \frac{P1 \cdot U}{(100 + U)} \qquad \text{Grundwert im Prozentrechnen auf Hundert.}$$

$$U2 \quad U2 = \frac{P2 \cdot U}{(100 + U)}$$

$$U3 \quad U3 = \frac{P3 \cdot U}{(100 + U)}$$

4.2.2.5.C Struktogramm zu PROZ6

> Ihre Aufgabe

4.2.2.5.D Codierung zu PROZ6

> Ihre Aufgabe

4.2.2.5.4 Dialogprotokoll zu PROZ6

Ein Geschäft setzt die Preise um generell 10 % herauf. Aufzulisten sind die Änderungen
bei Ausgangspreishöhen von 100.00, 105.00, 110.00, ... , 140.00 DM und einem Umsatzsteuersatz von 14 %.

```
RUN
EINGABE: PREISAENDERUNG IN PROZENT
10
EINGABE: UMSATZSTEUERSATZ IN PROZENT
14
EINGABE FUER ALTE PREISE:
ANFANGSWERT , ENDWERT , SCHRITTWEITE
100 , 140 , 5
```

ALTER PREIS P1	PREIS AEND. P2	NEUER PREIS P3	UMSATZ- STEUER IN P1	UMSATZ- STEUER IN P2	UMSATZ- STEUER IN P3
100.00	10.00	110.00	12.28	1.23	13.51
105.00	10.50	115.50	12.89	1.29	14.18
110.00	11.00	121.00	13.51	1.35	14.86
115.00	11.50	126.50	14.12	1.41	15.54
120.00	12.00	132.00	14.74	1.47	16.21
125.00	12.50	137.50	15.35	1.54	16.89
130.00	13.00	143.00	15.96	1.60	17.56
135.00	13.50	148.50	16.58	1.66	18.24
140.00	14.00	154.00	17.19	1.72	18.91

4.2.2.5.F Fragen zu PROZ 6

1. Zu der im Ausführungsbeispiel erzeugten Tabelle:
    a) Wie viele Zeilen und Spalten weist sie auf?
    b) Warum kann die Tabelle nicht (z.B. auf Diskette) aufbewahrt werden?
2. Testen Sie das Programm für Anfangswert = Endwert als Eingabe.

4.2.2.6 Problem des ersten Verarbeitungsschritts in einer Schleife

*(12.1 Zinssatz bei Ratenzahlung und Barzahlung als Zinsstaffel
(TERMIN 1))*

Eine häufige Fehlerquelle bei Schleifen liegt darin, daß der erste Verarbeitungsschritt und damit zusammenhängend die Anfangswerte von Variablen falsch programmiert sind. Dies gilt besonders für Zählerschleifen.

Codierung zu ANFANG 1:	*Codierung zu ANFANG 2:*	*Codierung zu ANFANG 3:*
0010 LET B = 120	0010 LET B = 100	0010 LET B = 100
0020 FOR I = 1 TO 5	0020 FOR I = 1 TO 5	0020 FOR I = 1 TO 5
0030 LET B = B−20	0030 IF I = 1 THEN 50	0030 PRINT B
0040 PRINT B	0040 LET B = B−20	0040 LET B = B−20
0050 NEXT I	0050 PRINT B	0050 NEXT I
	0060 NEXT I	
Anfangswert 120 und LET vor PRINT.	Anfangswert 100 und Einseitige Auswahl für ersten Schritt.	Anfangswert 100 und PRINT vor LET.

ANFANG 1, ANFANG 2 wie ANFANG 3 geben die Zahlen 100, 80, 60, 40, 20 aus.

INFO: Problem des ersten Verarbeitungsschritts bzw. Anfangswerts am Beispiel einer Zählerschleife

---

4.2.2.6.A Problemstellung zu TERMIN 1

Terminrechnen: Terminrechnen mit gleich großen Beträgen.

Es ist ein Programm zu erstellen, das den dem Ratenaufschlag entsprechenden Zinsfuß mit Hilfe der Zinsstaffel ermittelt. Ratenbetrag, Anzahl und Laufzeit der Rate sowie der Aufschlag der Raten- gegenüber der Barzahlung sind an der Tastatur einzugeben.

Anhand dieser Angaben soll das Programm die jeweiligen Restschuldbeträge als Zinsstaffel ausgeben und den Zinsfuß für den Ratenaufschlag berechnen.

4.2.2.6.B Problemanalyse zu TERMIN1

Ausgabe:　　　T　Jeweilige Tage nach dem Stichtag, d.h. nach Fälligkeit der 1. Rate bzw. Ratenbeginn.

　　　　　　　　R　Jeweilige Restschuld.

　　　　　　　　L　Jeweilige Laufzeit der Rate, d.h. Zinstage.

　　　　　　　　X　Jeweilige Zinszahl.

　　　　　　　　P　Zinssatz, der dem Ratenaufschlag entspricht.

　　　　　　　　T, R, L und X werden in jeder Zeile der Übersichtstabelle (= Zinsstaffel) ausgegeben, P dagegen nur einmal am Schluß.

Eingabe:　　　R0　Ratenbetrag der einzelnen Rate in DM (sprich: R null).

　　　　　　　　N　Anzahl der Raten.

　　　　　　　　L　Laufzeit der einzelnen Rate in Tagen.

　　　　　　　　D　Differenz zwischen Gesamtpreis bei Ratenzahlung und bei Barzahlung.

Verarbeitung:　S　Summe der Zinszahlen. S wird innerhalb der Schleife aufsummiert nach der Formel $S = S + X$.

　　　　　　　　Schleife mit Sprachelement FOR-NEXT für die Aufbereitung der einzelnen Übersichtszeile sowie deren Ausgabe. Schleifenname: STAFFEL mit Laufvariable I.

　　　　　　　　Druckformatierung mittels PRINT USING.

　　　　　　　　Bei der Ermittlung der Zinszahlen wird mit Hilfe der Systemfunktion INT gerundet.

4.2.2.6.C Struktogramm zu TERMIN1

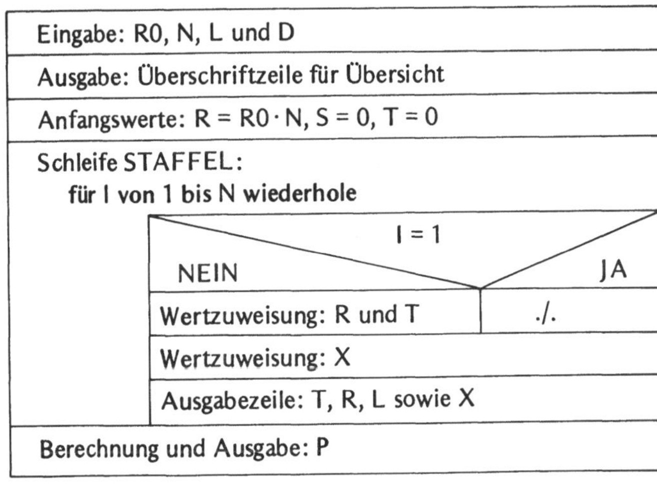

4.2.2.6.D Codierung zu TERMIN1

Ihre Aufgabe

4.2.2.6.E Zwei Dialogprotokolle zu TERMIN1

1. Dialogprotokoll:

Eine Tiekühltruhe soll angeschafft werden.

Der Käufer nimmt zur Zahlung einen Kredit über 540.00 DM auf, den er in 6 gleichen Monatsraten zurückzahlt.

a) Stellen Sie in Form einer Zinsstaffel die jeweilige Restschuld mit Zinszahlen auf.

b) Wie hoch ist der Zinsfuß, wenn 18 DM an Zinsen für den Kredit gefordert werden?

```
RUN
EINZELNE RATE IN DM =?
90
ANZAHL DER RATEN =?
6
LAUFZEIT DER EINZELNEN RATE IN TAGEN =?
30
AUFSCHLAG RATEN- GEGENUEBER BARZAHLUNG IN DM =?
18

ZINSSTAFFEL:
NACH ...          REST-          ZINSTAGE          ZINS-
TAGEN             SCHULD R       FUER R            ZAHL #
-----------------------------------------------------------------

       0          540.00            30              162
      30          450.00            30              135
      60          360.00            30              108
      90          270.00            30               81
     120          180.00            30               54
     150           90.00            30               27
                                                    567
ZINSSATZ P =   11.43 PROZENT
```

2. Dialogprotokoll:

Ein Fernsehgerät kostet bei Barzahlung 1840,00 DM. Bei Ratenzahlung sind 400.00 DM anzuzahlen und der Rest in 18 Monatsraten zu je 88.00 DM zu entrichten. Welcher Verzinsung entspricht der Ratenaufschlag?

Hinweis: In die Rate über 88.00 DM ist der „Zinsanteil" bereits vom Verkäufer eingerechnet.

Die Rate ohne diesen Anteil beläuft sich nur auf 80.00 DM (1840 − 400 = 1440; 1440 : 12 = 80).

```
RUN
EINZELNE RATE IN DM =?
80
ANZAHL DER RATEN =?
18
LAUFZEIT DER EINZELNEN RATE IN TAGEN =?
30
AUFSCHLAG RATEN- GEGENUEBER BARZAHLUNG IN DM =?
144
ZINSSTAFFEL:
NACH ...          REST-          ZINSTAGE        ZINS-
TAGEN             SCHULD R       FUER R          ZAHL  #
---------------------------------------------------------
       0          1440.00           30              432
      30          1360.00           30              408
      60          1280.00           30              384
      90          1200.00           30              360
     120          1120.00           30              336
     150          1040.00           30              312
     180           960.00           30              288
     210           880.00           30              264
     240           800.00           30              240
     270           720.00           30              216
     300           640.00           30              192
     330           560.00           30              168
     360           480.00           30              144
     390           400.00           30              120
     420           320.00           30               96
     450           240.00           30               72
     480           160.00           30               48
     510            80.00           30               24
                                                   4104

ZINSSATZ P =   12.63 PROZENT
```

4.2.2.6.F *Fragen zu TERMIN1*

1. Zum Problem des 1. Verarbeitungsschritts:

   a) Welche Aufgabe hat die Einseitige Auswahl im Programm?

   b) Ändern Sie das Programm so ab, daß man ohne diese Auswahlstruktur auskommt
   (mindestens eine Möglichkeit).

2. Die Laufzeit in Tagen der einzelnen Raten ist gleichbleibend. Könnte das Programm
   auch umgeschrieben werden für unterschiedliche, vom Benutzer einzutippende Laufzeiten? Wenn ja: Ändern Sie die Codierung entsprechend ab.

4.3 Resultat einer Berechnung beendet die Schleife

Eine Schleife kann beendet werden

— durch die Tastatureingabe des Benutzers (Abschnitt 4.1),
— durch das Erreichen des Endewertes eines Zählers (Abschnitt 4.2),
— durch das Resultat einer Berechnung (dieser Abschnitt 4.3).

Auf den letzteren Fall ist nun näher einzugehen. Wie die folgende Übersicht zeigt, sind
dabei zwei Möglichkeiten zu unterscheiden.

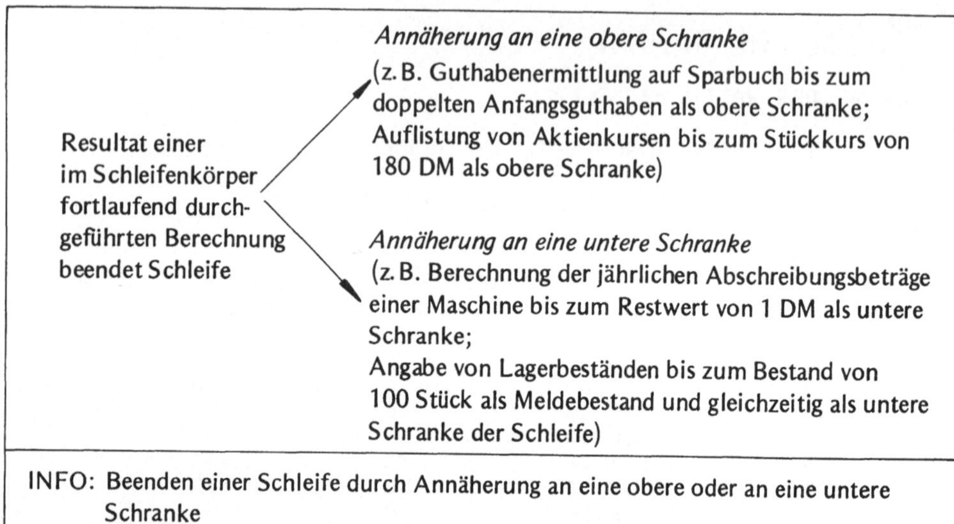

INFO: Beenden einer Schleife durch Annäherung an eine obere oder an eine untere
Schranke

4.3.1 Annäherung an eine obere Schranke

(10.5 Endguthaben bis zur Verdopplung des Anfangsguthabens (ZINS5))

4.3.1.A Problemstellung zu ZINS5

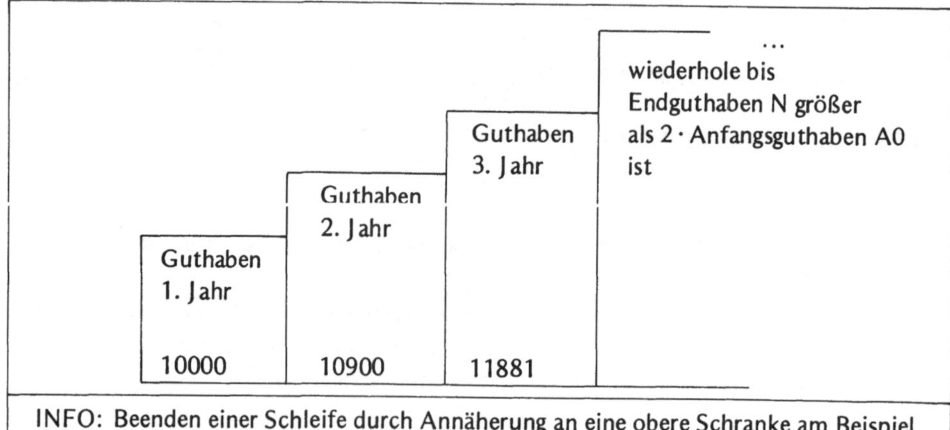

INFO: Beenden einer Schleife durch Annäherung an eine obere Schranke am Beispiel
der Zinsermittlung

Zinsrechnen: Ermitteln von Jahreszinsen und Endkapital.
An der Tastatur des Terminals soll eingegeben werden

a) das Anfangsguthaben in DM
b) der Zinssatz in %.

Es ist ein Programm zu erstellen, das das Endguthaben nach dem 1. Jahr, 2. Jahr, 3. Jahr .... ermittelt. Das Programm soll automatisch abbrechen, wenn das Endguthaben das Anfangsguthaben um mehr als das Doppelte übersteigt.
Hinweis: Das Anfangsguthaben des 2. Jahres ist gleich dem Endguthaben des 1. Jahres (Zinseszins, z.B. bei Sparbuch).

4.3.1.B *Problemanalyse zu ZINS 5*

Ausgabe: N   Neues Guthaben des jeweiligen Jahres.

Text ‚Programmende' bei Abbruch des Programmes.

Eingabe: A0   Anfangsguthaben zu Beginn des 1. Jahres (lies: A null).

Z   Zinssatz.

Verarbeitung: A   Altes Guthaben des jeweiligen Jahres.

Formel zur Berechnung des Neuen Guthabens N: $N = A + \dfrac{A \cdot Z}{100}$, d.h. Neues Guthaben ergibt sich aus dem Alten Guthaben plus Jahreszinsen.

Vorgehensweise bei Jahreswechsel:

A = N, d.h. das Neue Guthaben (= Endguthaben des Vorjahres) wird zum Alten Guthaben (= Anfangsguthaben des laufenden Jahres).

Abfrage am Ende des Jahres:

$N \leq (2 \cdot A0)$, d.h. „Ist das Neue Guthaben kleiner oder gleich dem Doppelten des Anfangsguthabens zu Beginn des 1. Jahres?". Wenn „JA": Neue Berechnung. Wenn „NEIN": Programm abbrechen.

4.3.1.C *Struktogramm zu ZINS 5*

> Ihre Aufgabe: ZINS 5 mit nicht-abweisender Schleife

4.3.1.D *Codierung zu ZINS 5*

> Ihre Aufgabe

4.3.1.E *Zwei Dialogprotokolle zu ZINS 5*

Ein Sparbuch weist ein Anfangsguthaben von DM 10 000.00 DM auf.

Zu ermitteln sind die Endguthaben nach dem 1. Jahr, 2. Jahr, 3. Jahr, ... so lange, bis 20 000.00 DM überschritten sind. Die Ermittlung ist durchzuführen für
a) Zinssatz 9 %,
b) Zinssatz 5.5 %.

```
ANFANGSGUTHABEN IN DM =?          RUN
10000                             ANFANGSGUTHABEN IN DM =?
ZINSSATZ IN PROZENT =?            10000
9                                 ZINSSATZ IN PROZENT =?
 10900                            5.5
 11881
 12950.29                          10550
 14115.8161                        11130.25
 15386.239549                      11742.41375
 16771.001108                      12388.246506
 18280.391208                      13069.600064
 19925.626417                      13788.428068
 21718.932794                      14546.791611
                                   15346.86515
                                   16190.942733
                                   17081.444584
                                   18020.924036
                                   19012.074858
                                   20057.738975
```

4.3.1.F Fragen zu ZINS5

1. Das Programm benötigt drei Variablen für das Kapital bzw. Guthaben: A0 (lies: A null),
   A und N. Wann werden diesen Variablen jeweils Zahlenwerte zugewiesen und welchem
   Zweck dienen diese Variablen?

2. „Die Variable N ist eigentlich überflüssig. Das Programm ZINS5 kommt auch ohne N
   aus". Stimmen Sie dieser Behauptung zu (Begründung)?

3. Das Programm soll so geändert werden, daß am Ende jeden Jahres neben dem jeweili-
   gen Endguthaben auch die Jahreszahl ausgegeben wird.
   Beispiel: 3. JAHR: 12950.29
   Ändern Sie das Programm entsprechend ab (für Jahreszahl die Variable J verwenden).

4.3.2 Annäherung an eine untere Schranke
(5.1 Degressive Abschreibungen (ABSCH1))

4.3.2.A Problemstellung zu ABSCH1

Abschreibungen: Degressive Abschreibungsmethode.

Erstellen Sie ein Programm, das für einen beliebigen über Tastatur eingegebenen Anschaffungswert in DM, Abschreibungssatz in % und Endwert in DM eine Übersichtstabelle
druckt mit den drei Spalten JAHR, ABSCHREIBUNGSBETRAG und RESTWERT als
Überschrift.

4.3.2.B Problemanalyse zu ABSCH1

```
┌─────────────────┐
│  Ihre Aufgabe   │
└─────────────────┘
```

4.3.2.C Struktogramm zu ABSCH1

<table>
<tr><td>Eingabe:</td><td colspan="5">Anschaffungswert A, Abschreibungssatz P,
Schleifenendwert E</td></tr>
<tr><td>Anfangswerte:</td><td colspan="5">Restbuchwert R = A, Jahreszähler Z = 0,
Betrag der Abschreibung B = 0</td></tr>
<tr><td colspan="6">Überschriftzeile ausgeben</td></tr>
<tr><td></td><td colspan="5">Zeile drucken mit Z, B, R</td></tr>
<tr><td></td><td colspan="5">Zähler Z erhöhen: Z = Z + 1</td></tr>
<tr><td></td><td colspan="5">Abschreibungsbetrag: B = P · R/100</td></tr>
<tr><td></td><td colspan="5">Restbuchwert: R = R − B</td></tr>
<tr><td colspan="6">wiederhole bis R < E</td></tr>
</table>

4.3.2.D Codierung zu ABSCH1

> **Ihre Aufgabe**

4.3.2.E Dialogprotokoll zu ABSCH1

```
RUN
ANSCHAFFUNGSWERT, PROZENTSATZ, ENDWERT
10000 , 20 , 1500
JAHR    BETRAG DER ABSCHREIBUNG    RESTBUCHWERT
  0                 .00               10000.00
  1             2000.00                8000.00
  2             1600.00                6400.00
  3             1280.00                5120.00
  4             1024.00                4096.00
  5              819.20                3276.80
  6              655.36                2621.44
  7              524.29                2097.15
  8              419.43                1677.72
```

4.3.2.F Fragen zu ABSCH1

1. Ist es nicht sinnvoller, anstelle der nicht-abweisenden Schleife eine abweisende Schleife in Programm ABSCH1 vorzusehen?

2. Erstellen Sie ein Programm namens ABSCH2, welches nach der linearen Abschreibungsmethode vorgeht (Eingabewerte: Anschaffungswert, Jahre der Nutzung; Zählerschleife mit FOR-NEXT).

3. Schreiben Sie ein Programm ABSCH3, das von der degressiven zur linearen Abschreibung übergeht, sobald der lineare Abschreibungsbetrag (Restwert dividiert durch Restlaufzeit) größer ist als der degressive Abschreibungsbetrag. (Eingabe: Anschaffungswert, Nutzungsjahre, %-Satz degressiv; Zählerschleife mit FOR-NEXT).

5 Programme mit jeweils mehreren Wiederholungsstrukturen

Ablaufstrukturen können *hintereinander* oder *geschachtelt* angeordnet sein (vgl. Abschnitt 1.2.4); dies gilt für alle Arten von Ablaufstrukturen, also für Folge-, Auswahl- wie auch für Wiederholungsstrukturen (Schleifen).

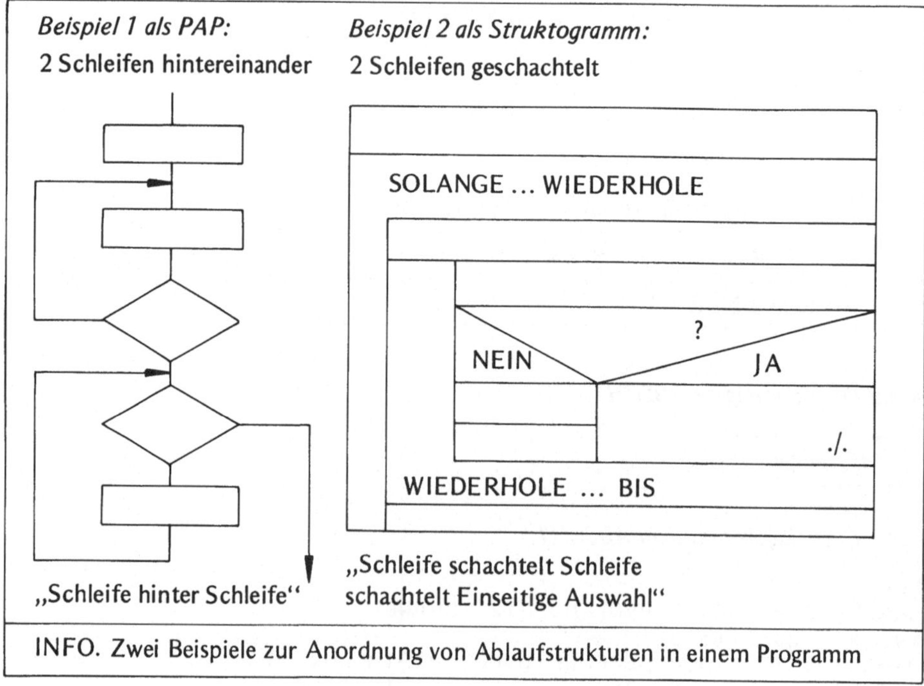

INFO. Zwei Beispiele zur Anordnung von Ablaufstrukturen in einem Programm

Die *teilweise Einschachtelung* soll in jedem Falle vermieden werden, da sie zur Überschneidung von Strukturen führt. Nur die *vollständige Einschachtelung* führt zu klaren und gut lesbaren Programmen, da hierbei die innere bzw. eingeschachtelte Struktur vollständig abgearbeitet sein muß, bevor wieder zur äußeren Struktur ‚zurückgekehrt' wird (siehe auch Abschnitt 4.2.2.3).

5.1 Schleifen hintereinander angeordnet

5.1.1 Eindimensionale Felder mit Indizierung

(6.1 Gewogener Durchschnitt für maximal 20 Sorten (MISCH 1))

Ganz allgemein unterscheidet man zwischen *einfachen Datentypen* und *strukturierten Datentypen*, die auch *Datenstrukturen* genannt werden. *Felder* bzw. Bereiche gehören zu den Datenstrukturen:

Datentypen

Einfache Datentypen   *Strukturierte Datentypen = Datenstrukturen*

Ein Datum unter *einem* Namen gespeichert und aufrufbar	*Mehrere* Daten unter *einem* Namen gespeichert und aufrufbar

1. numerische Daten
   (Ganzzahl, Dezimalzahl)

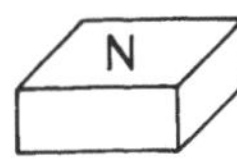

3. 1-dimensionale Felder
   (1-dimensionale Bereiche, Vektoren, Listen)
   Feld bzw. Bereich V mit 5 Elementen:

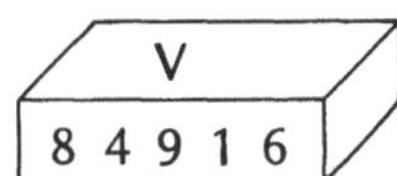

2. Textdaten
   (Zeichendaten, Zeichen kettendaten)

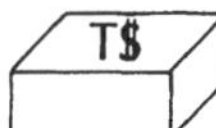

4. 2-dimensionale Felder
   (2-dimensionale Bereiche, Matrizen, Tabellen)
   Feld bzw. Bereich M mit $5 \cdot 2 = 10$ Elementen:

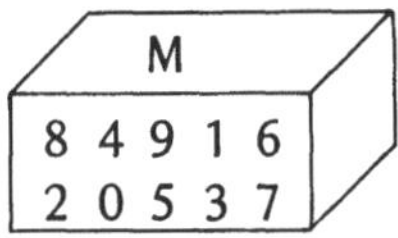

5. Datei (Sammlung von Datensätzen mit zusammen-
   gehörenden Daten)
   — Interne Datei
     Datenreihe unter DATA-Anweisung(en) im
     Programm selbst gespeichert.
   — Externe Datei
     Datei getrennt von Programmen als eigene Einheit
     auf externem Speicher abgelegt (= Normalfall
     einer Datei).

INFO: Einfache Datentypen und strukturierte Datentypen (Datenstrukturen)

Datentypen wie Logisch (Boolean) oder Verbund (Record) u.ä. sind in BASIC zumeist nicht verfügbar; beim Verbund können unterschiedliche Datentypen unter einem Namen abgelegt werden.

Felder bzw. Bereiche enthalten Elemente, die alle vom gleichen Datentyp sind. Dementsprechend sind streng zu trennen die *numerischen Bereiche* (Elemente alle vom numerischen Typ) und die *Textbereiche* (Elemente alle vom Texttyp). Bei Textdaten ist zu unterscheiden, ob eine Zeichenkette vom jeweiligen BASIC-System als Einheit aufgefaßt wird (z.B. „MARK") oder aber das einzelne Zeichen (z.B. „M").

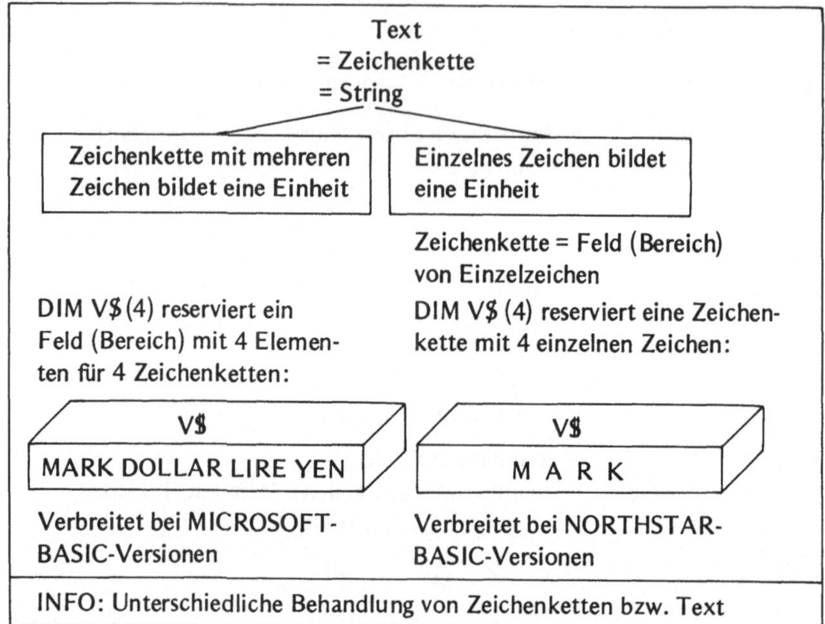

Bevor mit einem Feld bzw. Bereich gearbeitet werden kann, muß vereinbart werden,
wie viele Ausdehnungen (Dimensionen) das Feld hat und wie viele Elemente es umfassen
soll. Diese Vereinbarung geschieht durch die *DIM-Anweisung*. Wie die DATA-Anweisungen können auch die DIM-Anweisungen an jeder beliebigen Stelle im Programm stehen.
Der Übersicht halber stellt man DIM-Anweisungen stets an den Programmanfang; bei
umfangreicheren Programmen stellt man die DIM-Anweisungen in den *Vereinbarungsteil* (vgl. Abschnitt 3.2.2) des Programms.

Vereinbarung eines 1-dimensionalen Bereichs bzw. Feldes:

```
0010  DIM V (5)      Reserviere für die numerische Variable namens V genau
                     5 Elemente (Stellen).
```

Aufruf eines 1-dimensionalen Bereichs bzw. Feldes:

Eine Konstante zeigt das Element an:

```
0020  LET V (5) = 9      Weise dem 5. Element von V die Zahl 9 zu.
0040  PRINT V (5)        Drucke den Inhalt des 5. Elementes von V aus.
0090  READ V (3)         Lese den nächsten Wert aus DATA in das 3. Element
                         von V ein.
```

Eine Variable zeigt das Element an (Indizierung):

0030 LET V (I) = 18   Weise dem I. Element von V die Zahl 18 zu.

V ist *indizierte Variable*, d.h. angezeigte Variable.

I ist indizierende Variable, auch Index,
Undexvariable oder anzeigende Variable genannt.

Fünf Beispiele zur Wertzuweisung eines 1-dimensionalen Bereichs bzw. Feldes mittels Programmschleife:

Eingabeschleife: Werte über
Tastatur eingeben

```
0010 DIM V (5)
0020 FOR I = 1 TO 5
0030 INPUT V (I)
0040 NEXT I
```

Verarbeitungsschleife:
Jedes Element verdoppeln

```
0200 FOR X = 1 TO 5
0210 LET V (X) = V (X) · 2
0220 NEXT X
```

Ausgabeschleife: Alle Elemente
ausgeben und benennen

```
0500 FOR I = 1 TO 5
0510 PRINT I;'. ELEMENT'; V (I)
0520 NEXT I
```

Eingabeschleife: Werte aus programm-
interner Datei einlesen

```
0080 DIM V (5)
0090 FOR Z = 1 TO 5
0100 READ V (Z)
0110 NEXT Z
0120 DATA 5, 3, 7, 4, 6
```

Verarbeitungsschleife: Den Wert des 1., 3.
und 5. Elements um 1, 3 bzw. 5 erhöhen

```
0300 FOR Y = 1 TO 5 STEP 2
0310 LET V (Y) = V (Y) + Y
0320 NEXT Y
```

INFO: Indizierung von 1-dimensionalen Bereichen (Feldern) innerhalb von
      Programmschleifen

5.1.1.A Problemstellung zu MISCH1

Mischungsrechnen: Berechnung des gewogenen Durchschnitts.

An der Datenstation soll eingegeben werden:

a) Anzahl der zu mischenden Sorten (maximal 20).

b) Menge sowie Preis je Mengeneinheit der Sorten.

Das Programm soll die Menge und den Preis je Mengeneinheit der Mischung ermitteln und
in einer Übersicht wie folgt ausgeben (Beispiel):

```
SORTE       1:       1500 ME ZU      14.00 DM/ME
SORTE       2:       2350 ME ZU      26.00 DM/ME
SORTE       3:       3000 ME ZU      10.00 DM/ME
----------------------------------------------------
MISCHUNG     :       6850 ME ZU      19.87 DM/ME
```

5.1.1.B Problemanalyse zu MISCH1

Ausgabe:	X	Preis pro Mengeneinheit der Mischung.
	M0	Menge der Mischung (lies: M null).
Eingabe:	N	Anzahl der zu berücksichtigenden Sorten (maximal: 20).
	M	Mengen der Sorten; Vektor mit 20 Elementen.
	P	Preise pro Mengeneinheit (ME); Vektor mit 20 Elementen.
Verarbeitung:	I	Laufvariable für Sorte 1, 2, 3, ...
	S	Summe $S = \Sigma\, M\,(I) \cdot P\,(I)$
	X	Preis pro Mengeneinheit als gewogener Mittelwert

$$X = \frac{\Sigma\, M(I) \cdot P(I)}{\Sigma\, M(I)} = \frac{\Sigma\, M(I) \cdot P(I)}{M0}$$

Ermittlung von S und M0 innerhalb einer Schleife des Typs:

```
FOR  I = 1  TO  N
.....
.....
NEXT  I
```

Druckaufbereitung mittels PRINT USING.

5.1.1.C Programmablaufplan zu MISCH1

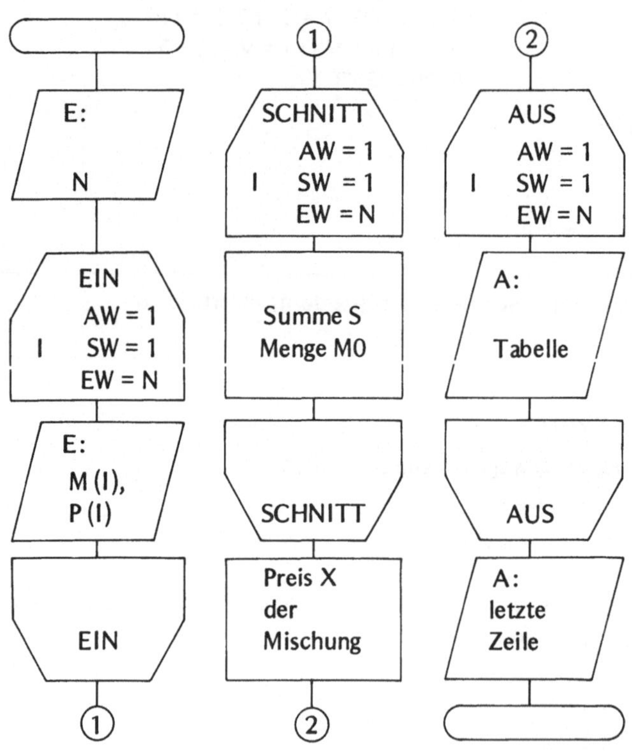

5.1.1.D Codierung zu MISCH1

> Ihre Aufgabe

5.1.1.E Dialogprotokoll zu MISCH1

Berechnen Sie den Durchschnittspreis je Mengeneinheit (ME):

Sorte	Menge	Preis je ME
1	1500	14.00
2	2350	26.00
3	3000	18.00

```
RUN
WIEVIELE SORTEN MISCHEN SIE (MAXIMAL 20)?
3
EINGABE DER SORTEN DER REIHE NACH:
SORTE 1      : MENGE, PREIS/MENGENEINHEIT
1500 , 14
SORTE 2      : MENGE, PREIS/MENGENEINHEIT
2350 , 26
SORTE 3      : MENGE, PREIS/MENGENEINHEIT
3000 , 18

SORTE       1:     1500 ME ZU     14.00 DM/ME
SORTE       2:     2350 ME ZU     26.00 DM/ME
SORTE       3:     3000 ME ZU     18.00 DM/ME
-------------------------------------------------------
MISCHUNG    :      6850 ME ZU     19.87 DM/ME
```

5.1.1.F Fragen zu MISCH1

1. Worin unterscheiden sich die 3 Schleifen?

2. Trifft der Begriff „Schachtelung von Programmschleifen" hier zu?

3. Zur Gestaltung der Schleifen:

   a) Anzahl der Durchläufe vor Schleifeneintritt (Wiederholungsteil) bekannt?

   b) Anzahl der Durchläufe bei Programmbeginn bekannt?

   c) Handelt es sich um offene Schleifen (Begründung)?

5.1.2 Minimumproblem: Kleinsten Wert eines Feldes suchen

(2.1 Kleinste Absatzmenge suchen (SUCHEN1))

5.1.2.A Problemstellung zu SUCHEN1

Ermittlung der kleinsten Zahl.

An der Datenstation sollen beliebig viele Zahlen eingegeben werden. Das Programm soll das Minimum dieser Zahlen angeben.

5.1.2.B *Problemanalyse zu SUCHEN1*

Ausgabe:	K	Kleinste Zahl.
Eingabe:	N	Anzahl der einzugebenden Zahlen.
	Z	Zahlen; Vektor mit 100 Elementen.
Verarbeitung:	I	Zählvariable.

Algorithmus zur Suche der kleinsten Zahl:

1.   N Werte in Variable Z abspeichern.
2.   1. Wert von Z als vorläufiges Minimum in K speichern.
3.   In einer Schleife mit Zählvariable I die verbleibenden N−1 Werte Z (2), Z (3), ... ,
     Z (N) überprüfen, ob sie kleiner als das vorläufige Minimum sind.
     Wenn ja, dann Wert Z (I) als ‚neues‘ vorläufiges Minimum in K festhalten.
4.   Sind alle N Zahlen überprüft, dann den gerade in K gespeicherten Wert als
     kleinste Zahl ausgeben.

Sind z.B. 20 Zahlen zu durchsuchen, so wäre es sinnvoll, Z als 1-dimensionales Feld
mit nur 20 Elementen zu dimensionieren. Leider ist dieses ‚nachträgliche bzw.
variable‘ Dimensionieren (unten als Fall 3 dargestellt) nur bei wenigen BASIC-Versionen möglich. Aus diesem Grunde gehen die Programmbeispiele dieses Buches
gemäß Fall 1 der INFO-Übersicht vor — dieser Fall ist in allen BASICs möglich.
Eine Änderung gemäß Fall 2, 3 oder 4 kann je nach Sprachversion leicht vorgenommen werden.

Fall 1:   DIM-Anweisung nur mit Konstanten als Argument erlaubt, keine
          Redimensionierung möglich.

```
0010 DIM Z (100)
0020 PRINT ,ANZAHL DER ELEMENTE KLEINER/GLEICH 100 TIPPEN‘
0030 INPUT N
0040 IF N > 100 THEN 20      ‖ Häufig Feld mit zuvielen
0050 FOR I = 1 TO N          ‖ Elementen reserviert.
0060 INPUT Z (I)
0070 NEXT I
```

Fall 2:   Redimensionierung (Feld verkürzen) mittels MAT INPUT-Anweisung möglich.

```
0010 DIM  Z (100)
0020 PRINT ,ANZAHL DER ELEMENTE KLEINER/GLEICH 100 TIPPEN‘
0030 INPUT N
0040 IF N > 100 THEN 20      ‖ MAT INPUT verkürzt auf
0050 MAT INPUT  Z (N)        ‖ benötigte Anzahl von Elementen.
```

Fall 3:   DIM-Anweisung mit Variablen als Argument erlaubt.

```
0010 PRINT ,ANZAHL DER ELEMENTE TIPPEN‘
0020 INPUT N
0030 DIM  Z (N)             ‖ Reservierung der tatsächlich gebrauchten
0040 FOR I = 1 TO N         ‖ Anzahl von Elementen.
0050 INPUT  Z (I)
0060 NEXT I
```

Fall 4: Spezielle REDIM-Anweisung gestattet Redimensionierung mit Verkürzung
und/oder Verlängerung eines Feldes.

```
0010 DIM  Z (100)
0020 PRINT ,ANZAHL DER ELEMENTE TIPPEN'
0030 INPUT  N
0040 REDIM  Z (N)
0050 FOR  I = 1  TO  N
0060 INPUT  Z (I)
0070 NEXT  I
```

‖ Redimensionierung nach oben wie
‖ nach unten möglich.

INFO: Dimensionierung von 1-dimensionalen Feldern in Abhängigkeit der Tastatureingabe

---

5.1.2.C Struktogramm zu SUCHEN1

Ihre Aufgabe

5.1.2.D Codierung zu SUCHEN1

Ihre Aufgabe

5.1.2.E Dialogprotokoll zu SUCHEN1

Die Filiale einer Großhandelsunternehmung verzeichnete an 6 Wochentagen die folgenden
Absatzmengen:

Montag 1250, Dienstag 1245, Mittwoch 998, Donnerstag 780, Freitag 500 sowie
Samstag 650 Stück.

Die kleinste Absatzmenge ist zu suchen und auszugeben.

```
RUN
WIEVIELE ZAHLEN GEBEN SIE EIN?
6
EINGABE:   1.ZAHL, 2.ZAHL, ...
1250
1245
998
780
500
650
KLEINSTE ZAHL =    500
```

5.1.2.F Fragen zu SUCHEN1

1. Welche Anweisung(en) sind zu ändern, um anstelle des Minimums das Maximum zu
   ermitteln.
2. Führen Sie einen Schreibtischtest durch zu SUCHEN1.
3. Wie sind die Ablaufstrukturen in Programm SUCHEN1 angeordnet?

5.1.3 Tastatureingabe über unechte Zählerschleife

(11.2 Komplette Wechselabrechnung mit Abrechnungsformular (DISK 2))

Auf die unechte Zählerschleife wurde bereits in Abschnitt 4.2.2.3 eingegangen. Im folgenden Programm wird eine solche Schleife verwendet, um Zahlenwerte über Tastatur in Felder (Vektoren) einzugeben.

5.1.3.A Problemstellung zu DISK 2

Diskontrechnen: Diskontieren mehrerer Wechsel.

Ein Programm soll für ein gegebenes Abrechnungsdatum und einen gegebenen Zinssatz bis zu 100 Wechsel abrechnen und in einer Übersicht ausgeben. Der Mindestdiskont ist zu berücksichtigen.

5.1.3.B Problemanalyse zu DISK 2

Ausgabe:	K (I) Kapitalbetrag des I-ten Wechsels	⎫
	V (I) Verfalldatum des I-ten Wechsels	⎬ jeweils als Felder mit
	T (I) Tage für Diskont des I-ten Wechsels	⎬ 100 Elementen vereinbart.
	Z (I) Zinszahlen des I-ten Wechsels	⎭
	M　　Mindestdiskontzahl	
	K0　Summe der Kapitalbeträge (sprich K null).	
	Z0　Summe der Zinszahlen (sprich Z null)	
	D　　Diskont	
	P　　Diskontsatz in %	
	B　　Barwert	
	A　　Abrechnungsdatum	
Eingabe:	A　　Abrechnungsdatum.	
	K (I) Kapitalbetrag des I-ten Wechsels.	
	V (I) Verfalldatum des I-ten Wechsels.	
	P　　Diskontsatz in %.	
Verarbeitung:	N　　Anzahl der abzurechnenden Wechsel (maximal 100).	
	I　　　Laufvariable.	
	T0　Summe der Tage (sprich T null).	
	T1　Tage aus Abrechnungsdatum A.	
	M1　Monate aus Abrechnungsdatum A.	
	T2　Tage aus jeweiligem Verfalldatum V (I).	
	M2　Monate aus jeweiligem Verfalldatum V (I).	

Tage ermitteln:
Das Datum A wird als Dezimalzahl TT . MM eingegeben;
Tage als ganzzahliger Teil von A:　$T1 = INT (A)$;
Monate als Restgröße:　　　　　　$M1 = (A - T1) \cdot 100$.

Zinszahlen runden:
$Z (I) = INT (Z (I) + 0.5)$, d. h. Zahl um 0.5 vermehren und dann den ganzzahligen Teil hiervon nehmen.

5.1.3.C Struktogramm zu DISK 2

Vereinbarung von K, V, T und Z jeweils als 100-Elemente-Vektoren

Eingabe P, um Mindestdiskontzahl M zu berechnen

Eingabe A, um T1 und M1 zu berechnen

T ≠ 31

NEIN	JA
T1 = 30	./.

N = 0   Anzahl der abzurechnenden Wechsel

Schleife EIN:
für I von 1 bis 100 wiederhole

Eingabe K (I), V (I)

K (I) ≠ 0

JA	NEIN
N = N + 1	I = 100

Überschriftzeile drucken

Schleife ZEILE:
für I von 1 bis N wiederhole

T2 und M2 berechnen

T2 ≠ 31

NEIN	JA
T2 = 30	./.

T (I) = T2 − T1

M1 ≤ M2

NEIN	JA
M2 = M2 + 12	./.

T (I) und Z (I) berechnen

Z (I) ≥ M

NEIN	JA
Z (I) = M setzen	./.

T0, K0 und Z0 berechnen

Zeile drucken

Diskont D und Barwert B berechnen

Ausgabe: Summen, Diskont sowie Barwert

5.1.3.D Codierung zu DISK 2

> **Ihre Aufgabe**

5.1.3.E Dialogprotokoll zu DISK 2

Am 22.6. sind folgende Wechsel zu diskontieren:

> 700,00 DM, fällig am 1.7.
> 1800,00 DM, fällig am 17.7.
> 6000,00 DM, fällig am 21.9.

Wie lautet der Barwert, wenn die Bank 9 % Diskont berechnet?

```
RUN
DISKONTSATZ =?
9
ABRECHNUNGSDATUM IM EINGABEFORMAT:   TT.MM
22.06
EINGABE DER EINZELNEN WECHSEL IM
FORMAT:  WECHSELBETRAG, TT.MM
(BEENDEN DURCH EINGABE VON:  0,0).
  1 . WECHSEL:   BETRAG, TT.MM
700 , 01.07
  2 . WECHSEL:   BETRAG, TT.MM
1800 , 17.07
  3 . WECHSEL:   BETRAG, TT.MM
6000 , 21.09
  4 . WECHSEL:   BETRAG, TT.MM
0 , 0
WECHSELBETRAG    VERFALL    TAGE    DISKONTZAHLEN
                                    MINDESTD:   80
...................................................................
        700.00    1.07.      9                80
       1800.00   17.07.     25               450
       6000.00   21.09.     89              5340
..................                         .........
       8500.00                              5870
        146.75
HOLD    146.75   DISKONT  9.000  PROZ.
..................
       8353.25   BARWERT
===================
```

5.1.3.F Fragen zu DISK 2

1. Welche Ablaufstrukturen enthält DISK 2 und wie sind diese angeordnet?

2. Nennen und erklären Sie die „Rundungsprobleme" im Programm.

3. „Die erste Auswahlstruktur in DISK 2 hätte man einfacher schreiben können". Was halten Sie von dieser Behauptung?

5.1.4 Eingabeschleife vor Verarbeitungs- mit Ausgabeschleife
(12.2 Kreditverzinsung bei unterschiedlichen Laufzeiten (TERMIN 2))

5.1.4.1 Problemstellung zu TERMIN 2

Terminrechnen: Terminrechnen mit gleich großen Beträgen.

Für Kleinkredite, die in gleich großen monatlichen Raten zurückzuzahlen sind, wird neben den Zinsen auch eine einmalige Bearbeitungsgebühr erhoben.

Die jeweilige Laufzeit und damit gleichzeitig die jeweilige Ratenzahl kann vom Kunden je nach seinen wirtschaftlichen Verhältnissen frei gewählt werden.

Erstellen Sie ein Programm, das im Sinne eines „Auskunftssystems" Auskunft über Rückzahlung und effektive Verzinsung bei bestimmten Laufzeiten gibt.

5.1.4.B Problemanalyse zu TERMIN 2

Ausgabe:	$L(I)$	I-te Laufzeit in Monaten; zugleich Anzahl der Monatsraten für den I-ten Kredit.
	G	Gesamtkosten für Zins und Bearbeitungsgebühr.
	K1	Zurückzuzahlender Gesamtbetrag.
	K2	Zurückzuzahlender Monatsbetrag.
	P	Effektiver Zinssatz; Zinssatz, der den Gesamtkosten bei der jeweiligen Laufzeit $L(I)$ entspricht.
Eingabe:	K0	Kreditbetrag in DM (K0 = K null).
	Z1	Zinsen je Laufzeitmonat in % von K0.
	Z2	Einmalige Bearbeitungsgebühr in % von K0.
	N	Anzahl von Laufzeiten in Monaten, die durchzurechnen sind.
	$L(N)$	Laufzeiten in Monaten (Vektor mit N Elementen).
Verarbeitung:	I	Laufvariable
	T	Zinstage

Vorgehen bei jedem Kredit (K0, Z1, Z2 fest sowie L variabel) in 4 Schritten:

Schritt 1:

G = Zinsen + Bearbeitungsgebühr.

Schritt 2:

K1 = Gesamtkosten + Kreditbetrag; K2 = K1 : Anzahl der Raten.

Schritt 3:

T = 30 + Tage der mittleren Verfallzeit (TmV).

$$TmV = \frac{\text{Summe der Tage}}{\text{Anzahl der Raten}}$$

$$TmV = \frac{\dfrac{N\,(\text{Tag 1. Rate} + \text{Tag letzte Rate})}{2}}{\text{Anzahl der Raten}}$$

$$TmV = \frac{\dfrac{N\,(0 + (L(I) - 1) \cdot 30)}{2}}{N}$$

$$TmV = \frac{(L(I) - 1) \cdot 30}{2}$$

Schritt 4:

$$P = \frac{G \cdot 100 \cdot 360}{T \cdot K0}$$

5.1.4.C Struktogramm zu TERMIN 2

L als 20-Elemente-Feld vereinbaren
Eingabe: K0, Z1 und Z2
Eingabe: Anzahl der Laufzeiten N
für I von 1 bis N wiederhole
Tastatureingabe L (I)
Ausgabe: Überschriftzeile
für I von 1 bis N wiederhole
Berechnung: G, K1, K2, T und P
Ausgabe: nächste Zeile

5.1.4.D Codierung zu TERMIN 2

Ihre Aufgabe

5.1.4.E Dialogprotokoll zu TERMIN 2

Auszug aus den Bedingungen für einen sogenannten „Kleinkredit":

Sie zahlen für jeden Laufzeitmonat 0.4 % des Kreditbetrags und eine einmalige Bearbeitungsgebühr von 2 %.

Die Laufzeit des Kredits können Sie frei wählen. Rückzahlung monatlich. Erste Zahlung einen Monat nach Auszahlung.

Wie groß sind Rückzahlung und Zinssatz bei Laufzeiten von 12, 18, 24, 1, 2, 3, 4, 5, 8 sowie 10 Monaten?

```
RUN
KREDITBETRAG IN DM =?
1800
ZINSEN JE LAUFZEITMONAT IN PROZ. =?
0,4
EINMALIGE BEARBEITUNGSGEBUEHR IN PROZ. =?
2
WIEVIELE LAUFZEITEN WOLLEN SIE VORSEHEN?
10
LAUFZEITEN IN MONATEN =?
12
18
24
1
2
3
4
5
8
10
```

LAUFZEIT	KOSTEN	ZAHLUNG GESAMT	ZAHLUNG MONATLICH	VERZINSUNG
(MONATE)	(DM)	(DM)	(DM)	(PROZENT)
12	122.40	1922.40	160.20	12.55
18	165.60	1965.60	109.20	11.62
24	208.80	2008.80	83.70	11.14
1	43.20	1843.20	1843.20	28.80
2	50.40	1850.40	925.20	22.40
3	57.60	1857.60	619.20	19.20
4	64.80	1864.80	466.20	17.28
5	72.00	1872.00	374.40	16.00
8	93.60	1893.60	236.70	13.87
10	108.00	1908.00	190.80	13.09

5.1.4.F Fragen zu TERMIN2

1. Bei einer Eingabe von N größer als 20 ergibt sich ein Programmfehler.

    a) Warum tritt dieser Fehler auf?

    b) 2 Möglichkeiten, die Fehlerquelle zu beseitigen.

2. Programm TERMIN2 sieht Verarbeitung und Ausgabe in einer Schleife vor. Wann ist es sinnvoll, hierfür 2 Schleifen zu programmieren (geben Sie ein Beispiel)?

5.1.5 Zufällige Aufgabenauswahl mittels Funktion RND

(9.3 Traningsprogramm: Prozentsätze — bequeme Teiler (PROZ3))

Die BASIC-Funktion RND (ggf. auch RANDOM) dient der Zufallszahlenauswahl (vgl. Abschnitt 2.3) und wird im folgenden Programm zur Auswahl von Aufgaben verwendet.

5.1.5.A Problemstellung zu PROZ3

Das Ausnutzen von Rechenvorteilen ist insbesondere beim Prozentrechnen wichtig.

Ein Programm soll zur Übung die wesentlichen bequemen Prozentsätze abfragen. Die Reihenfolge der einzelnen Übungsfragen soll rein zufällig erfolgen.

Die 20 wesentlichen bequemen Prozentsätze sollen programmintern gespeichert sein. Hierüber sollen dem Benutzer zum Einüben Fragen gestellt werden der Art: ,,1.25 Prozent = der ?. Teil von 100''.

Die Antwort des Benutzers, also der entsprechende bequeme Teiler, soll auf richtig/falsch geprüft werden.

Die 20 bequemen Prozentsätze sollen in zufälliger, also bei jedem Programmaufruf wechselnder Reihenfolge, erfragt werden.

Durch die Eingabe von 0 soll die Übung beendet werden.

5.1.5.B Problemanalyse zu PROZ3

Ausgabe: Fragestellung der Form

,,P (Z)   Prozent = der ?. Teil von 100?''

            └──── Bequeme Prozentsätze als Vektor (= Datenreihe).

            └──── Zufallszahl zwischen 1 und 20.

P (Z) bedeutet somit:
Z-tes Element von Vektor P, wobei Z eine Zufallszahl zwischen 1 und 20 darstellt.

Beispiel: Wenn Z = 7, dann bezeichnet P (Z) das 7. Element von Vektor P, d.h. im Programmbeispiel den bequemen Prozentsatz 3.333.

Antworten
,,richtig'' bzw. ,,falsch''

Eingabe: N   Anzahl der ,Wertepaare' (bequemer Prozentsatz, bequemer Teiler); N ist erstes Element des unter DATA gespeicherten Datenblocks.

        P (1, 2, …, N)   Bequeme Prozentsätze; 2., 4., 6., … Element des unter DATA gespeicherten Datenblocks.

        T (1, 2, …, N)   Bequeme Teiler; 3., 5., 7., … Element unter DATA.

Verarbeitung:	Z	zufällig gewählte ganze Zahl zwischen 1 und 20.
	E	Anwort bei der Übung, die einen Teil von 100 bezeichnet.
	I	Laufvariable der Schleife zum Einlesen der unter DATA gespeicherten, d.h. programmintern gegebenen Daten.

5.1.5.C Struktogramm zu PROZ3

> Ihre Aufgabe

5.1.5.D Codierung zum PROZ3

> Ihre Aufgabe

5.1.5.E Dialogprotokoll zu PROZ3

Anhand von 3 Aufgaben sollen die bequemen Teiler eingeübt werden.

```
RUN
TRAINING PROZENTSAETZE - BEQUEME TEILER
...............................................................
(EINGABE FUER ABBRUCH: 0)
 1.66      PROZENT = DER .?. TEIL VON 100?
80
FALSCH.
60
RICHTIG.
 25     PROZENT = DER .?. TEIL VON 100?
4
RICHTIG.
 12.5      PROZENT = DER .?. TEIL VON 100?
12
FALSCH.
8
RICHTIG.
 11.111    PROZENT = DER .?. TEIL VON 100?
0
ENDE DES TRAININGS
```

5.1.5.F Fragen zu PROZ3

1. Programmieren Sie die folgende Anweisung:
   „Eine ganze Zahl aus 1, 2, ..., A zufällig auswählen".

2. Programmieren Sie die folgende Anweisung:
   „Eine ganze Zahl aus den A auf N folgenden ganzen Zahlen zufällig auswählen".

3. Die Systemfunktion RND wählt eine Zahl zwischen 0 und 1 zufällig aus.

   a) Welcher Wert wird der Variablen Z in Programm PROZ3 zugewiesen, wenn RND
      die Zufallszahl 0.6135 auswählt?

   b) Welche Frage wird gemäß Programm dann ausgegeben?

5.1.6 Zweidimensionale Felder mit Indizierung

(2.6 Zwei Datenbestände mischen (MISCHEN 1))

Aufbauend auf die Behandlung von 1-dimensionalen Bereichen bzw. Feldern (auch als Vektoren und Listen bezeichnet) in Abschnitt 5.1.1 lassen sich 2-dimensionale Bereiche bzw. Felder (auch als Matrizen und Tabellen bezeichnet) wie folgt vereinbaren und aufrufen:

Vereinbarung eines 2-dimensionalen Bereichs bzw. Feldes:

0010 DIM M (2,5)   Reserviere für eine numerische Variable namens M als 2-dimensionalem Bereich (Matrix) genau 10 Elemente, die in 2 waagerechten Zeilen und in 5 senkrechten Spalten angeordnet sind.

0	0	0	0	0
0	0	0	0	0

Aufruf eines 2-dimensionalen Bereichs:

0020 LET M (2, 4) = 3   Weise die Zahl 3 dem Element von M zu, das durch die 2. Zeile und die 4. Spalte bezeichnet wird.

Kurz:

M in der 2. Zeile und 4. Spalte ergibt sich aus 3.

0	0	0	0	0
0	0	0	3	0

0030 LET M (X, Y) = 9   M an der X. Zeile und Y. Spalte ergibt sich aus 9.

für X = 1 und   Matrix M ist indizierte Variable.

und Y = 3   X ist Zeilenindex und zeigt die jeweilige Zeile an.

Y ist Spaltenindex und zeigt die jeweilige Spalte an.

0	0	9	0	0
0	0	0	3	0

INFO: 2-dimensionale Bereiche (Felder)

5.1.6.A Problemstellung zu MISCHEN 1

Mischen von 2 Datenbeständen zu einem neuen Datenbestand.

Es ist ein Programm zu erstellen, das zwei jeweils aufsteigend sortierte Datenbestände zu einem einzigen Bestand in ebenfalls aufsteigender Sortierfolge wie folgt mischt:

Datenbestand 1:

14	47	83	156	190

Datenbestand 2:

12	31	47	105	130

MISCHEN = 2 (oder mehrere) geordnete Datenbestände zu einem ebenso geordneten Datenbestand zusammenfügen

gemischter
Datenbestand:

12	14	31	47	47	83	105	130	156	190

INFO: Mischen von zwei Datenbeständen

5.1.6.B Problemanalyse zu MISCHEN1

Ausgabe: N   1-dimensionale Variable mit 10 Elementen für gemischten Datenbestand.
                       Ausgabeschleife innerhalb Unterprogramm AUSGABE mit Indexvariable I.

Eingabe: M   2-dimensionale Variable mit 2 . 6 = 12 Elementen:
                       14   47   83   156   190   0   1. Zeile für Datenbestand 1
                       12   31   47   105   130   0   2. Zeile für Datenbestand 2

Elemente in 6. Spalte jeweils als Schalter zum ‚Sperren' verwendet.

Eingabeschleife innerhalb Unterprogramm EINGABE mit Zeilenindex I und Spaltenindex J.

Speicherung der beiden Datenbestände unter DATA als programminterne Datei.

Verarbeitung: N1   Index für Vektor N (gemischter Datenbestand).
                 M1   Zeilenindex für 1. Zeile der Matrix M (Datenbestand 1).
                 M2   Zeilenindex für 2. Zeile der Matrix M (Datenbestand 2).

Sobald eine der Zeilen von M, d.h. einer der beiden Datenbestände, vollständig nach N eingemischt ist, wird dem 6. Element dieser Zeile mit 99999 ein sehr großer und sonst nicht vorkommender Wert zugewiesen. Dadurch wird dieser Datenbestand bei der Abfrage „kleiner/gleich" für ein weiteres Einmischen nach N automatisch gesperrt. 99999 wirkt wie ein Programmschalter bzw. eine Programmweiche.

5.1.6.C Struktogramm zu MISCHEN1

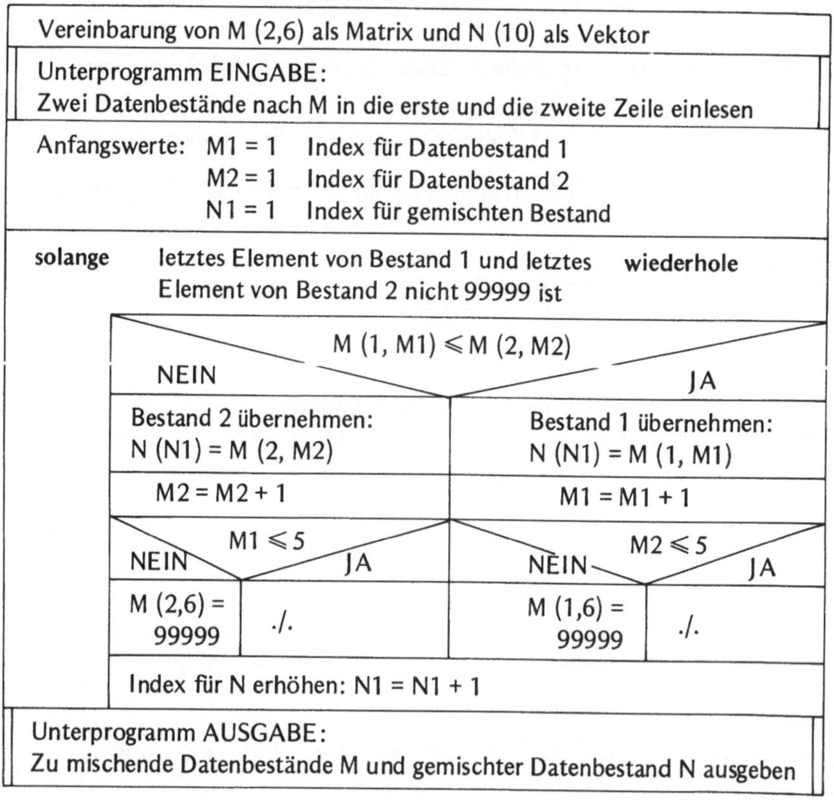

Vereinbarung von M (2,6) als Matrix und N (10) als Vektor

Unterprogramm EINGABE: Zwei Datenbestände nach M in die erste und die zweite Zeile einlesen

Anfangswerte: M1 = 1   Index für Datenbestand 1
                M2 = 1   Index für Datenbestand 2
                N1 = 1   Index für gemischten Bestand

solange letztes Element von Bestand 1 und letztes **wiederhole**
Element von Bestand 2 nicht 99999 ist

M (1, M1) ⩽ M (2, M2)

NEIN ——— JA

Bestand 2 übernehmen: N (N1) = M (2, M2)	Bestand 1 übernehmen: N (N1) = M (1, M1)
M2 = M2 + 1	M1 = M1 + 1

M1 ⩽ 5   M2 ⩽ 5
NEIN ——— JA   NEIN ——— JA

M (2,6) = 99999	./.	M (1,6) = 99999	./.

Index für N erhöhen: N1 = N1 + 1

Unterprogramm AUSGABE: Zu mischende Datenbestände M und gemischter Datenbestand N ausgeben

5.1.6.D Codierung zu MISCHEN1

> Ihre Aufgabe

5.1.6.E Dialogprotokoll zu MISCHEN1

In Filiale A liegen für Montag bis Freitag folgende Absatzmengen vor (sortiert): 14, 47, 83, 156 und 190 Stück. Für Filiale B lauten die Absatzmengen 12, 31, 47, 105 und 130. Beide Absatzmengen sind zu mischen.

```
RUN
DATENBESTAND 1:
   14      47      83      156      190
DATENBESTAND 2:
   12      31      47      105      130
GEMISCHTER  DATENBESTAND:
   12      14      31      47      47      83      105      130      156      190
```

5.1.6.F Fragen zu MISCHEN1

1. Welcher der beiden Datenbestände wird zuerst eingemischt? Welche Zeile wird zuerst mit 99999 gesperrt?

2. Welche Ablaufstrukturen umfaßt Programm MISCHEN1 und wie sind diese im Programmablauf angeordnet?

5.2 Schleifen geschachtelt angeordnet

5.2.1 Dreifache Schleifenschachtelung

(10.6 Verzinsung bei unterschiedlichen Skonti als Übersicht (ZINS6))

5.2.1.A Problemstellung zu ZINS6

Zinsrechnen: Ermitteln von Zinssätzen.

Auf Rechnungen sind die Zahlungsbedingungen oftmals in folgender Form wiedergegeben:

„Zahlbar innerhalb von N Tagen rein netto oder innerhalb von S Tagen mit P Prozent Skonto".

Ein Programm soll in Form einer Tabelle die tatsächliche Verzinsung in % angeben für unterschiedliche Werte von N, S sowie P.

Für die Tage N, die Tage S sowie die Skontosätze sind jeweils der Anfangs-, Endwert und die Schrittweite an der Tastatur einzutippen. Das Programm soll also aufzeigen, in wieweit die Verzinsung von den Konditionen eines Lieferantenkredits abhängt.

5.2.1.B Problemanalyse zu ZINS6

Ausgabe: P   Verzinsung in Prozent, die dem Skontoabzug bei entsprechenden Zahlungsbedingungen entspricht.

Eingabe:	N1, N2, N3	Netto bezahlen:
		Anfangswert, Endwert, Schrittweite für Ziel in Tagen, während dem rein netto zu zahlen ist.
	S1, S2, S3	Skonto abziehen: Anfangswert, Endwert, Schrittweite für Ziel in Tagen, während dem Skonto in Abzug gebracht werden kann.
	P1, P2, P3	Prozentsatz: Anfangswert, Endwert, Schrittweite für Prozentsatz des Skontos.
Verarbeitung:	X	Laufvariable für die durch N1, N2, N3 bestimmte Schleife
	Y	Laufvariable für die durch S1, S2, S3 bestimmte Schleife.
	Z	Laufvariable für die durch P1, P2, P3 bestimmte Schleife.
	K	Kapital: $K = 100 - Z$.
	T	Tage: $T = X - Y$.
	P	Verzinsung in Prozent:

$$P = \frac{Z \cdot 100 \cdot 360}{K \cdot T} .$$

Für die Berechnung der Verzinsung wird von einem fiktiven Rechnungsbetrag von DM 100,00 ausgegangen. Als Kapital K geht somit der vorzeitig bezahlte Betrag von (100 − Skonto in %) in die Zinsformel ein.

5.2.1.C Struktogramm zu ZINS 6

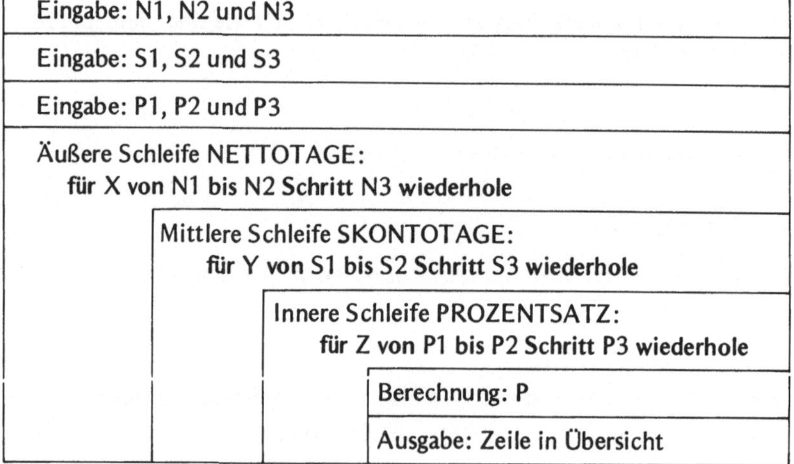

5.2.1.D Codierung zu ZINS 6

> Ihre Aufgabe

5.2.1.E Dialogprotokoll zu ZINS 6

Ein Großhandelskaufmann hat es oftmals mit Lieferantenkrediten der Form

„Zahlbar innerhalb N Tagen rein netto oder innerhalb S Tagen mit P Prozent Skonto"
zu tun.

In Form einer Tabelle möchte er die Verzinsung in % aufgelistet haben, wenn N = 90,
100, 110, 120 Tage ist, wenn S = 30 Tage ist und wenn für P = 2, 2.5, 3 Prozent gewählt
wird.

```
RUN
EINGABE DER TAGE NETTO:   AW, EW, SW
90 , 120 , 10
EINGABE DER TAGE SKONTO:   AW, EW, SW
30 , 30 , 10
EINGABE DER PROZENTSAETZE SKONTO:   AW, EW, SW
2 , 3 , 0.5

IN .. TAGEN ODER INNERHALB MIT ... PRO-  VERZINSUNG
REIN  NETTO         ... TAGEN ZENT  SKONTO   IN PROZENT
---------------- | ------ | --------------------------- | -------------
      90     I   I    30        2.000    I    12.245
      90     I   I    30        2.500    I    15.385
      90     I   I    30        3.000    I    18.557
     100     I   I    30        2.000    I    10.496
     100     I   I    30        2.500    I    13.187
     100     I   I    30        3.000    I    15.906
     110     I   I    30        2.000    I     9.184
     110     I   I    30        2.500    I    11.538
     110     I   I    30        3.000    I    13.918
     120     I   I    30        2.000    I     8.163
     120     I   I    30        2.500    I    10.256
     120     I   I    30        3.000    I    12.371
```

5.2.1.F *Fragen zu ZINS 6*

1. Zum Dialogprotokoll von ZINS 6:

   a) Bei welcher Schleife bleibt die Laufvariable unverändert?

   b) Wodurch wird dies bei der Programmausführung bewirkt?

   c) Hätte man als Schrittweite dieser Schleife auch einen anderen als den eingegebenen
      Wert vorsehen können?

2. Angenommen, wir lassen das Programm mit den folgenden Eingabedaten laufen:

```
RUN
EINGABE DER TAGE NETTO:   AW, EW, SW
90 , 120 , 10
EINGABE DER TAGE SKONTO:   AW, EW, SW
30 , 60 , 10
EINGABE DER PROZENTSAETZE SKONTO:   AW, EW, SW
2 , 4.5 , 0.5
```

   Wie viele Zeilen hätte die Übersichtstabelle? Erläutern Sie die Struktur der Tabelle.

3. Sind die 3 Schleifen vollständig oder teilweise geschachtelt?

5.2.2 Unterprogramm innerhalb einer geschachtelten Schleife
(8.2 Kurstabelle erstellen für DM/Auslandswährung (KURS 2))

5.2.2.A Problemstellung zu KURS 2

Währungsrechnen: Aufstellen einer Kurstabelle DM/Auslandswährung.

An der Tastatur sollen eingegeben werden: Einheit bzw. Name der Auslandswährung sowie die derzeitige Kurshöhe, d.h. den Betrag an Auslandswährung, den man für eine DM erhält.

Ausgehend von diesen Angaben soll vom Programm eine Kurstabelle erstellt werden, die verschiedenen umzurechnenden Beträgen (in DM bzw. in Auslandswährung) die entsprechenden resultierenden Beträge (in Auslandswährung bzw. in DM) gegenüberstellt.

Als umzurechnende Beträge sollen Beträge 0.1, 0.2, ... , 0.9, 1, 2, ..., 9, 10, 20, ..., 90, 100, 200, ..., 900, 1000, 2000, ..., 9000 erfaßt werden.

5.2.2.B Problemanalyse zu KURS 2

Ausgabe:	I	Laufvariable für Schleife namens ZEILE; zugleich Umzurechnender Betrag an DM sowie Auslandswährung.
	D1	Resultierender Betrag an Auslandswährung.
	D2	Resultierender Betrag an DM.
	K1	Kurs im Ausland.
	K2	Kurs im Inland.
Eingabe:	A$	Einheit (= Name) der Auslandswährung.
	K1	Kurs im Ausland: Betrag an Auslandswährung pro DM.
Verarbeitung:	A	Anfangswerte für umzurechnende Beträge.
	B	Endwerte für umzurechnende Beträge.
	C	Schrittweiten für umzurechnende Beträge.

Schleife ZAEHL mit Laufvariable N hat die Aufgaben:

a)   Erzeugen der jeweiligen Anfangswerte A, Endwerte B und Schrittweiten S für die Schleife ZEILE.

b)   Aufruf des Unterprogramms (Unterablaufes) namens DRUCKEN.

Kursermittlung:

K1   Kurs im Ausland: Betrag an Auslandswährung, den man für eine DM erhält.
K2   Kurs im Inland: Betrag an DM, den man für eine Einheit der Auslandswährung erhält.

Unterprogramm namens DRUCKEN:

a)   Aufruf: Innerhalb der Schleife ZAEHL.

b)   Aufgabe: Aufbereiten und Ausgeben der Druckzeilen für die Kurstabelle innerhalb einer FOR-NEXT-Schleife namens ZEILE.

c)   Schleife ZEILE: Laufvariable I und AW = A, EW = B, SW = C.

d)   Aufbereiten der einzelnen Zeile: D1 = K1 · I sowie D2 = K2 · I/100.

e)   Ausgabe der einzelnen Zeile:

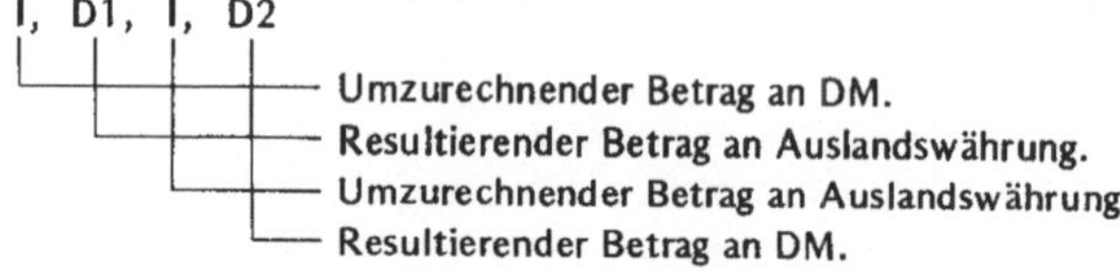

5.2.2.C Programmablaufplan zu KURS2

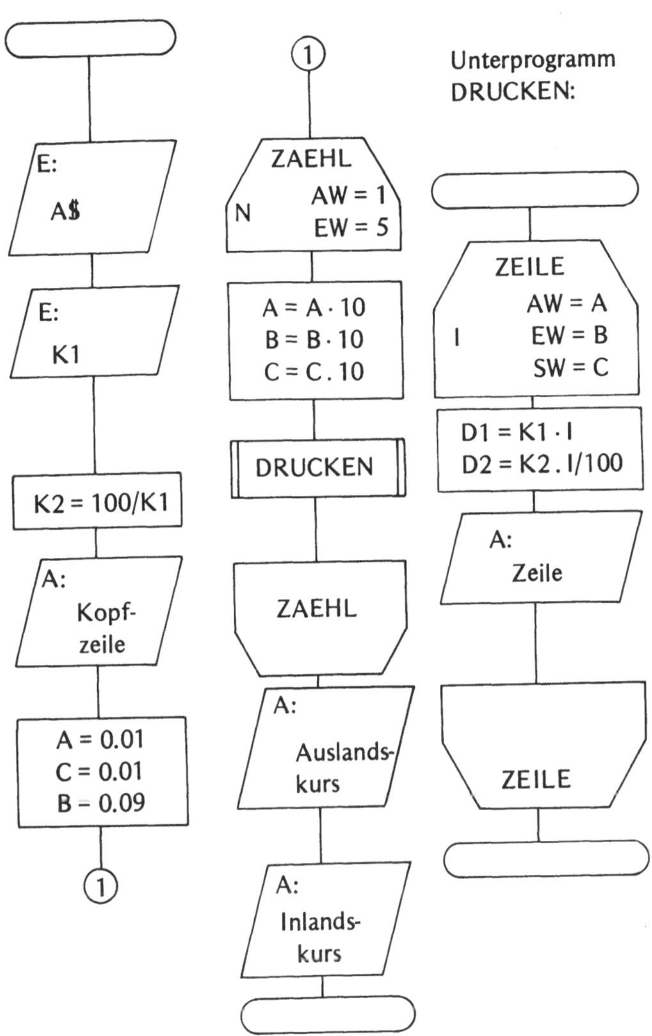

5.2.2.D Codierung zu KURS2

Ihre Aufgabe

5.2.2.E Dialogprotokoll zu KURS2

Zu erstellen ist die Kurstabelle für FF beim Kurs von 2.32 FF/DM.

```
RUN
WIE HEISST DIE EINHEIT DER AUSLANDSWAEHRUNG?
FF
WIEVIEL FF ERHAELT MAN FUER 1 DM?
2.32
```

DM	FF	FF	DM
.100	.232	.100	.043
.200	.464	.200	.086
.300	.696	.300	.129
.400	.928	.400	.172
.500	1.160	.500	.216
.600	1.392	.600	.259
.700	1.624	.700	.302
.800	1.856	.800	.345
.900	2.088	.900	.388
1.000	2.320	1.000	.431
2.000	4.640	2.000	.862
3.000	6.960	3.000	1.293
4.000	9.280	4.000	1.724
5.000	11.600	5.000	2.155
6.000	13.920	6.000	2.586
7.000	16.240	7.000	3.017
8.000	18.560	8.000	3.448
9.000	20.880	9.000	3.879
10.000	23.200	10.000	4.310
20.000	46.400	20.000	8.621
30.000	69.600	30.000	12.931
40.000	92.800	40.000	17.241
50.000	116.000	50.000	21.552
60.000	139.200	60.000	25.862
70.000	162.400	70.000	30.172
80.000	185.600	80.000	34.483
90.000	208.800	90.000	38.793
100.000	232.000	100.000	43.103
200.000	464.000	200.000	86.207
300.000	696.000	300.000	129.310
400.000	928.000	400.000	172.414
500.000	1160.000	500.000	215.517
600.000	1392.000	600.000	258.621
700.000	1624.000	700.000	301.724
800.000	1856.000	800.000	344.828
900.000	2088.000	900.000	387.931
1000.000	2320.000	1000.000	431.034
2000.000	4640.000	2000.000	862.069
3000.000	6960.000	3000.000	1293.103
4000.000	9280.000	4000.000	1724.138
5000.000	11400.000	5000.000	2155.172
6000.000	13920.000	6000.000	2586.207
7000.000	16240.000	7000.000	3017.241
8000.000	18560.000	8000.000	3448.276
9000.000	20880.000	9000.000	3879.310

```
KURS IM AUSLAND =  2.32       FF/DM
KURS IM INLAND  =  43.103448  DM/100 FF
```

5.2.2.F Fragen zu KURS2

1. Zur Schleife namens ZAEHL:
   a) Stellen Sie in Form einer Tabelle die Werte, die A, B, C und N bei der Programmausführung annehmen, zusammen.
   b) Was bedeutet Ihrer Meinung nach der Schleifenname ZAEHL?
2. „Schleife ZEILE ist nicht eingeschachtelt angeordnet, da sie sich in einem Unterprogramm befindet". Stimmt dies?

5.2.3 Schleifenschachtelung bei Gruppenwechsel
(4.1 Einfacher bzw. einstufiger Gruppenwechsel (GRUWE1))

Es lassen sich die folgenden beiden Arten von Gruppenwechsel unterscheiden:

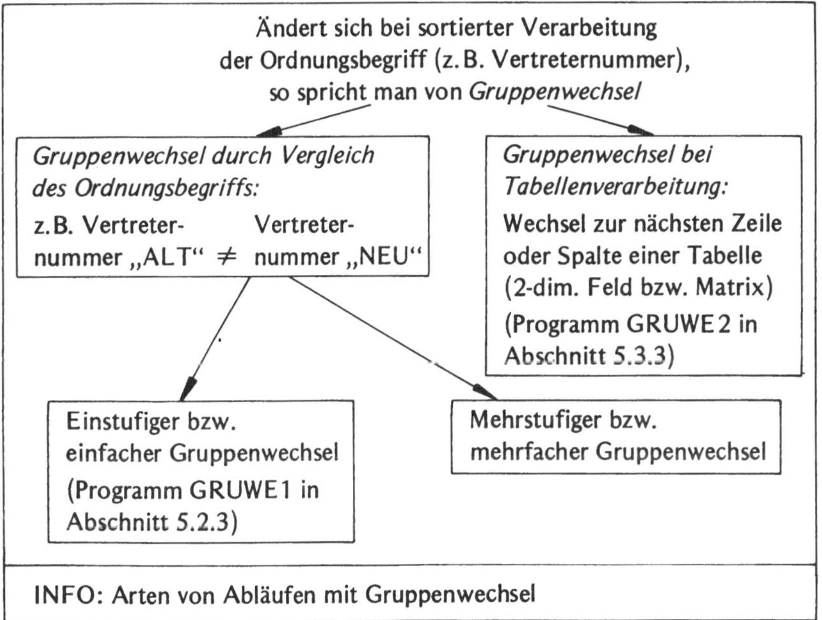

5.2.3.A Problemstellung zu GRUWE1

Gruppieren von Absatzmengen nach Vertreternummern als Ordnungsbegriff.

Absatzmengen liegen nach Vertreternummern aufsteigend sortiert vor. Es ist ein Programm zu schreiben, das die Absatzmengen in einer Übersicht ausgibt und beim Wechsel des Ordnungsbegriffs (beim Gruppenwechsel) die jeweilige Absatzmengensumme druckt.

5.2.3.B Problemanalyse zu GRUWE 1

Ausgabe:	Z1	Zähler für Aufträge.
	V1	Vertreternummer (alt).
	M	Absatzmenge.
	S	Summe der Mengen je Vertreter.
Eingabe:	V2	Vertreternummer (neu).
	M	Absatzmenge.

Ausgabedaten liegen als ‚Datensätze' bzw. Datenpaare (V2, M) als programminterne Datei unter DATA gespeichert vor.

Verarbeitung: Unterscheidung von V2 (neue Vertreternummer als zuletzt aus DATA eingelesene Nummer) und V1 (alte bzw. früher gelesene Nummer).

Fall 1: V2 = V1, d.h. kein Gruppenwechsel;
Fall 2: V2 ≠ V1, d.h. Gruppenwechsel;
Fälle 1 und 2 werden in Unterprogrammen behandelt.

5.2.3.C Programmablaufplan mit Struktogrammen zu GRUWE 1

Wie die nachfolgende zeichnerische Darstellung von GRUWE 1 zeigt, wird hier der Gesamtablauf als PAP dargestellt, während der Detailablauf mit den Unterprogrammen ERSTERSATZ, GRUPPEGLEICH und GRUPPENWECHSEL in Struktogrammen erfaßt wird. Die konträre Kombination von PAP und Struktogramm (Gesamtablauf als Struktogramm und Detailablauf als PAP) ist ebenso möglich (vgl. Abschnitt 1.1.2).

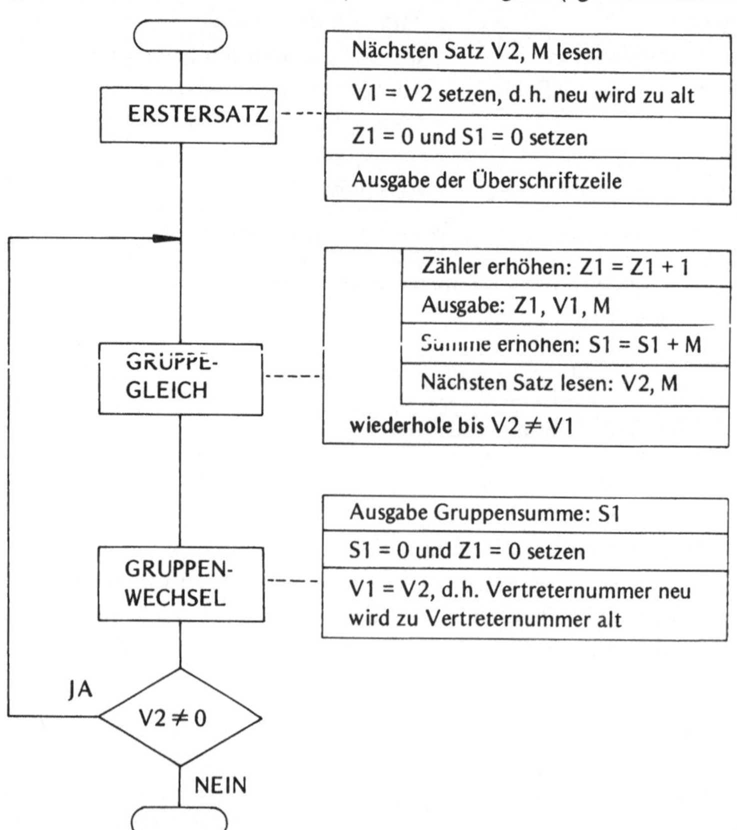

5.2.3.D Codierung zu GRUWE1

> Ihre Aufgabe: Beginn der Unterprogramme
> in Zeilen 1000, 2000 und 3000.

5.2.3.E Dialogprotokoll zu GRUWE1

Für die 6 Datensätze bzw. Datenpaare (4,10), (4,5), (4,20), (6,12), (6,3) und (9,22) soll
eine Übersicht mit 3 Gruppensummen ausgegeben werden.

```
RUN
VORGANG:  VERTRETERNUMMER:              MENGE:
   1              4                       10
   2              4                        5
   3              4                       20
                                          35
   1              6                       12
   2              6                        3
                                          15
   1              9                       22
                                          22
```

5.2.3.F Fragen zu GRUWE1

1. Gruppenwechsel wird auch als Gruppieren von Daten, Gruppenverarbeitung und Ver-
   dichten von Daten bezeichnet. Erklären Sie die Bedeutung dieser Begriffe.
2. GRUWE1 liegt ein einstufiger Gruppenwechsel zugrunde. Geben Sie — ausgehend von
   GRUWE1 — ein Beispiel für einen mehrstufigen Gruppenwechsel mit Hauptgruppe und
   Untergruppe.
3. Zur Bildung von Unterprogrammen:
   a) Aus welchen Gründen werden Unterprogramme gebildet?
   b) Warum werden Unterprogramme bei GRUWE1 gebildet?
   c) Codieren Sie GRUWE1 ohne Verwendung von Unterprogrammen.

5.3 Schleifen hintereinander sowie geschachtelt angeordnet

Bei den Programmbeispielen dieses Abschnitts werden die beiden Anordnungsmöglichkeiten von Ablaufstrukturen „hintereinander bzw. in Folge" sowie „vollständig geschachtelt" kombiniert. Im Hinblick auf eine gute Lesbarkeit ist gerade bei solchen Programmen
angezeigt, die einzelnen Ablaufstrukturen klar zu beschreiben und hervorzuheben.

5.3.1 Je zwei Schleifen hintereinander anordnen und schachteln

(2.4 Nach doppelt vorhandenen Daten suchen (SUCHEN4))

5.3.1.A Problemstellung zu SUCHEN4

Durchschnitt von Mengen: Ermittlung der Durchschnittsmenge zweier Mengen A und B.
Die Elemente zweier Mengen A und B sollen am Terminal eingegeben werden. Elemente
von A und B sind ausschließlich Zahlen (numerische Werte).

Das Programm soll die Elemente sowie die Mächtigkeit (d.h. die Anzahl der Elemente) der Durchschnittmenge ermitteln und ausgeben.

Die Durchschnittmenge enthält alle doppelt vorhandenen Elemente bzw. Daten.

5.3.1.B Problemanalyse zu SUCHEN 4

Ausgabe:	A(X)	Element der Durchschnittmenge.
	Z	Anzahl der Elemente der Durchschnittmenge (= Mächtigkeit).
Eingabe:	N1	Anzahl der Elemente der Menge A.
	N2	Anzahl der Elemente der Menge B.
	A	Menge A (Vektor mit Dimension 100).
	B	Menge B (Vektor mit Dimension 100).
Verarbeitung:	X	Laufvariable für äußere Schleife
	Y	Laufvariable für innere Schleife

Abfrage jener Elemente, die sowohl zu Menge A als auch zu Menge B gehören: A(X) = B(Y).

Schachtelung zweier Schleifen:

```
FOR    X                    ⎫
FOR    Y    ⎫ innere   ⎫ äußere
NEXT   Y    ⎭ Schleife ⎬ Schleife
NEXT   X                    ⎭
```

Innere Schleife: Durchsuchen der Menge B mittels Laufvariable Y.
Äußere Schleife: Durchsuchen der Menge A mittels Laufvariable X.

5.3.1.C Struktogramm zu SUCHEN 4

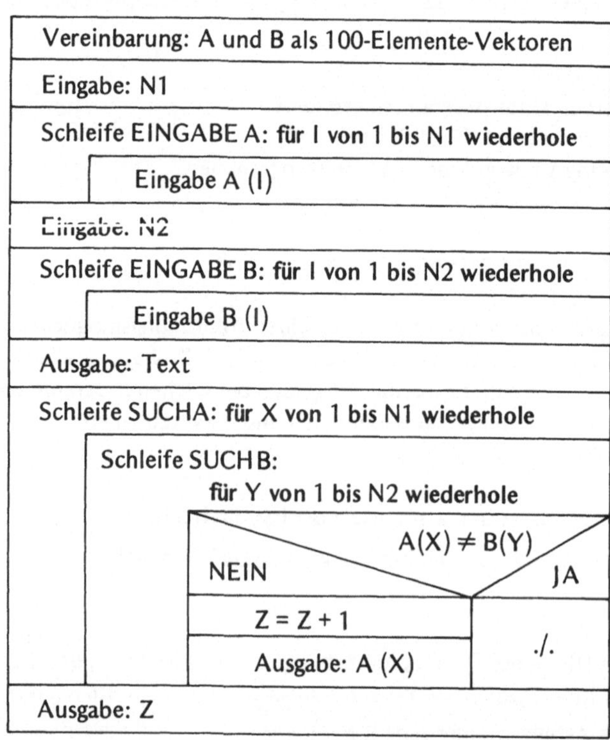

5.3.1.D Codierung zu SUCHEN4

> **Ihre Aufgabe**

5.3.1.E Dialogprotokoll zu SUCHEN4

Gegeben sind folgende Mengen:

$$A = \{2, 4, 6, 7, 12001\} \text{ und}$$
$$B = \{1, 2, 3, 4\}$$

Nennen Sie jeweils die Elemente sowie die Mächtigkeit der Durchschnittmengen $D = A \cap B$.

```
RUN
ANZAHL DER ELEMENTE VON MENGE A =?
5
EINGABE:   ELEMENTE VON A
2
4
6
7
12001
ANZAHL DER ELEMENTE VON MENGE B =?
4

EINGABE:   ELEMENTE VON B
1
2
3
4
DURCHSCHNITTSMENGE VON A UND B:
  2
  4
ANZAHL DER ELEMENTE:   2
```

5.3.1.F Fragen zu SUCHEN4

1. Erklären Sie die vorliegenden Schleifentypen.

2. Das Programm ist so zu ändern, daß am Schluß die Durchschnittmenge D in einer einzigen Zeile ausgegeben wird.

3. Welche Mengen durchsuchen die geschachtelten Schleifen?

5.3.2 Zwei hintereinander angeordnete Schleifen schachteln
(6.2 Mischungsaufgaben mit vielen Lösungen als Simulation (MISCH2))

5.3.2.A Problemstellung MISCH2

Mischungsrechnen: Mischungsaufgaben mit vielen Lösungen.

Drei Sorten sind zu einer Mischung zu mischen.

Vom Programm als Eingabe erwartet werden sollen die Preise der Sorten sowie der Mischung und die Menge der Sorte 3 als der teuersten Sorte. Da neben der Menge von Sorte 1 auch die von Sorte 2 nicht bestimmt ist, gibt es mehrere Lösungen: Nach Ausgabe der Lösungsmenge für Sorte 1 soll der Benutzer eine Mengenangabe bestimmen und eingeben. In Abhängigkeit von dieser Eingabe soll das Programm die übrigen Größen ermitteln und in einer Übersichtstabelle ausgeben.

Der Benutzer soll die Möglichkeit haben, für einmal gegebene Preise sowie Mengeneinheiten für Sorte 3 mehrmals hintereinander Mengen von Sorte 1 „zu testen".

5.3.2.B Problemanalyse zu MISCH 2

Ausgabe: Übersichtstabelle mit folgenden Angaben (spaltenweise):

M(1)	—	M(4)	Mengen der Sorten 1, 2, 3 und der Mischung.
P(1)	—	P(4)	Preise je ME der Sorten 1, 2, 3 und der Mischung.
G(1)	—	G(4)	Gewinn/Verlust je ME der Sorten und der Mischung.
T(1)	—	T(4)	Totalgewinn/-verlust der Sorten und der Mischung.
E(1)	—	E(4)	Erlös der Sorten 1, 2, 3 und der Mischung.

Eingabe:

P(1)	—	P(3)	Preise je ME der Sorten 1, 2, 3.
P(4)			Preis je ME der Mischung.
M(3)			Menge der Sorte 3 als der teuersten Sorte.
E$			Entscheidung für Wiederholung (JA/NEIN).
M(1)			Menge der Sorte 1 (dieser Wert wird innerhalb der Schleife mehrmals eingegeben).

Verarbeitung:

I	Laufvariable für FOR-NEXT-Schleifen.
G(I)	Gewinn/Verlust je ME der Sorten: $G(I) = P(4) - P(I)$.
T(I)	Totalgewinn/-verlust: $T(I) = M(I) \cdot G(I)$.
E(I)	Erlös: $E(I) = M(I) \cdot P(I)$.
A$	Textvariable für Druckaufbereitung.
M(2)	Menge von Sorte 2 als Restgröße ermittelt.

Druckaufbereitung mittels Sprachelement PRINT USING.

Verwendung der Funktion ABS (Absolutbetrag bilden) für die Lösungsmenge (z.B. ABS (− 24) ergibt 24).

5.3.2.C Struktogramm zu MISCH 2

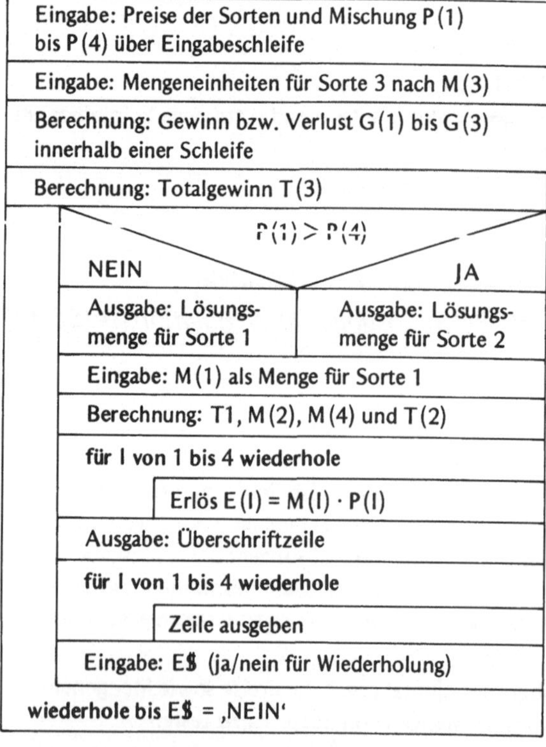

5.3.2.D Codierung zu MISCH2

> Ihre Aufgabe

5.3.2.E Zwei Dialogprotokolle zu MISCH2

Anwendung 1:

Eine Mischung zu 4 DM/kg soll hergestellt werden. Gemischt werden dabei die Sorte 1 zu 3 DM/kg, die Sorte 2 zu 3,50 DM/kg und die Sorte 3 zu 4,80 DM/kg. Von Sorte 3 sollen 30 kg genommen werden.

a) Wie groß ist die Lösungsmenge für Sorte 1, d.h. wieviel kg können für Sorte 1 angegeben werden?

b) Wieviel kg erhält man für Sorte 2, wenn für Sorte 1 der Reihe nach 10 kg, 20 kg sowie 5 kg angenommen werden?

```
RUN
EINGABE: PREIS JE ME FUER SORTE   1
3
EINGABE: PREIS JE ME FUER SORTE   2
3.5
EINGABE: PREIS JE ME FUER SORTE   3
4.8
EINGABE: PREIS JE ME DER MISCHUNG
4
EINGABE: MENGENEINHEITEN FUER SORTE 3
30


MENGE 0 BIS   24
WAEHLEN SIE: MENGE FUER SORTE 1
10
          MENGE PREIS     GEWINN/    GESAMTGEWINN/ ERLOES
                JE ME     VERLUST    GESAMTVERLUST
                          JE ME

SORTE 1    10    3.00       1.00        10.00          30.00
SORTE 2    28    3.50        .50        14.00          98.00
SORTE 3    30    4.80       -.80       -24.00         144.00

MISCH 4    68    4.00        .00          .00         272.00
MENGE FUER SORTE 1 NEU VORGEBEN (EINGABE: JA/NEIN)?
JA
```

```
MENGE  0 BIS   24
WAEHLEN SIE:   MENGE FUER SORTE 1
20
          MENGE PREIS      GEWINN/    GESAMTGEWINN/ ERLOES
                JE ME      VERLUST    GESAMTVERLUST
                           JE ME
..........................................................................
SORTE 1    20     3.00         1.00        20.00        60.00
SORTE 2     8     3.50          .50         4.00        28.00
SORTE 3    30     4.80         -.80       -24.00       144.00
..........................................................................
MISCH 4    58     4.00          .00          .00       232.00
MENGE FUER SORTE 1 NEU VORGEBEN (EINGABE: JA/NEIN)?
JA


MENGE  0 BIS   24
WAEHLEN SIE:   MENGE FUER SORTE 1
5
          MENGE PREIS      GEWINN/    GESAMTGEWINN/ ERLOES
                JE ME      VERLUST    GESAMTVERLUST
                           JE ME
..........................................................................
SORTE 1     5     3.00         1.00         5.00        15.00
SORTE 2    38     3.50          .50        19.00       133.00
SORTE 3    30     4.80         -.80       -24.00       144.00
..........................................................................
MISCH 4    73     4.00          .00          .00       292.00
MENGE FUER SORTE 1 NEU VORGEBEN (EINGABE: JA/NEIN)?

?

NEIN
PROGRAMMENDE
```

Anwendung 2:

Drei Warensorten zu 2,50 DM, 2,80 DM und 3,60 DM je kg sind zu einer Mischung zu
3,20 DM/kg zu mischen. Von der teuersten Sorte werden 250 kg verwendet. Wieviel kg
wird von Sorte 2 zu 2,80 DM/kg genommen, wenn für die billigste Sorte nacheinander
folgende Mengen Verwendung finden: 50 kg, 100 kg, 25 kg sowie 0 kg.

```
RUN
EINGABE: PREIS JE ME FUER SORTE   1
2.5
EINGABE: PREIS JE ME FUER SORTE   2
2.8
EINGABE: PREIS JE ME FUER SORTE   3
3.6
EINGABE: PREIS JE ME DER MISCHUNG
3.2
EINGABE: MENGENEINHEITEN FUER SORTE 3
250
```

```
MENGE  0 BIS   100
WAEHLEN SIE:   MENGE FUER SORTE 1
50
           MENGE  PREIS     GEWINN/    GESAMTGEWINN/  ERLOES
                  JE ME     VERLUST    GESAMTVERLUST
                            JE ME
           ----------------------------------------------------------------
SORTE  1    50     2.50       .70        35.00         125.00
SORTE  2   162     2.80       .40        65.00         455.00
SORTE  3   250     3.60      -.40      -100.00         900.00
           ----------------------------------------------------------------
MISCH  4   462     3.20       .00         .00         1480.00
MENGE FUER SORTE 1 NEU VORGEBEN (EINGABE: JA/NEIN)?
JA


MENGE  0 BIS   100
WAEHLEN SIE:   MENGE FUER SORTE 1
100
           MENGE  PREIS     GEWINN/    GESAMTGEWINN/  ERLOES
                  JE ME     VERLUST    GESAMTVERLUST
                            JE ME
           ----------------------------------------------------------------
SORTE  1   100     2.50       .70        70.00         250.00
SORTE  2    75     2.80       .40        30.00         210.00
SORTE  3   250     3.60      -.40      -100.00         900.00
           ----------------------------------------------------------------
MISCH  4   425     3.20       .00         .00         1360.00
MENGE FUER SORTE 1 NEU VORGEBEN (EINGABE: JA/NEIN)?
JA


MENGE  0 BIS   100
WAEHLEN SIE:   MENGE FUER SORTE 1
25
           MENGE  PREIS     GEWINN/    GESAMTGEWINN/  ERLOES
                  JE ME     VERLUST    GESAMTVERLUST
                            JE ME
           ----------------------------------------------------------------
SORTE  1    25     2.50       .70        17.50          62.50
SORTE  2   206     2.80       .40        82.50         577.50
SORTE  3   250     3.60      -.40      -100.00         900.00
           ----------------------------------------------------------------
MISCH  4   481     3.20       .00         .00         1540.00
MENGE FUER SORTE 1 NEU VORGEBEN (EINGABE: JA/NEIN)?
JA
```

```
MENGE  0  BIS   100
WAEHLEN SIE:   MENGE  FUER  SORTE  1
0
           MENGE  PREIS      GEWINN/     GESAMTGEWINN/  ERLOES
                  JE  ME      VERLUST     GESAMTVERLUST
                              JE  ME
           ----------------------------------------------------------------
SORTE  1      0    2.50         .70          .00            .00
SORTE  2    250    2.80         .40       100.00         700.00
SORTE  3    250    3.60        -.40      -100.00         900.00
           ----------------------------------------------------------------
MISCH  4    500    3.20         .00          .00         1600.00
MENGE  FUER  SORTE  1  NEU  VORGEBEN  (EINGABE:  JA/NEIN)?

?

NEIN
PROGRAMMENDE
```

5.3.2.F Fragen zu MISCH 2

1. Ein Benutzer des Programms sagt folgendes: „MISCH 2 ist ziemlich starr programmiert;
   ich kann ja jeweils nur die Menge der Sorte 1 frei wählen, nicht aber z. B. die von Sorte
   2". Was halten Sie von dieser Aussage?

2. Angenommen, es werden mehrere Mengen von Sorte 1 der Reihe nach getestet. Durch
   welche Arten der Darstellung der Ergebnisse könnte die Anschaulichkeit erhöht werden
   (machen Sie Vorschläge für entsprechende „Ausgabeprogramme")?

5.3.3 Tastatureingabe zu einem zweidimensionalen Feld verarbeiten
(4.2 Tabellenverarbeitung als Gruppenwechsel (GRUWE 2))

In Abschnitt 5.2.3 wurden zwei Arten von Gruppenwechsel unterschieden: Gruppenwechsel, wenn „neu ≠ alt" und Gruppenwechsel, wenn bei der Verarbeitung einer Tabelle
als 2-dimensionalem Feld zu einer neuen Zeile oder Spalte gewechselt wird. Das folgende
Programm demonstriert die zweite Art.

5.3.3.A Problemstellung zu GRUWE 2

Aufstellen einer Umsatzübersicht in Form einer Tabelle.

Eine Unternehmung verkauft 4 Produkte in 5 Verkaufsbezirken. Anhand der am Terminal
eingegebenen Verkaufspreise sowie Absatzmengen sollen die Umsätze vom Programm
errechnet und in Form einer Tabelle nach Produkten (senkrecht) und Bezirken (waagerecht) geordnet ausgegeben werden.

Die Verkaufspreise der einzelnen Produkte sind in den Bezirken gleich.

5.3.3.B *Problemanalyse zu GRUWE 2*

Ausgabe: U Umsätze; Matrix mit 5 Zeilen und 4 Spalten (Zeile = Bezirk, Spalte = Produkt).
U (11, 12, 13, 14)
(21, 22, 23, 24)
(31, 32, 33, 34)
(41, 42, 43, 44)
(51, 52, 53, 54)

Eingabe: P Preise; Vektor mit 4 Elementen (4 Produkte).
M Mengen, die abgesetzt wurden; Matrix mit gleicher Dimension wie Matrix U.

Verarbeitung: I Laufvariable für Schleife, in der nach Bezirken getrennt wird (entspricht den 5 Zeilen der Matrizen M sowie U).
J Laufvariable für Schleife, in der nach Produkten getrennt wird (entspricht den 4 Spalten der Matrizen M sowie U).

Regel für die Umsatzermittlung:
$U(I, J) = M(I, J) \cdot P(J)$ Umsatz = Menge $\cdot$ Preis.

5.3.3.C *Struktogramm zu GRUWE 2*

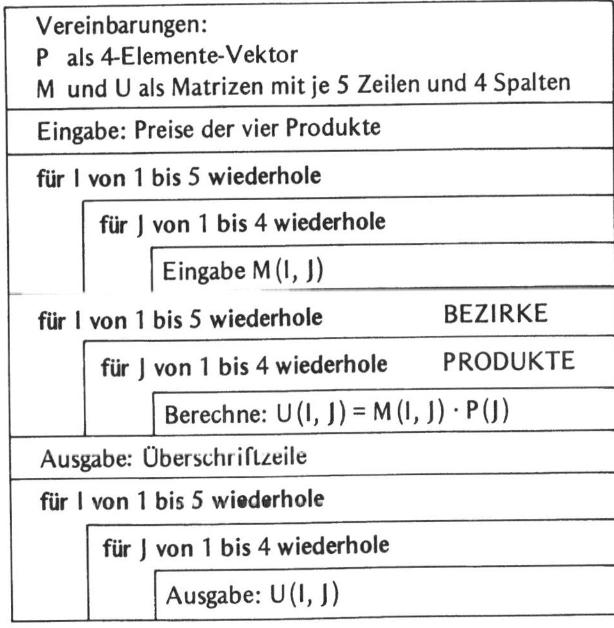

5.3.3.D *Codierung zu GRUWE 2*

Ihre Aufgabe

5.3.3.E Dialogprotokoll zu GRUWE2

Das Sortiment einer Handelsfirma führt 4 Produkte, die für 1.00, 1.50, 10.00 und 17,75 DM pro Stück verkauft werden. In den Verkaufsbezirken 1, 2, 3, 4 und 5 wurden im April folgende Mengen der 4 Produkte abgesetzt:

Bezirk \ Produkt	1	2	3	4
1	10	30	20	10
2	23	50	67	200
3	4	5	0	9
4	1	0	0	2
5	101	99	106	10

Die Umsätze sollen ermittelt und in einer Übersichtstabelle ausgegeben werden.

```
RUN
EINGABE: PREISE FUER PRODUKT 1, 2, 3, 4
1 , 1.50 , 10 , 17.75
4 MENGEN FUER BEZIRK 1          4 MENGEN FUER BEZIRK 3
10                              4
30                              5
20                              0
10                              9
4 MENGEN FUER BEZIRK 2          4 MENGEN FUER BEZIRK 4
23                              1
50                              0
67                              0
200                             2
                                4 MENGEN FUER BEZIRK 5
                                101
                                99
                                106
                                10


UMSAETZE, NACH 5 BEZIRKEN (WAAGERECHT=ZEILEN)
UND 4 PRODUKTEN (SENKRECHT = SPALTEN) GEORDNET:
10              45              200             177.5

23              75              670             3550

4               7.5             0               159.75

1               0               0               35.5

101             148.5           1060            177.5
```

5.3.3.F Fragen zu GRUWE 2

1. Das Programm enthält 2 Schleifen namens BEZIRKE und PRODUKTE, die wie folgt geschachtelt sind:

> ┌─────────────────────────────┐
> │ ┌─────────┐   │
> │ │ PRODUKTE │   BEZIRKE   │
>
> Können Sie sich ein Programm vorstellen, in dem 2 Schleifen wie folgt geschachtelt sind:

> ┌────────────────┬─────────────┐
> │   SCHLEIFE A   │ │SCHLEIFE B │

2. Die Anzahl der Bezirke soll nicht mehr fest (bislang 5 Verkaufsbezirke), sondern variabel sein. Ändern Sie die Codierung entsprechend ab.
3. Wird durch die Änderung der Codierung in Aufgabe 2 aus einer geschlossenen Schleife eine offene Schleife?

5.3.4 Programminterne Datei zu einem zweidimensionalen Feld verarbeiten
(3.1 Artikelbestellungen nach Tagen ordnen (TABELL 1))

Das folgende Programm liest eine unter DATA gespeicherte Datei bzw. Datenreihe in ein zweidimensionales Feld (Matrix bzw. Tabelle) ein, um diese dann zu verarbeiten.

5.3.4.A Problemstellungen zu TABELL 1
Ermittlung der Bestellmenge: Bestellungen pro Tag und Bestellungen insgesamt.

Die Anzahl der Bestellungen sind in einer Tabelle wie folgt erfaßt:

Tag \ Artikel	1	2	3	4	5	6	7	8	9	10	•	•
1	6	80	7	•	•							
2	33	12	•									
3	5	•	• = Anzahl der Bestellungen									
4												
•												
•												

Die dabei berücksichtigte Anzahl von Tagen wie Artikeln ist variabel.

Es ist ein Programm zu erstellen, daß eine solche Tabelle programmintern speichert und die Anzahl der Bestellungen pro Tag sowie die gesamte Bestellmenge berechnet.

5.3.4.B Problemanalyse zu TABELL 1

Ausgabe:	T	Tagesbestellmenge (für Tag 1, Tag 2, ...).
	G	Gesamte Bestellmenge.
Eingabe:	Z	Zeilenanzahl der Tabelle bzw. Matrix B.
	S	Spaltenanzahl der Tabelle bzw. Matrix B.
	B	Bestellungen, als Matrix mit Z Zeilen und S Spalten angeordnet.

Die Variablen Z, S und B werden über die READ-Anweisung eingelesen:
Diesen Variablen werden die Daten zugewiesen, die unter den DATA-Anweisungen
programmintern gespeichert sind.

Verarbeitung: X   Laufvariable für äußere Schleife ZEILEN.
Y   Laufvariable für innere Schleife SPALTEN
Gesamte Bestellmenge G = G + T

5.3.4.C Struktogramm zu TABELL1

Matrix B mit 35 Zeilen und 35 Spalten vereinbaren
Zeilenzahl Z und Spaltenzahl S aus DATA einlesen
Schleife ZEILEN 0: für X von 1 bis Z wiederhole
Schleife SPALTEN 0: für Y von 1 bis S wiederhole
Lese B(X, Y) aus DATA
Schleife ZEILEN 1: für X von 1 bis Z wiederhole
Tages-Bestellmenge T = 0
Schleife SPALTEN 1: für Y von 1 bis S wiederhole
T = T + B(X, Y) Bestellmenge summieren
Ausgabe: X, T   Tag X und Tagesbestellung T
G = G + T aufsummieren der gesamten Bestellungen
Ausgabe: gesamte Bestellungen G

5.3.4.D Codierung zu TABELL1

> Ihre Aufgabe

5.3.4.E Dialogprotokoll zu TABELL1

In einem Großhandelsbetrieb gingen an 5 aufeinanderfolgenden Tagen folgende Bestellungen ein:

	Artikel						
	1	2	3	4	5	6	7
Montag	120	90	80	50	20	70	97
Dienstag	23	45	47	12	24	89	81
Mittwoch	10	40	20	50	70	30	30
Donnerstag	13	45	38	98	10	40	11
Freitag	1	5	7	8	3	4	2

Wie groß ist die Anzahl der Bestellungen nach Tagen getrennt sowie insgesamt?

```
RUN
BESTELLUNG  TAG   1     :   527
BESTELLUNG  TAG   2     :   321
BESTELLUNG  TAG   3     :   250
BESTELLUNG  TAG   4     :   255
BESTELLUNG  TAG   5     :   30
BESTELLUNGEN  GESAMT    :  1383
```

5.3.4.F Fragen zu TABELL1

1. Das nachfolgende Dialogprotokoll gehört zu einem Programm namens TABELL11.

   a) Worin besteht der grundlegende Unterschied zu Programm TABELL1

   b) Codieren Sie TABELL11.

```
RUN                                  BESTELLUNGEN  FUER  TAG  4
ZEILENZAHL  (=TAGE)?                 13
5                                    45
SPALTENZAHL  (=ARTIKEL)?             38
7                                    98
BESTELLUNGEN  FUER  TAG  1           10
120                                  40
90                                   11
80                                   BESTELLUNGEN  FUER  TAG  5
50                                   1
20                                   5
70                                   7
97                                   8
                                     3
BESTELLUNGEN  FUER  TAG  2
23                                   4
45                                   2
47                                   BESTELLUNG  TAG   1     :   527
12                                   BESTELLUNG  TAG   2     :   321
24                                   BESTELLUNG  TAG   3     :   250
89                                   BESTELLUNG  TAG   4     :   255
81                                   BESTELLUNG  TAG   5     :   30
BESTELLUNGEN  FUER  TAG  3           BESTELLUNGEN  GESAMT    :  1383
10
40
20
50
70
30
30
```

2. Welche Ablaufstrukturen liegen bei den Programmen TABELL1 und TABELL11 vor
   und wie sind diese angeordnet?

3. Die Variable X hat zwei Aufgaben. Welche?

5.3.5 Binäres Suchen

(2.3 In Lagerliste nach einem bestimmten Artikel suchen (SUCHEN 3))

5.3.5.A Problemstellung zu SUCHEN 3

Durchsuchen einer Datenmenge nach dem Prinzip des ‚binären Suchens‘.

Eine Datenmenge liegt in aufsteigender Folge sortiert vor. In einem Programm soll diese Datenmenge dahin untersucht werden, ob eine bestimmte Zahl darin vorhanden ist. Dabei ist nach dem Prinzip des ‚binären Suchens‘ vorzugehen:

a) Halbieren der Datenmenge;

b) Vergleich von Zahl und letztem Element der 1. Hälfte der Datenmenge;

c) Entscheidung, in welcher Hälfte weiterzusuchen ist;

a) Entsprechende Hälfte wiederum halbieren;

b) .....

Die Datenmenge wie die zu suchende Zahl sind an der Datenstation zu Beginn einzugeben.

Anwendung auf ein Problem der Lagerhaltung:

Ein Unternehmen hält mehrere Artikel auf Lager. Jeder Artikel hat eine Artikelnummer. Diese Artikelnummern liegen in aufsteigender Folge sortiert vor (= Datenmenge).

Die Geschäftsführung wünscht sich aein Auskunftsprogramm, das Antwort darauf gibt, ob ein Artikel mit einer bestimmten Nummer (= Zahl) derzeit am Lager gehalten wird.

Das Programm soll hinsichtlich Anzahl wie Nummern von Artikeln variabel sein. Zur Kontrolle des Suchvorhangs gemäß dem ‚binären Suchen‘ soll die Hälfte (= das Intervall), in dem gerade gesucht wird, jeweils angegeben werden.

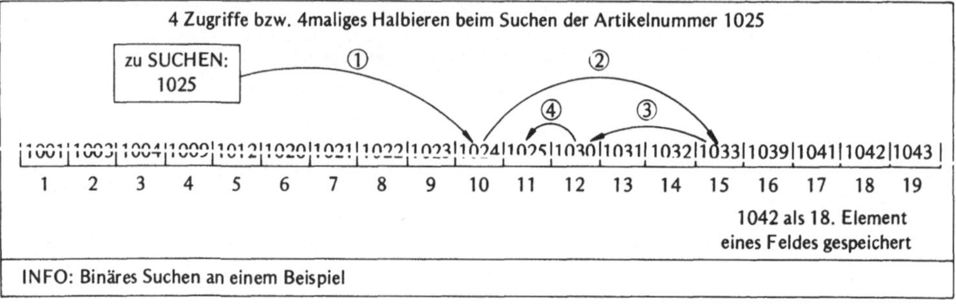

INFO: Binäres Suchen an einem Beispiel

5.3.5.B Problemanalyse zu SUCHEN 3

Ausgabe:	10, 12	Intervallgrenzen des Intervalls, in dem gerade gesucht wird.
	Suchergebnis:	positiv bzw. negativ.
Eingabe:	N	Anzahl von Artikeln.
	A(1, 2, .., N)	Artikelnummern.
	X	Zu suchende Artikelnummer.

Verarbeitung:	I0	Intervallgrenze unten.
	I2	Intervallgrenze oben.
	I1	Intervallgrenze Mitte.
	I	Index- bzw. Kaufvariable.

Regeln für Suche:

(1) Intervall halbieren durch $I1 = INT \frac{I2-I0}{2}$, wobei durch INT die Länge des Intervalls ganzzahlig wird.

(2) Wenn $X = A(I1)$, Suche positiv.

(3) Wenn $X > A(I1)$, dann wird X weiter im Intervall $(I1, ..., I2)$ gesucht.

(4) Wenn $X < A(I1)$, dann wird X weiter im Intervall $(I0, ..., I1)$ gesucht.

5.3.5.C Struktogramm zu SUCHEN 3

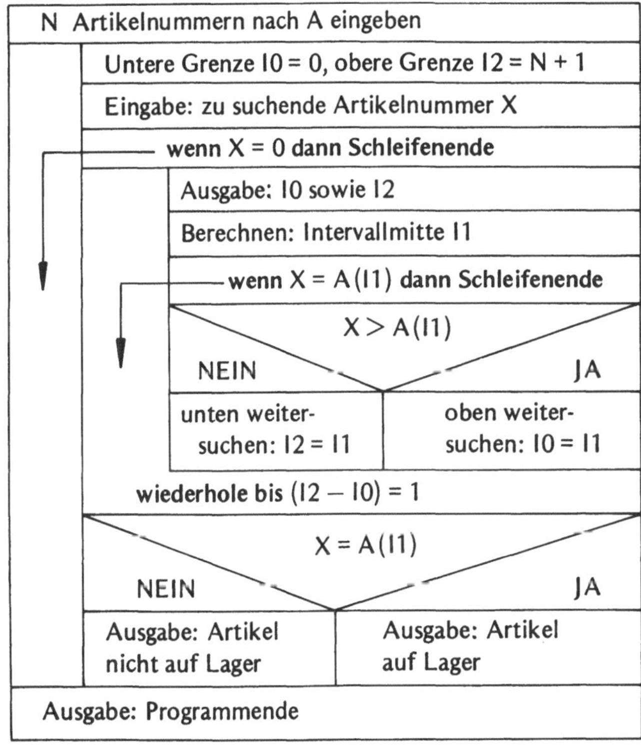

5.3.5.D Codierung zu SUCHEN 3

Ihre Aufgabe)

5.3.5.E *Dialogprotokoll zu SUCHEN 3*

Ein Großhandelsunternehmen hat z. Z. N = 19 Artikel auf Lager. Die Artikelnummern lauten:

    1001, 1003, 1004, 1009, 1012, 1020, 1021, 1022, 1023,
    1024, 1025, 1030, 1031, 1032, 1033, 1039, 1041, 1042, 1043

Zu prüfen ist, ob die Nummern 1025, 1000, 1100, 1023 sowie 1024 derzeit auf Lager sind. Dabei sind die Suchintervalle anzugeben.

```
RUN
WIEVIELE ARTIKEL GEBEN SIE EIN?
19
EINGABE: 19     ARTIKELNUMMERN
1001
1003
1004
1009
1012
1020
1021
1022
1023
1024
1025
1030
1031
1032
1033
1039
1041
1042
1043
BEGINN DER AUSKUENFTE (EINGABE 0 FUER ABBRUCH):
WELCHE ARTIKELNUMMER IST ZU SUCHEN?
1025
SUCHINTERVALL VON  0      BIS  20
SUCHINTERVALL VON  10     BIS  20
SUCHINTERVALL VON  10     BIS  15
SUCHINTERVALL VON  10     BIS  12
SUCHERGEBNIS:  ARTIKEL AUF LAGER.
WELCHE ARTIKELNUMMER IST ZU SUCHEN?
1024
SUCHINTERVALL VON  0      BIS  20
SUCHERGEBNIS:  ARTIKEL AUF LAGER.
WELCHE ARTIKELNUMMER IST ZU SUCHEN?
1000
SUCHINTERVALL VON  0      BIS  20
SUCHINTERVALL VON  0      BIS  10
SUCHINTERVALL VON  0      BIS  5
SUCHINTERVALL VON  0      BIS  2
SUCHERGEBNIS:  ARTIKEL NICHT AUF LAGER.
WELCHE ARTIKELNUMMER IST ZU SUCHEN?
0
PROGRAMMENDE
```

5.3.5.F Fragen zu SUCHEN 3

1. Was bedeutet ‚binär' beim binären Suchen?
2. Führen Sie einen Schreibtischtest durch für die Suche nach der Artikelnummer 1012.
3. Welche Ablaufstrukturen umfaßt Programm SUCHEN 3 und wie sind diese angeordnet?

5.3.6 Sortieren mittels Dreieckstausch
(2.5 Verkaufsmengen aufsteigend sortieren (SORT 1))

5.3.6.A Problemstellung zu SORT 1

Sortieren von Zahlen nach aufsteigender Größe.

An der Tastatur des Terminals werden Zahlen in beliebiger Folge eingegeben.

Es ist ein Programm zu erstellen, das diese Zahlen so ordnet, daß sie in aufsteigender Größe vorliegen (kleinste Zahl als erster, größte Zahl als letzter Wert).

5.3.6.B Problemanalyse zu SORT 1

Ausgabe:	Z	Zahlen in aufsteigender Größe geordnet.
Eingabe:	N	Anzahl einzugebender Zahlen
	Z	Zahlen in beliebiger Reihenfolge; Z als Vektor mit N Elementen.
Verarbeitung:	I	Zählvariable.
	S	Schalter bzw. Weiche.
	H	Hilfsvariable als ‚Hilfsspeicher'.

Sortieren nach der Methode des Dreieckstauschs:

Beim Sortieren sollen mehrere Zahlen Z wie z.B. die $I = 4$ Zahlen 3, 2, 5 und 1 so sortiert werden, daß sie in aufsteigender Form 1, 2, 3 und 5 ausgegeben werden; dabei gilt für $I = 1, 2, 3$: $Z(I) \leqslant Z(I + 1)$.

Geht man beim Sortieren nach der Metode des Dreieckstauschs vor, so werden von $I = 1$ ausgehend jeweils die beiden nebeneinanderliegenden Zahlen $Z(I)$ und $Z(I + 1)$ verglichen und, falls $Z(I) > Z(I + 1)$ ist, ausgetauscht. Dieses Austauschen erfolgt über eine Hilfsvariable H wie folgt (Bsp. für $I = 1$):

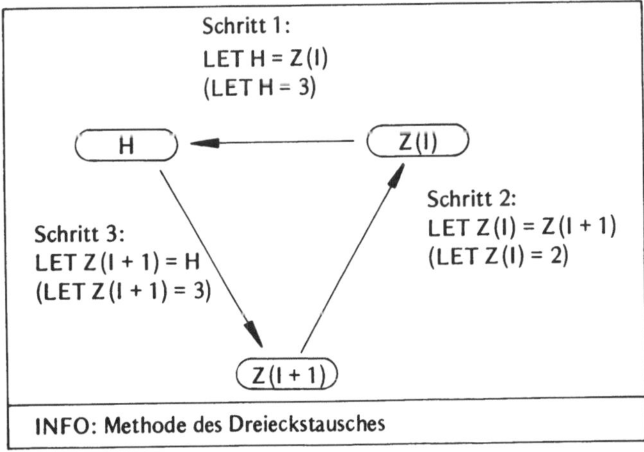

Die Variable H dient dabei allein der Zwischenspeicherung des Wertes von $Z(I)$. Nach diesem *ersten* Dreieckstausch wurde also aus der Zahlenfolge 3, 2, 5, 1 die Folge 2, 3, 5, 1.

5.3.6.C *Struktogramm zu SORT1*

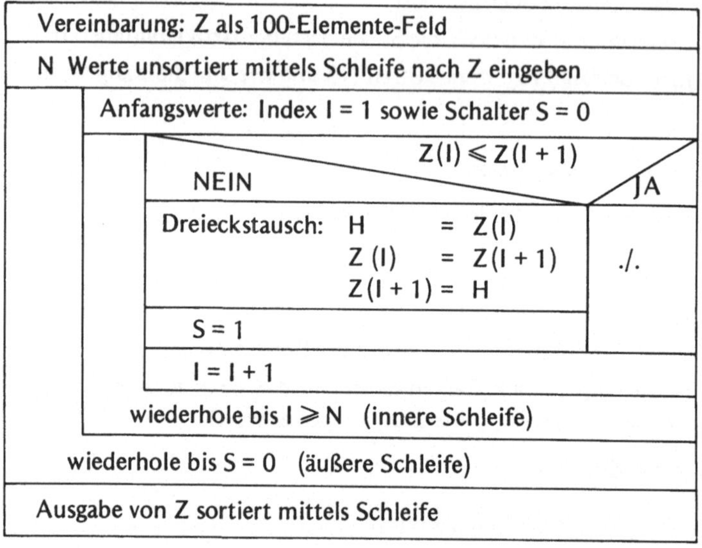

5.3.6.D *Codierung zu SORT1*

Ihre Aufgabe

5.3.6.E *Dialogprotokoll zu SORT1*

Eine Imbißstube verzeichnet folgende Verkaufsmengen an heißen Würstchen:

7–8 Uhr	8–9 Uhr	9–10 Uhr	10–11 Uhr	11–12 Uhr
34 Stk.	33 Stk.	102 Stk.	76 Stk.	12 Stk.

12–13 Uhr	13–14 Uhr	14–15 Uhr
199 Stk.	9 Stk.	76 Stk.

Diese Verkaufsmengen sind in aufsteigender Größe zu ordnen.

```
RUN
WIEVIELE ZAHLEN SIND ZU ORDNEN?
8
EINGABE DER  8        ZAHLEN:
34
33
102
76
12
199
9
76

ZAHLEN IN AUSTEIGENDER GROESSE GEORDNET:
 9      12      33      34      76      76      102     199
```

5.3.6.F Fragen zu SORT1

1. Das Programm hat eine innere und eine äußere Schleife. Wie lauten die Austrittsbedingungen dieser beiden Schleifen?

2. Führen Sie einen Schreibtischtest durch zu der dem Dialogprotokoll entsprechenden Programmausführung von SORT1.

3. Die Zahlen Z ändern sich (in ihrer Reihenfolge) während den ersten 8 Durchläufen der inneren Schleife fortlaufend. Stellen Sie in einer Tabelle auf, wie sich Z in Abhängigkeit des I. Durchlaufes der Schleife ändert.

4. Warum kann man den Schalter S und damit die äußere Schleife nicht einfach weglassen?

5. Zu sortieren sind die Zahlen 3, 2, 5, 1.
   a) Wie oft wird die äußere Schleife durchlaufen?
   b) Wie oft wird die innere Schleife insgesamt durchlaufen?

III Anhang

6 Lösungen zu den Aufgaben

2.1.D Codierung zu PROZ1

```
0001 REM NAME    = PROZ1
0002 REM INHALT = PROZENTWERT ERMITTELN MIT TEXTAUSGABE
0003 REM ------------------------------------------------------
0010 PRINT 'RECHENREGEL DES PROZENTRECHNENS:'
0020 PRINT 'PROZENTWERT(W) = PROZENTSATZ(P) * GRUNDWERT(G) / 100'
0030 PRINT '3 PROZENT VON 50 DM ALS ANWENDUNGSBEISPIEL:'
0040 LET W=3*50/100
0050 PRINT 'W = 3 * 50 / 100'
0060 PRINT 'W =':W:'DM'
0070 STOP
```

2.2.C Programmablaufplan zu PROZ2

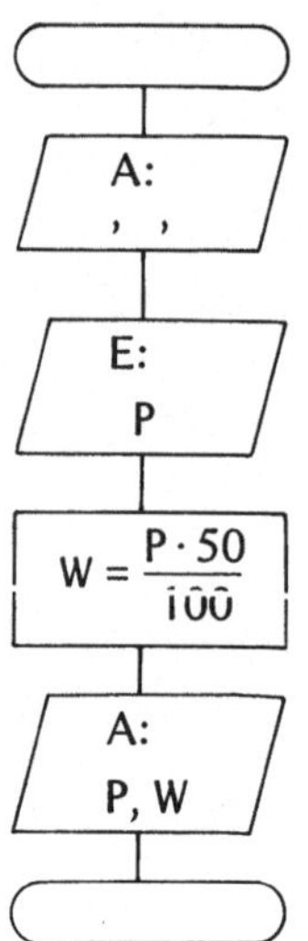

2.3.D Codierung zu ZINS7

```
0001 REM NAME    = ZINS7
0002 REM INHALT = ZINSZAHLEN RUNDEN
0003 REM ----------------------------------------
0010 PRINT 'ZU RUNDENDE ZAHL ?'
0020 INPUT Z0
0030 PRINT 'AUF WIEVIELE DEZIMALSTELLEN IST ZU RUNDEN ?'
0040 INPUT S
0050 LET S=10↑S
0060 LET Z1=(INT(S*Z0+.5))/S
0070 PRINT Z0;' AUF ';Z1;' GERUNDET'
0080 STOP
```

2.4.D Codierung zu DISK1

```
0001 REM NAME    = DISK1
0002 REM INHALT = BARWERT ERMITTELN UND
0003 REM FORMATIERT AUSGEBEN
0004 REM ----------------------------------------
0010 PRINT 'WECHSELBETRAG =?'
0020 INPUT K
0030 PRINT 'DISKONTSATZ =?'
0040 INPUT P
0050 PRINT 'TAGE BIS FAELLIGKET =?'
0060 INPUT T
0070 LET D=K*P*T/(100*360)
0080 LET B=K-D
0090 PRINT USING 130,' WECHSEL',K
0100 PRINT USING 130,'-DISKONT',D
0110 PRINT '----------------------------------------'
0120 PRINT USING 130,'=BARWERT',B
0130 :#########:#####.##
0140 STOP
```

3.1.1.E Dialogprotokoll zu DEMO2

```
RUN
EINGABE: BELIEBIGE ZAHL
7
POSITIVE ZAHL
PROGRAMMENDE

RUN
EINGABE: BELIEBIGE ZAHL
-4.55
PROGRAMMENDE

RUN
EINGABE: BELIEBIGE ZAHL
0
POSITIVE ZAHL
PROGRAMMENDE
```

3.1.2.D Codierung zu DISK 4

```
0001  REM  NAME    = DISK4
0002  REM  INHALT = LAUFZEIT ERMITTELN ANHAND ABRECHNUNGS-
0003  REM  UND FAELLIGKEITSDATUM
0004  REM  ------------------------------------------------
0010  PRINT 'ABRECHNUNGSDATUM IN DER FORM TT,MM,JJ =?'
0020  INPUT A1,A2,A3
0030  PRINT 'FAELLIGKEITSDATUM IN DER FORM TT,MM,JJ =?'
0040  INPUT F1,F2,F3
0050  LET L=(F3-A3)*360
0060  LET M=F2-A2
0070  IF M≥0 GOTO 100
0080  LET M=12+M
0090  LET L=L-360
0100  LET L=L+M*30
0110  LET T=F1-A1
0120  IF T≥0 GOTO 150
0130  LET T=30+T
0140  LET L=L-30
0150  LET L=L+T
0160  PRINT 'LAUFZEIT:';L;'TAGE'
0170  STOP
```

3.2.1.D Codierung zu DEMO 3

```
0001  REM  NAME    = DEMO3
0002  REM  INHALT = POSITIVE UND NEGATIVE ZAHL ANGEBEN
0003  REM  ------------------------------------------------
0010  PRINT 'EINGABE: BELIEBIGE ZAHL'
0020  INPUT Z
0030  IF Z<0 GOTO 70
0040  PRINT 'ZAHL ';Z;' IST POSITIV'
0050  PRINT 'PROGRAMMENDE'
0060  STOP
0070  PRINT 'ZAHL ';Z;' IST NEGATIV'
0080  GOTO 50
```

3.2.2.C Programmablaufplan zu PROZ4

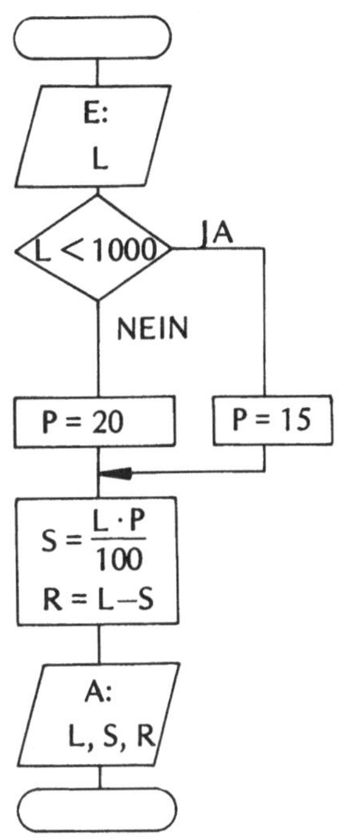

3.2.2.E Dialogprotokoll zu PROZ4

```
RUN
WIE GROSS IST DER LISTENPREIS ?
500
   LISTENPREIS      :  500
 -SONDERRABATT      :   75
 ..............................................

=RECHNUNGSPREIS  :  425
 ==============================================


RUN
WIE GROSS IST DER LISTENPREIS ?
1000
   LISTENPREIS      : 1000
 -SONDERRABATT      :  200
 ..............................................

=RECHNUNGSPREIS  :  800
 ==============================================


RUN
WIE GROSS IST DER LISTENPREIS ?
5000
   LISTENPREIS      : 5000
 -SONDERRABATT      : 1000
 ..............................................

=RECHNUNGSPREIS  : 4000
 ==============================================
```

3.3.1.D Codierung zu DEMO4

```
0001 REM NAME    = DEMO4
0002 REM INHALT = KLASSEN VON ZAHLEN BILDEN
0003 REM ------------------------------------------------------------
0010 PRINT 'EINGABE: BELIEBIGE ZAHL'
0020 INPUT Z
0030 IF Z>100 GOTO 110
0040 IF Z>40 GOTO 80
0050 PRINT 'DIE ZAHL';Z;'IST KLEINER ODER GLEICH 40'
0060 PRINT 'PROGRAMMENDE'
0070 STOP
0080 PRINT 'DIE ZAHL';Z;'LIEGT ZWISCHEN 41 UND 100'
0090 PRINT '(JEWEILS EINSCHLIESSLICH)'
0100 GOTO 60
0110 PRINT 'DIE ZAHL';Z;'LIEGT UEBER 100'
0120 GOTO 60
```

3.3.2.C Struktogramm zu DEMO5

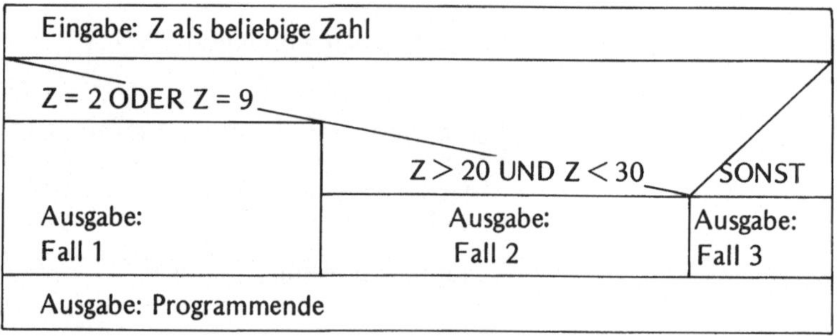

3.3.2.D Codierung zu DEMO5

```
0001 REM NAME  =   DEMO5
0002 REM INHALT = KLASSEN BILDEN MIT LOGISCHEN OPERATOREN
0003 REM ------------------------------------------------------------
0010 PRINT 'EINE ZAHL =?'
0020 INPUT Z
0030 IF Z=2!Z=9 GOTO 80
0040 IF Z>20&Z<30 GOTO 100
0050 PRINT 'FALL 3: ZAHL HAT SONSTIGEN WERT'
0060 PRINT 'PROGRAMMENDE'
0070 STOP
0080 PRINT 'FALL 1: ZAHL HAT DEN WERT 2 ODER DEN WERT 9'
0090 GOTO 60
0100 PRINT 'FALL 2: ZAHL GROESSER ALS 20 UND KLEINER ALS 30'
0110 GOTO 60
```

4.1.1.1.E Testprotokoll zu DEMO6

W	Z	A
14	16	
	15	2
	14	1
	13	0

4.1.1.2.C Programmablaufplan zu PROZ5

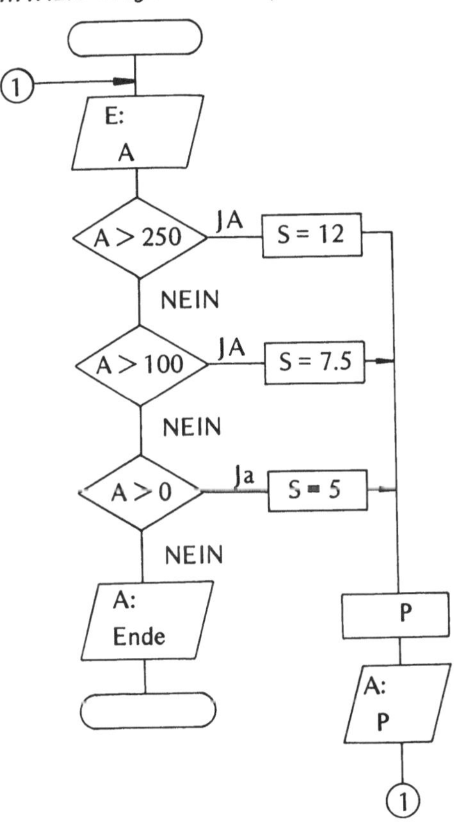

4.1.1.2.D Codierung zu PROZ5

```
0001 REM NAME    = PROZ5
0002 REM INHALT = PROVISION IN ABHAENGIGKEIT
0003 REM DER ABSATZMENGE
0004 REM ...........................................................
0010 PRINT 'ABSATZMENGE IN STUECK:'
0020 INPUT A
0030 IF A>250 GOTO 140
0040 IF A>100 GOTO 120
0050 IF A>0 GOTO 80
0060 PRINT 'ENDE DES PROGRAMMS'
0070 STOP
0080 LET S=5
0090 LET P=20*A*S/100
0100 PRINT 'PROVISION IN DM:';P
0110 GOTO 10
0120 LET S=7.5
0130 GOTO 90
0140 LET S=12
0150 GOTO 90
```

4.1.1.3.C Struktogramm zu VERTEIL1

Eingabe: Verteilungsverhältnis N1, N2, N3
Eingabe: Kapital K
Addieren der Teile: N = N1 + N2 + N3
Berechnung: Teil X = K/N
Berechnung: Beträge für A, B und für C
Ausgabe: Beträge A, B und C
Ausgabe: Frage NEUE BERECHNUNG?
Eingabe: JA oder NEIN nach E$
wiederhole bis E$ ≠ ‚JA'

4.1.1.3.D Codierung zu VERTEIL1

```
0001 REM NAME    = VERTEIL1
0002 REM INHALT = KAPITAL IM VERHAELTNIS VON EINLAGEN VERTEILEN
0003 REM ---------------------------------------------------------
0004 REM
0010 REM ***EINGABE***********************************************
0020 PRINT 'GEBEN SIE DAS VERTEILUNGSVERHAELTNIS  N1 : N2 : N3'
0030 PRINT 'IM DER FORM   N1,N2,N3    EIN:'
0040 INPUT N1,N2,N3
0050 PRINT 'WIE GROSS IST DAS ZU VERTEILENDE KAPITAL IN DM?'
0060 INPUT K
0070 REM ***VERARBEITUNG******************************************
0080 LET N=N1+N2+N3
0090 LET X=K/N
0100 LET A=N1*X
0110 LET B=N2*X
0120 LET C=N3*X
0130 REM ***AUSGABE***********************************************
0140 PRINT 'A, B SOWIE C ERHALTEN IN DM:'
0150 PRINT A;B;C
0160 PRINT
0170 PRINT 'NEUE BERECHNUNG (JA/NEIN)?'
0180 INPUT E$
0190 IF E$='JA' GOTO 20
0200 STOP
```

4.1.2.1.C Struktogramm zu DISK3

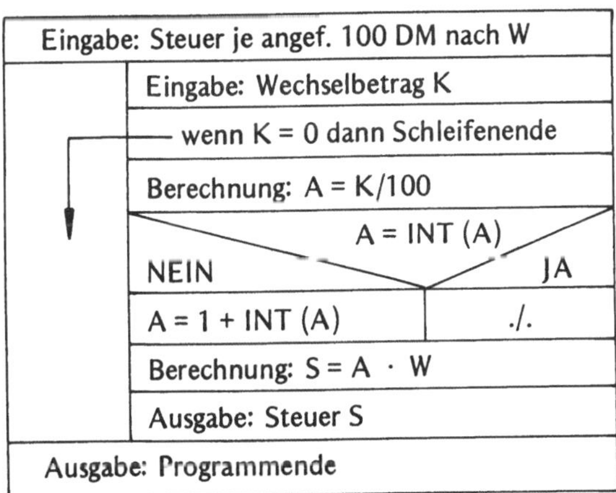

4.1.2.1.D Codierung zu DISK 3

```
0001 REM NAME    = DISK3
0002 REM INHALT = STEUERBETRAEGE FUER EINGEREICHTE WECHSEL
0003 REM --------------------------------------------------------------------
0010 PRINT 'WECHSELSTEUER JE ANGEFANGENE 100 DM =?'
0020 INPUT W
0030 PRINT 'WECHSELBETRAG (0=ENDE) =?'
0040 INPUT K
0050 IF K=0 GOTO 120
0060 LET A=K/100
0070 IF A=INT(A) GOTO 90
0080 LET A=1+INT(A)
0090 LET S=A*W
0100 PRINT 'STEUER IN DM:';S
0110 GOTO 30
0120 PRINT 'PROGRAMMENDE'
0130 STOP
```

4.1.2.2.C Programmablaufplan zu KURS 1

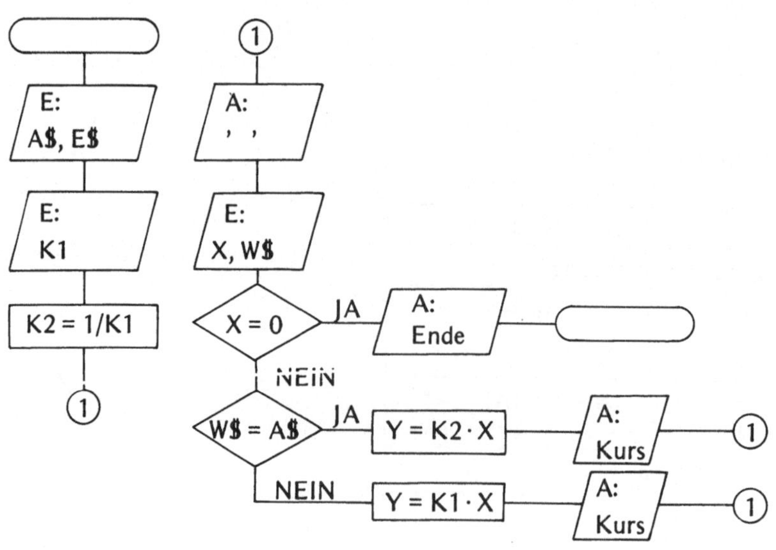

4.1.2.2.D Codierung zu KURS1

```
0001 REM NAME    = KURS1
0002 REM INHALT = ZWEI WAEHRUNGEN UMRECHNEN BEI BELIEBIGEM KURS
0003 REM -------------------------------------------------------------
0004 REM
0010 REM ***************************EINGABE VON ANFANGSGROESSEN***
0020 PRINT 'EINGABE: NAME WAEHRUNG 1 , NAME WAEHRUNG 2'
0030 INPUT A$,B$
0040 PRINT 'WIEVIEL ';A$;' ERHAELT MAN FUER'
0050 PRINT 'EINE EINHEIT ';B$;' ?'
0060 INPUT K1
0070 REM ***********************************KURS UMRECHNEN***
0080 LET K2=1/K1
0090 REM ***************************ERKLAERUNG AUSGEBEN***
0100 PRINT 'EINGABE: UMZURECHNENDER BETRAG , ';A$;' ODER ';B$
0110 PRINT '(EINGABE FUER ENDE: 0 , WAEHRUNGSNAME)'
0120 PRINT
0130 REM *************BEGINN DER SCHLEIFE ZUR KURSERMITTLUNG***
0140 PRINT 'EINGABE: BETRAG , ';A$;' ODER ';B$
0150 INPUT X,W$
0160 IF X=0 GOTO 260
0170 IF W$=A$ GOTO 210
0180 LET Y=K1*X
0190 PRINT USING 250,X,B$,Y,A$
0200 GOTO 140
0210 LET Y=K2*X
0220 PRINT USING 250,X,A$,Y,B$
0230 GOTO 140
0240 REM ***********************************ENDE DER SCHLEIFE***
0250 :###########.###  ######## = ###########.###  ########
0260 PRINT 'PROGRAMMENDE'
0270 STOP
```

4.1.2.3.C Struktogramm zu TABELL3

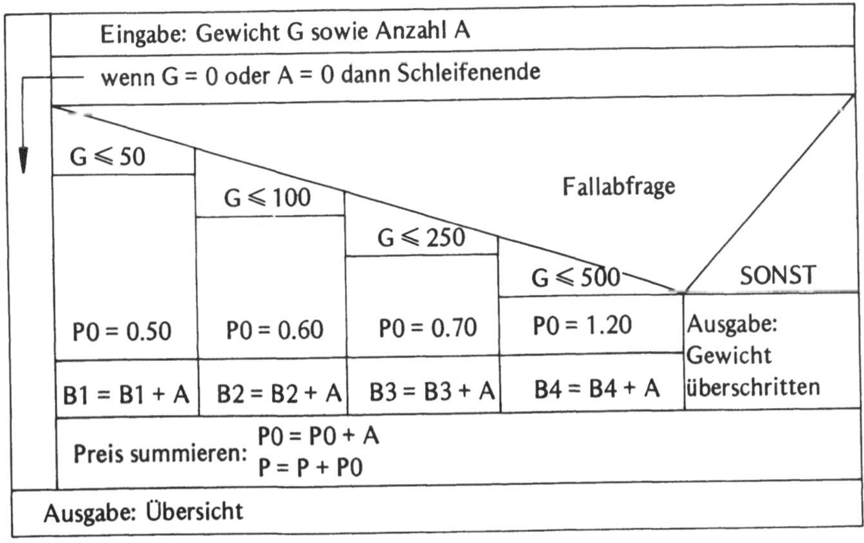

4.1.2.3.D Codierung zu TABELL 3

```
0001  REM NAME    = TABELL3
0002  REM INHALT = PORTOKOSTEN NACH BRIEFMARKEN ORDNEN
0003  REM --------------------------------------------------
0010  PRINT 'GEWICHT, ANZAHL (0,0 = ENDE)'
0020  INPUT G,A
0030  REM ***ABFRAGE ENDE DER EINGABE******
0040  IF G=0¦A=0 GOTO 270
0050  REM ***ABFRAGE GEWICHTSKLASSEN********
0060  IF G≤50 GOTO 120
0070  IF G≤100 GOTO 150
0080  IF G≤250 GOTO 180
0090  IF G≤500 GOTO 210
0100  PRINT 'HOECHSTGEWICHT = 500 GRAMM'
0110  GOTO 10
0120  LET P0=.5
0130  LET B1=B1+A
0140  GOTO 230
0150  LET P0=.6
0160  LET B2=B2+A
0170  GOTO 230
0180  LET P0=.7
0190  LET B3=B3+A
0200  GOTO 230
0210  LET P0=1.2
0220  LET B4=B4+A
0230  REM ***PREIS SUMMIEREN****************
0240  LET P0=P0*A
0250  LET P=P+P0
0260  GOTO 20
0270  REM *** UEBERSICHT AUSDRUCKEN*********
0280  PRINT 'BENOETIGTE BRIEFMARKEN:'
0290  PRINT USING 350,B1,'MARKEN FUER ',.5
0300  PRINT USING 350,B2,'MARKEN FUER ',.6
0310  PRINT USING 350,B3,'MARKEN FUER ',.7
0320  PRINT USING 350,B4,'MARKEN FUER ',1.2
0330  PRINT '--------------------------------------'
0340  PRINT USING 350,'   ','GESAMTKOSTEN',P
0350  :#### ########### DM ######.##
0360  STOP
```

4.1.2.4.C Struktogramm zu DEMO7

Eingabe: Anfangsbestand A
Anfangswerte: Endbestand E = A, Z = 0
Ausgabe: Texthinweis
Eingabe: Bewegung B (+ oder −)
— wenn B = 0 dann Schleifenende
Fortschreibung: E = E + B
Zähler erhöhen: Z = Z + 1
Ausgabe: A, E sowie Z

4.1.2.4.D Codierung zu DEMO7

```
0001  REM NAME    = DEMO7
0002  REM INHALT = LAGERBESTANDSFORTSCHREIBUNG
0003  REM ------------------------------------------
0004  REM
0010  PRINT 'ANFANGSBESTAND:'
0020  INPUT A
0030  LET E=A
0040  LET Z=0
0050  PRINT 'EINGABE VON ZU-/ABGAENGEN'
0060  PRINT 'EINZELN (0=ENDE):'
0070  INPUT B
0080  IF B=0 GOTO 120
0090  LET E=E+B
0100  LET Z=Z+1
0110  GOTO 70
0120  PRINT 'ANFANGSBESTAND:';A
0130  PRINT 'ENDBESTAND:      ';E
0140  PRINT 'BEWEGUNGEN:      ';Z
0150  STOP
```

4.1.2.5.D Codierung zu ZINS1

```
0001  REM NAME    = ZINS1
0002  REM INHALT = ZINSFORMEL ANWENDEN
0003  REM -------------------------------------------------
0004  REM
0010  PRINT 'ZINS Z, KAPITAL K, ZINSSATZ P'
0020  PRINT 'ODER ZEIT T ERMITTELN:'
0030  PRINT
0040  PRINT 'EINGABE:     GESUCHT:     GEGEBEN:'
0050  PRINT '    1          Z          K, P, T'
0060  PRINT '    2          K          P, T, Z'
0070  PRINT '    3          P          T, Z, K'
0080  PRINT '    4          T          Z, K, P'
0090  PRINT '    0          FUER PROGRAMMENDE'
0100  INPUT E1
0110  IF E1≠INT(E1) GOTO 40
0120  IF E1<0|E1>4 GOTO 40
0121  IF E1=0 GOTO 150
0130  GOSUB 1000,2000,3000,4000 ON E1
0140  GOTO 30
0150  STOP
0160  REM
1000  REM ----- UNTERPROGRAMM ZINS ------------------------
1010  PRINT 'KAPITAL, ZINSSATZ, ZINSTAGE:'
1020  INPUT K,P,T
1030  LET Z=K*P*T/(100*360)
1040  PRINT 'ZINSEN:';Z;'DM'
1050  RETURN
1060  REM
2000  REM ----- UNTERPROGRAMM KAPITAL ---------------------
2010  PRINT 'ZINSEN, ZINSSATZ, ZINSTAGE:'
2020  INPUT Z,P,T
2030  LET K=Z*100*360/(P*T)
2040  PRINT 'KAPITAL:';K;'DM'
2050  RETURN
3000  REM ----- UNTERPROGRAMM ZINSSATZ --------------------
3010  PRINT 'KAPITAL, ZINSEN, ZINSTAGE:'
3020  INPUT K,Z,T
3030  LET P=Z*100*360/(K*T)
3040  PRINT 'ZINSSATZ:';P;'PROZENT'
3050  RETURN
3060  REM
4000  REM ----- UNTERPROGRAMM ZINSTAGE --------------------
4010  PRINT 'KAPITAL, ZINSEN, ZINSSATZ:'
4020  INPUT K,Z,P
4030  LET T=Z*100*360/(K*P)
4040  PRINT 'ZINSTAGE:';T
4050  RETURN
```

4.2.1.1.C Struktogramm zu ZINS 4

Eingabe: Jahr J, Zinssatz P
Anfangswerte: K = 24, S = 1626
Zinsberechnung: Z = K · P/100
Ausgabe: Jahreszahl S, Zinsen Z
Kapital erhöhen: K = K + Z
Jahreszahl erhöhen: S = S + 1
wiederhole bis S > J
Ausgabe: Endkapital K

4.2.1.1.D Codierung zu ZINS 4

```
0001 REM NAME    = ZINS4
0002 REM INHALT = ENDKAPITAL NACH 1,2,...,N JAHREN
0003 REM ----------------------------------------------
0010 PRINT 'BERECHNUNG VON 1626 BIS ZU WELCHEM JAHR?'
0020 INPUT J
0030 PRINT 'WELCHER ZINSSATZ WIRD ANGENOMMEN?'
0040 INPUT P
0050 LET K=24
0060 LET S=1626
0070 LET Z=K*P/100
0080 PRINT S,Z
0090 LET K=K+Z
0100 LET S=S+1
0110 IF S≤J GOTO 70
0120 PRINT 'KAPITAL VON 24 AUF ';K;' GESTIEGEN.'
0130 STOP
```

4.2.1.2.D Codierung zu ZINS 3

```
0001 REM NAME    = ZINS3
0002 REM INHALT = ZINS BEI UNTERSCHIEDL. ZINSSAETZEN
0003 REM ----------------------------------------------
0010 PRINT 'KAPITAL, TAGE'
0020 INPUT K,T
0030 PRINT 'KLEINSTER, GROESSTER ZINSSATZ, SCHRITTWEITE'
0040 INPUT P0,P1,S
0050 LET P=P0
0060 PRINT '  ZINSSATZ         ZINSEN'
0070 LET Z=K*P*T/(100*360)
0080 PRINT USING 90,P,Z
0090 :  ####        #########.##
0100 LET P=P+S
0110 IF P≤P1 GOTO 70
0120 STOP
```

4.2.2.1.D Codierung zu TABELL2

```
0001  REM NAME    = TABELL2
0002  REM INHALT = WOCHENLOHN NACH PERSONAL-
0003  REM NUMMERN ORDNEN
0004  REM --------------------------------------------------------
0010  PRINT 'PERS.- LOHN-    STUN- WOCHEN-'
0020  PRINT 'NUMMER SATZ     DEN    LOHN'
0030  READ P,L,A
0040  IF P=0 GOTO 100
0050  LET W=L*A
0060  PRINT P;L;A;W
0070  GOTO 30
0080  DATA 101,20.5,40,103,22.5,38
0090  DATA 105,18.75,40, 110.26,5,35,0,0,0
0100  STOP
```

4.2.2.2.C Programmablaufplan zu ZINS2

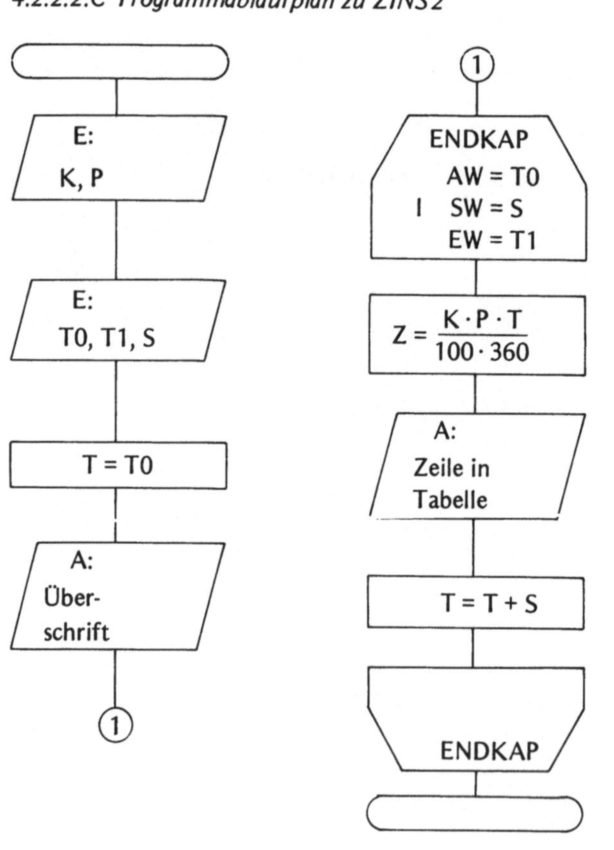

4.2.2.2.D Codierung zu ZINS2

```
0001 REM NAME    = ZINS2
0002 REM INHALT = UM ZINSEN VERMEHRTES KAPITAL BEI UNTER-
0003 REM SCHIEDLICHEN LAUFZEITEN ALS UEBERSICHT AUSGEBEN
0004 REM --------------------------------------------------------
0010 PRINT 'EINGABE: ANFANGSKAPITAL, ZINSSATZ'
0020 INPUT K,P
0030 PRINT 'EINGABE: TAGE MIN., TAGE MAX., SCHRITTWEITE'
0040 INPUT T0,T1,S
0050 LET T=T0
0060 PRINT 'NACH ... TAGEN          ZINSEN             ENDKAPITAL'
0070 FOR I=T0 TO T1 STEP S
0080 LET Z=K*P*T/(100*360)
0090 PRINT USING 100,T,Z,K+Z
0100 : ########       ###########.##   ###############.##
0110 LET T=T+S
0120 NEXT I
0130 STOP
```

4.2.2.3.D Codierung zu SUCHEN2

```
0001 REM NAME    = SUCHEN2
0002 REM INHALT = PAKET-GEBUEHRENTABELLE SERIELL DURCHSUCHEN
0003 REM --------------------------------------------------------
0004 REM
0010 REM ***EINGABE VON DREI GROESSEN*************************
0020 PRINT 'EINGABE: GEWICHT, ENTFERNUNG IN KM, ANZAHL'
0030 INPUT G,K,A
0040 REM ***BEGINN DER SCHLEIFE ZUM EINLESEN DER GEBUEHREN*****
0050 FOR I=1 TO 11
0060 READ G0,Z1,Z2,Z3
0070 IF G>G0 GOTO 90
0080 LET I=11
0090 NEXT I
0100 REM ****ENDE DER EINGABESCHLEIFE************************
0110 REM ***ERMITTLUNG VON EINZEL- UND GESAMTPREIS***********
0120 IF K>300 GOTO 180
0130 IF K>150 GOTO 160
0140 LET P0=Z1
0150 GOTO 190
0160 LET P0=Z2
0170 GOTO 190
0180 LET P0=Z3
0190 LET P=P0*A
0200 REM ***AUSGABE VON ANZAHL, STUECK- UND GESAMTPREIS*********
0210 PRINT A;'PAKETE ZU';P0;'DM/STUECK =';P;'DM PORTO'
0220 REM ***GEBUEHRENTABELLE FUER PAKETE (STAND 1.6.76)********
0230 REM ***ALS PROGRAMMINTERN GESPEICHERTE DATEI*************
0240 DATA 5,3.1,3.3,3.5,6,3.6,4.1,4.6,7,4.1,4.9,5.7
0250 DATA 8,4.6,5.7,6.8,9,5.1,6.5,7.9,10,5.6,7.3,9
0260 DATA 12,6.6,8.7,10.5,14,7.6,10.1,12.1,16,8.6,11.5,13.8
0270 DATA 18,9.6,12.9,15.6,20,10.6,14.3,17.5
0280 STOP
```

4.2.2.4.C Struktogramm zu VERTEIL2

Eingabe: A1, A2 und A3
Eingabe: Kapital K
Ausgabe: Überschriftzeile
für A von A1 bis A2 Schritt A3 wiederhole

Innerhalb der Schleife:

Berechne: B = 1−A
Berechne: S1 = A · K, S2 = K−S1
Ausgabe: Zeile mit A, S1, B, S2

4.2.2.4.D Codierung zu VERTEIL2

```
0001 REM NAME     - VERTEIL2
0002 REM INHALT = VERTEILUNGSALTERNATIVEN ALS UEBERSICHT
0003 REM ------------------------------------------------------------
0004 REM
0010 REM ******EINGABE VON 4 WERTEN************************************
0020 PRINT 'ANTEIL VON A (KLEINSTER WERT ALS DEZIMALZAHL) =?'
0030 INPUT A1
0040 PRINT 'ANTEIL VON A (GROESSTER WERT ALS DEZIMALZAHL) =?'
0050 INPUT A2
0060 PRINT 'ANTEILE VON A (SCHRITTWEITE ALS DEZIMALZAHL) =?'
0070 INPUT A3
0080 PRINT 'ZU VERTEILENDES KAPITAL =?'
0090 INPUT K
0100 REM ******VERARBEITUNG UND AUSGABE********************************
0110 PRINT ' ANTEIL A     SUMME A  ||  ANTEIL B     SUMME B'
0120 PRINT '------------------------------------------------------------'
0130 FOR A=A1 TO A2 STEP A3
0140 LET B=1-A
0150 LET S1=A*K
0160 LET S2=K-S1
0170 PRINT USING 190,A,S1,B,S2
0180 NEXT A
0190 :###.### #########.##        ###.### #########.##
0200 STOP
```

4.2.2.5.C Struktogramm zu PROZ6

| Eingabe: Preisänderung in % P |
| Eingabe: Umsatzsteuersatz in % U; A, E, S |
| Ausgabe: Überschrift für Übersicht |
| für P1 von A bis E Schritt S wiederhole |

Innerhalb der Schleife:

| P2 = P1 · P/100 |
| P3 = P1 + P2 |
| U1 = P1 · U/(100 + U) |
| U2 = P2 · U/(100 + U) |
| U3 = P3 · U/(100 + U) |
| Ausgabe: Zeile |

4.2.2.5.D Codierung zu PROZ6

```
0001 REM NAME    = PROZ6
0002 REM INHALT = PREISUEBERSICHT VOR UND NACH PREISAENDERUNG
0003 REM -------------------------------------------------------------
0004 REM
0010 PRINT 'EINGABE: PREISAENDERUNG IN PROZENT'
0020 INPUT P
0030 PRINT 'EINGABE: UMSATZSTEUERSATZ IN PROZENT'
0040 INPUT U
0050 PRINT 'EINGABE FUER ALTE PREISE:'
0060 PRINT 'ANFANGSWERT , ENDWERT , SCHRITTWEITE'
0070 INPUT A,E,S
0080 PRINT '    ALTER      PREIS-    NEUER   UMSATZ- UMSATZ- UMSATZ-'
0090 PRINT '    PREIS      AEND.     PREIS   STEUER  STEUER  STEUER'
0100 PRINT '     P1         P2        P3     IN P1   IN P2   IN P3'
0110 PRINT ' -------------------------------------------------------------'
0120 FOR P1=A TO E STEP S
0130 LET P2=P1*P/100
0140 LET P3=P1+P2
0150 LET U1=P1*U/(100+U)
0160 LET U2=P2*U/(100+U)
0170 LET U3=P3*U/(100+U)
0180 PRINT USING 200,P1,P2,P3,U1,U2,U3
0190 NEXT P1
0200 :#####.## #####.## #####.## ####.## ####.## ####.##
0210 STOP
```

4.2.2.6.D Codierung zu TERMIN1

```
0001 REM NAME    = TERMIN1
0002 REM INHALT = ZINSATZ BEI RATEN-/BARZAHLUNG ALS ZINSSTAFFEL
0003 REM ----------------------------------------------------------------
0010 PRINT 'EINZELNE RATE IN DM =?'
0020 INPUT R0
0030 PRINT 'ANZAHL DER RATEN =?'
0040 INPUT N
0050 PRINT 'LAUFZEIT DER EINZELNEN RATE IN TAGEN =?'
0060 INPUT L
0070 PRINT 'AUFSCHLAG RATEN- GEGENUEBER BARZAHLUNG IN DM =?'
0080 INPUT D
0090 PRINT 'ZINSSTAFFEL:'
0100 PRINT 'NACH ...          REST-         ZINSTAGE        ZINS-'
0110 PRINT 'TAGEN             SCHULD R      FUER R          ZAHL #'
0120 PRINT '----------------------------------------------------------'
0130 LET R=R0*N
0140 LET S=0
0150 LET T=0
0160 FOR I=1 TO N
0170 IF I=1 GOTO 200
0180 LET R=R-R0
0190 LET T=T+L
0200 LET X=INT(R)*L/100
0210 LET X=INT(X+,5)
0220 LET S=S+X
0230 PRINT USING 250,T,R,L,X
0240 NEXT I
0250 :   #####        ########.##         #####        ########
0260 PRINT USING 270,S
0270 :                                                 ########
0280 LET P=D*360/S
0290 PRINT USING 300,P
0300 :ZINSSATZ P = ###.## PROZENT
0310 STOP
```

4.3.1.C Struktogramm zu ZINS5

<table>
<tr><td colspan="2">Eingabe: Anfangsguthaben A0, Zinsfuß Z</td></tr>
<tr><td colspan="2">Anfangswert: A = A0</td></tr>
<tr><td></td><td>Neues Guthaben $N = A + \dfrac{A \cdot Z}{100}$</td></tr>
<tr><td></td><td>Neu wird zu alt: A = N</td></tr>
<tr><td></td><td>Ausgabe: N</td></tr>
<tr><td colspan="2">wiederhole bis $N > 2 \cdot A0$</td></tr>
</table>

4.3.1.D Codierung zu ZINS5

```
0001  REM NAME    = ZINS5
0002  REM INHALT = ENDGUTHABEN BIS ZUR VERDOPPLUNG
0003  REM ------------------------------------------------
0010  PRINT 'ANFANGSGUTHABEN IN DM =?'
0020  INPUT A0
0030  PRINT 'ZINSSATZ IN PROZENT =?'
0040  INPUT Z
0050  LET A=A0
0060  LET N=A+(A*Z)/100
0070  LET A=N
0080  PRINT N
0090  IF N<2*A0 GOTO 60
```

4.3.2.B Problemanalyse zu ABSCH1

Ausgabe:	Z	Zähler bzw. Jahr.
	B	Betrag der Abschreibung.
	R	Restbuchwert.
Eingabe:	A	Anschaffungswert.
	P	Abschreibungssatz in %.
	E	Endwert für Schleife.

Verarbeitung: Nicht-abweisende Schleife wiederholen, bis R < E. Schrittplan innerhalb Schleife:

(1)   Ausgabezeile mit Z, B und R
(2)   Zähler erhöhen
(3) $B = P \cdot R/100$ ermitteln
(4) $R = R - B$ ermitteln.

Im Vorbereitungsteil der Schleife R = A setzen als Anfangswert.

4.3.2.D Codierung zu ABSCH1

```
0001  REM NAME    = ABSCH1
0002  REM INHALT = DEGRESSIVE ABSCHREIBUNGEN
0003  REM ------------------------------------------------
0010  PRINT 'ANSCHAFFUNGSWERT, PROZENTSATZ, ENDWERT'
0020  INPUT A,P,E
0030  LET R=A
0040  LET Z=0
0050  LET B=0
0060  PRINT 'JAHR   BETRAG DER ABSCHREIBUNG  RESTBUCHWERT'
0070  PRINT USING 80,Z,B,R
0080  : ##         #######.##              #######.##
0090  LET Z=Z+1
0100  LET B=P*R/100
0110  LET R=R-B
0120  IF R≥E GOTO 70
0130  STOP
```

5.1.1.D Codierung zu MISCH1

```
0001 REM NAME    = MISCH1
0002 REM INHALT = GEWOGENER DURCHSCHNITT FUER BIS ZU 20 SORTEN
0003 REM ------------------------------------------------------------
0004 REM
0010 REM ***VEREINBARUNG VON 2 FELDERN (BEREICHEN)****
0020 DIM M(20),P(20)
0030 REM ***EINGABE DER SORTEN*****************************
0040 PRINT 'WIEVIELE SORTEN MISCHEN SIE (MAXIMAL 20)?'
0050 INPUT N
0060 PRINT 'EINGABE DER SORTEN DER REIHE NACH:'
0070 FOR I=1 TO N
0080 PRINT 'SORTE';I;': MENGE, PREIS/MENGENEINHEIT'
0090 INPUT M(I),P(I)
0100 NEXT I
0110 REM ***BERECHNUNG DES GEWOGENEN DURCHSCHNITTS****
0120 FOR I=1 TO N
0130 LET S=S+M(I)*P(I)
0140 LET M0=M0+M(I)
0150 NEXT I
0160 LET X=S/M0
0170 REM ***AUSGABE DES RESULTATS********************
0180 FOR I=1 TO N
0190 PRINT USING 200,'SORTE',I,M(I),P(I)
0200 :######### ##: ####### ME ZU #####.## DM/ME
0210 NEXT I
0220 PRINT '------------------------------------------------------------'
0230 PRINT USING 200,'MISCHUNG',' ',M0,X
0240 STOP
```

5.1.2.C Struktogramm zu SUCHEN1

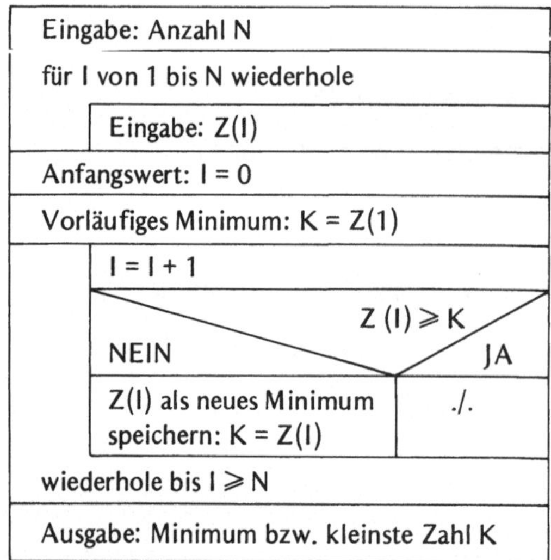

5.1.2.D Codierung zu SUCHEN1

```
0001 REM NAME    = SUCHEN1
0002 REM INHALT = KLEINSTE ABSATZMENGE SUCHEN
0003 REM ------------------------------------------------
0010 REM ****VEREINBARUNG FUER MAX. 100 WERTE****
0020 DIM Z(100)
0030 REM ****BEGINN DER EINGABESCHLEIFE*********
0040 PRINT 'WIEVIELE ZAHLEN GEBEN SIE EIN?'
0050 INPUT N
0060 PRINT 'EINGABE:  1.ZAHL, 2.ZAHL, ...'
0070 FOR I=1 TO N
0080 INPUT Z(I)
0090 NEXT I
0100 REM ****ENDE DER EINGABESCHLEIFE***********
0110 REM
0120 REM ****ANFANGSWERTE ZUWEISEN*************
0130 LET I=0
0140 LET K=Z(1)
0150 REM ***BEGINN DER SCHLEIFE FUER MINIMUM*****
0160 LET I=I+1
0170 IF Z(I)>K GOTO 190
0180 LET K=Z(I)
0190 IF I<N GOTO 160
0200 REM ***ENDE DER SCHLEIFE FUER MINIMUM*******
0210 PRINT 'KLEINSTE ZAHL. = ';K
0220 STOP
```

5.1.3.D Codierung zu DISK2

```
0001 REM NAME    = DISK2
0002 REM INHALT = KOMPLETTE WECHSELABRECHNUNG
0003 REM ------------------------------------------------
0004 REM
0010 REM ***FELDER (BEREICHE) VEREINBAREN***************
0020 DIM K(100),V(100),T(100),Z(100)
0030 REM ***EINGABE VON DISKONTSATZ UND DATUM***********
0040 PRINT 'DISKONTSATZ =?'
0050 INPUT P
0060 LET M=INT(360*2/P+.5)
0070 PRINT 'ABRECHNUNGSDATUM IM EINGABEFORMAT:  TT.MM'
0080 INPUT A
0090 LET T1=INT(A)
0100 LET M1=(A-T1)*100
0110 IF T1=31 GOTO 130
0120 GOTO 140
0130 LET T1=30
0140 REM ***EINGABE DER WECHSEL MIT FAELLIGKEIT***********
0150 PRINT 'EINGABE DER EINZELNEN WECHSEL IM'
0160 PRINT 'FORMAT:  WECHSELBETRAG, TT.MM'
0170 PRINT '(BEENDEN DURCH EINGABE VON:  0,0).'
0180 LET N=0
0190 FOR I=1 TO 100
```

```
0200  PRINT USING 210,I,'. WECHSEL:    BETRAG, TT.MM'
0210  :### #######################
0220  INPUT K(I),V(I)
0230  IF K(I)≠0 GOTO 260
0240  LET I=100
0250  GOTO 270
0260  LET N=N+1
0270  NEXT I
0280  REM ***UEBERSCHRIFT FUER TABELLE******************************
0290  PRINT 'WECHSELBETRAG    VERFALL    TAGE    DISKONTZAHLEN'
0300  PRINT '                                    MINDESTD: ';M
0310  PRINT '--------------------------------------------------------'
0320  REM
0330  REM ***DRUCKZEILEN AUFBEREITEN UND AUSGEBEN*************
0340  FOR I=1 TO N
0350  REM ***ERMITTLUNG DER ZINSTAGE***************
0360  LET T2=INT(V(I))
0370  LET M2=(V(I)-T2)*100
0380  IF T2≠31 GOTO 400
0390  LET T2=30
0400  LET T(I)=T2-T1
0410  IF M1≤M2 GOTO 430
0420  LET M2=M2+12
0430  LET T(I)=T(I)+30*(M2-M1)
0440  REM ***ERMITTLUNG DER DISKONTZAHLEN**********
0450  LET Z(I)=INT(K(I))*T(I)/100
0460  LET Z(I)=INT(Z(I)+.5)
0470  IF Z(I)≥M GOTO 490
0480  LET Z(I)=M
0490  REM ***SUMMEN BILDEN*************************
0500  LET T0=T0+T(I)
0510  LET K0=K0+K(I)
0520  LET Z0=Z0+Z(I)
0530  REM ***ZEILEN DRUCKEN*********************
0540  PRINT USING 550,K(I),V(I),T(I),Z(I)
0550  :#########.##    ##.##.       ###      ##########
0560  NEXT I
0570  REM ***ENDE DRUCKZEILEN AUFBEREITEN******************
0580  REM
0590  REM ***ABRECHNUNG DER WECHSEL***********************
0600  LET D=Z0/(360/P)
0610  LET D=(INT(100*D+.5))/100
0620  LET B=K0-D
0630  PRINT '----------------'
0640  PRINT USING 550,K0,' ',' ',Z0
0650  PRINT USING 660,D,'DISKONT',P,'PROZ.'
0660  :#########.##    ####### ##.###   #####
0670  PRINT '----------------'
0680  PRINT USING 660,B,'BARWERT',' ',' '
0690  PRINT '=============='
0700  STOP
```

5.1.4.D Codierung zu TERMIN2

```
0001  REM  NAME    = TERMIN2
0002  REM  INHALT = KREDITVERZINSUNG BEI UNTERSCHIEDL. LAUFZEITEN
0003  REM  ------------------------------------------------------------
0004  REM
0010  REM  *****VEREINBARUNG FUER MAX. 20 LAUFZEITEN*****************
0020  DIM  L(20)
0030  REM  *****EINGABEN VORNEHMEN***********************************
0040  PRINT 'KREDITBETRAG IN DM =?'
0050  INPUT K0
0060  PRINT 'ZINSEN JE LAUFZEITMONAT IN PROZ. =?'
0070  INPUT Z1
0080  PRINT 'EINMALIGE BEARBEITUNGSGEBUEHR IN PROZ. =?'
0090  INPUT Z2
0100  PRINT 'WIEVIELE LAUFZEITEN WOLLEN SIE VORSEHEN?'
0110  INPUT N
0120  PRINT 'LAUFZEITEN IN MONATEN =?'
0130  FOR I=1 TO N
0140  INPUT L(I)
0150  NEXT I
0160  REM  *****KOPFZEILEN FUER UEBERSICHT***************************
0170  PRINT 'LAUFZEIT      KOSTEN      ZAHLUNG    ZAHLUNG    VERZINSUNG'
0180  PRINT '                          GESAMT     MONATLICH            '
0190  PRINT '(MONATE)       (DM)        (DM)        (DM)    (PROZENT)'
0200  REM  *****ZEILEN FUER UEBERSICHT ERSTELLEN*********************
0210  FOR I=1 TO N
0220  LET  G=(L(I)*(Z1*K0)/100)+Z2*K0/100
0230  LET  K1=G+K0
0240  LET  K2=K1/L(I)
0250  LET  T=30+(L(I)-1)*30/2
0260  LET  P=(G*100*360)/(T*K0)
0270  PRINT USING 280,L(I),G,K1,K2,P
0280  :######## ######.##   ######.##   ######.##   ######.##
0290  NEXT I
0300  STOP
```

5.1.5.C Struktogramm zu PROZ3

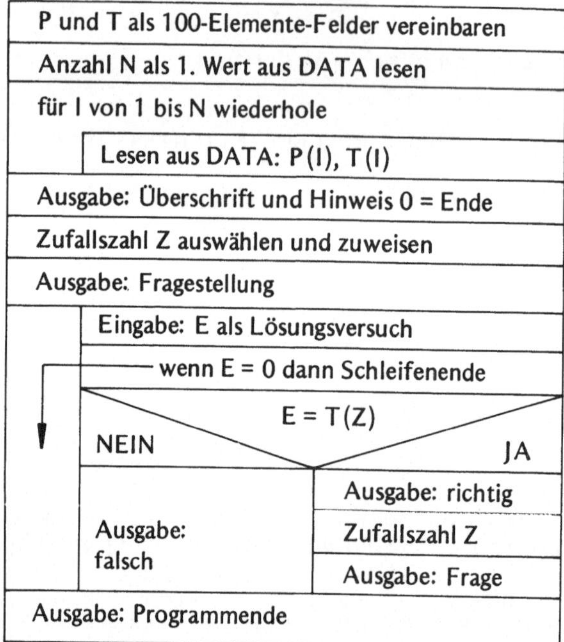

5.1.5.D Codierung zu PROZ3

```
0030 REM ***ANZAHL N DER WERTEPAARE AUS DATA LESEN***********
0040 READ N
0050 REM ***WERTEPAARE (PROZENTSATZ,TEILER) AUS DATA LESEN**
0060 FOR I=1 TO N
0070 READ P(I),T(I)
0080 NEXT I
0090 REM ***UEBERSCHRIFTZEILE***********************************
0100 PRINT 'TRAINING PROZENTSAETZE - BEQUEME TEILER'
0110 PRINT '---------------------------------------------------'
0120 PRINT '(EINGABE FUER ABBRUCH: 0)'
0130 REM ***SCHLEIFE FUER TRAININGSAUFGABEN********************
0140 LET Z=1+INT(RND(Z)*20)
0150 PRINT P(Z);'PROZENT = DER .?. TEIL VON 100?'
0160 INPUT E
0170 IF E=0 GOTO 300
0180 IF E=T(Z) GOTO 210
0190 PRINT 'FALSCH.'
0200 GOTO 160
0210 PRINT 'RICHTIG.'
0220 GOTO 140
0230 REM ***ENDE DER SCHLEIFE*********************************
0240 REM
0250 REM ***SPEICHERUNG VON 20 BEQUEMEN PROZENTSAETZEN******
0260 DATA 20,.5,200,1,100,1.333,75,1.25,80,1.66,60
0270 DATA 2,50,2.5,40,3.333,30,4.166,24,5,20,6.25,16
0280 DATA 6.666,15,8.333,12,11.111,9,12.5,8,16.666,6
0290 DATA 20,5,25,4,33.333,3,50,2,100,1
0300 PRINT 'ENDE DES TRAININGS'
3010 STOP
```

5.1.6.D Codierung zu MISCHEN1

```
0001 REM NAME   = MISCHEN1
0002 REM INHALT = ZWEI DATENBESTAENDE MISCHEN
0003 REM --------------------------------------------
0004 REM
0005 REM
0010 REM ***VEREINBARUNGEN FUER M UND N******************************
0020 DIM M(2,6),N(10)
0030 REM ***EINGABETEIL*********************************************
0040 GOSUB 1000
0050 REM ***VERARBEITUNGSTEIL: M(1,) UND M(2,) NACH N MISCHEN**
0060 REM ***ANFANGSWERTE FUER INDEX M1, M2 UND N1*****
0070 LET M1,M2,N1=1
0080 REM ***SCHLEIFENENDE, WENN 99999*****************
0090 IF M(1,6)=99999&M(2,6)=99999 GOTO 250
0100 IF M(1,M1)<M(2,M2) GOTO 170
0110 REM ***VON DATENBESTAND 2 NACH N UEBERNEHMEN*****
0120 LET N(N1)=M(2,M2)
0130 LET M2=M2+1
0140 IF M2<5 GOTO 160
0150 LET M(2,6)=99999
0160 GOTO 220
0170 REM ****VON DATENBESTAND 1 NACH N UEBERNEHMEN****
0180 LET N(N1)=M(1,M1)
0190 LET M1=M1+1
0200 IF M1<5 GOTO 220
0210 LET M(1,6)=99999
0220 REM ***INDEX N1 FUER N ERHOEHEN******************
0230 LET N1=N1+1
0240 GOTO 90
0250 REM ***AUSGABETEIL*********************************************
0260 GOSUB 2000
0270 REM ***SPEICHERUNG VON DATENBESTAND 1*************************
0280 DATA 14,47,83,156,190
0290 REM ***SPEICHERUNG VON DATENBESTAND 2*************************
0300 DATA 12,31,47,105,130
0310 REM ***ENDE DES HAUPTPROGRAMMS*******************************
0320 STOP
0330 REM
0340 REM
1000 REM ----UNTERPROGRAMM EINGABE--------
1010 FOR I=1 TO 2
1020 FOR J=1 TO 5
1030 READ M(I,J)
1040 NEXT J
1050 NEXT I
1060 RETURN
1070 REM
1080 REM
2000 REM ----UNTERPROGRAMM AUSGABE--------
2010 PRINT 'DATENBESTAND 1:'
2020 FOR I=1 TO 5
2030 PRINT M(1,I);
2040 NEXT I
2050 PRINT
```

```
2060  PRINT 'DATENBESTAND 2:'
2070  FOR I=1 TO 5
2080  PRINT M(2,I);
2090  NEXT I
2100  PRINT
2110  PRINT 'GEMISCHTER DATENBESTAND:'
2120  FOR I=1 TO 10
2130  PRINT N(I);
2140  NEXT I
2150  RETURN
```

5.2.1.D Codierung zu ZINS6

```
0001  REM  NAME    = ZINS6
0002  REM  INHALT = VERZINSUNG BEI UNTERSCHIEDLICHEN SKONTI
0003  REM  ALS UEBERSICHT AUSGEBEN
0004  REM  -------------------------------------------------------------------
0005  REM
0010  REM  ***EINGABE*********************************************************
0020  PRINT 'EINGABE DER TAGE NETTO:   AW, EW, SW'
0030  INPUT N1,N2,N3
0040  PRINT 'EINGABE DER TAGE SKONTO:   AW, EW, SW'
0050  INPUT S1,S2,S3
0060  PRINT 'EINGABE DER PROZENTSAETZE SKONTO:   AW, EW, SW'
0070  INPUT P1,P2,P3
0080  REM  ***UEBERSCHRIFT AUSGEBEN******************************************
0090  PRINT 'IN .. TAGEN ODER INNERHALB MIT ... PRO-  VERZINSUNG'
0100  PRINT 'REIN  NETTO          ... TAGEN ZENT  SKONTO  IN PROZENT'
0110  PRINT '----------------|-------|--------------------|-------------'
0120  REM
0130  REM  ***BEGINN VON DREI GESCHACHTELTEN SCHLEIFEN************
0140  FOR X=N1 TO N2 STEP N3
0150  FOR Y=S1 TO S2 STEP S3
0160  FOR Z=P1 TO P2 STEP P3
0170  LET K=100-Z
0180  LET T=X-Y
0190  LET P=Z*100*360/(K*T)
0200  PRINT USING 210,X,Y,Z,P
0210  : #####     I     I#####      ##.###     I ####.###
0220  NEXT Z
0230  NEXT Y
0240  NEXT X
0250  REM  ***ENDE DER GESCHACHTELTEN SCHLEIFEN*******************
0260  STOP
```

5.2.2.D Codierung zu KURS2

```
0001  REM NAME    = KURS2
0002  REM INHALT = KURSTABELLE ERSTELLEN FUER DM/AUSLANDSWAEHRUNG
0003  REM --------------------------------------------------------
0010  REM ***TASTATUREINGABE***************************************
0020  PRINT 'WIE HEISST DIE EINHEIT DER AUSLANDSWAEHRUNG?'
0030  INPUT A$
0040  PRINT 'WIEVIEL ';A$;' ERHAELT MAN FUER 1 DM?'
0050  INPUT K1
0060  LET K2=100/K1
0070  REM ***KOPFZEILE DRUCKEN*************************************
0080  PRINT USING 90,FLP,A$,A$
0090  :          DM         ######        ######             DM
0100  PRINT FLP,' '
0110  REM ***WERTE SETZEN*****************************************
0120  LET A,C=.01
0130  LET B=.09
0140  REM ***BEGINN DER SCHLEIFE ZAEHL***************************
0150  FOR N=1 TO 5
0160  LET A=A*10
0170  LET B=B*10
0180  LET C=C*10
0190  GOSUB 300
0200  NEXT N
0210  REM ***ENDE DER SCHLEIFE ZAEHL*****************************
0220  REM
0230  REM ***DRUCKEN DER BEIDEN KURSE****************************
0240  PRINT FLP,' '
0250  PRINT FLP,'KURS IM AUSLAND = ';K1;' ';A$;'/DM'
0260  PRINT FLP,'KURS IM INLAND  = ';K2;' DM/100 ';A$
0270  STOP
0280  REM
0290  REM
0300  REM ***BEGINN UNTERPROGRAMM DRUCKEN************************
0310  FOR I=A TO B STEP C
0320  LET D1=K1*I
0330  LET D2=K2*I/100
0340  PRINT USING 350,FLP,I,D1,I,D2
0350  :######.###   #########.###   ######.###   #########.###
0360  NEXT I
0370  RETURN
0380  REM ***ENDE UNTERPROGRAMM DRUCKEN**************************
```

5.2.3.D Codierung zu GRUWE1

```
0001  REM NAME    = GRUWE1
0002  REM INHALT = EINFACHER BZW. EINSTUFIGER GRUPPENWECHSEL
0003  REM  ................................................................
0004  REM
0010  REM *** BEGINN-TEIL DES HAUPTPROGRAMMS ******************
0020  GOSUB 1000
0030  REM *** WIEDERHOLUNGS-TEIL DES HAUPTPROGRAMMS ********
0040  GOSUB 2000
0050  GOSUB 3000
0060  IF V2<>0 GOTO 40
0070  REM *** ENDE-TEIL DES HAUPTPROGRAMMS *****************
0080  DATA 4,10,4,5,4,20,6,12,6,3,9,22,0,0
0090  STOP
0100  REM
0110  REM
1000  REM    -- UNTERPROGRAMM ERSTER SATZ ......................
1010  READ V2,M
1020  LET V1=V2
1030  LET Z=0
1040  LET S=0
1050  PRINT 'VORGANG: VERTRETERNUMMER:        MENGE:'
1060  RETURN
1070  REM
2000  REM ---- UNTERPROGRAMM GRUPPE GLEICH --------------------
2010  LET Z1=Z1+1
2020  PRINT USING 2030,Z1,V2,M
2030  :    ##          ###              #####
2040  LET S1=S1+M
2050  READ V2,M
2060  IF V2=V1 GOTO 2010
2070  RETURN
2080  REM
3000  REM ---- UNTERPROGRAMM GRUPPENWECHSEL  ---------------
3010  PRINT USING 2030,' ',' ',S1
3020  LET S1=0
3030  LET Z1=0
3040  LET V1=V2
3050  RETURN
```

5.3.1.D Codierung zu SUCHEN4

```
0001  REM NAME    = SUCHEN4
0002  REM INHALT = NACH DOPPELT VORHANDENEN DATEN SUCHEN
0003  REM -----------------------------------------------------
0004  REM
0010  REM ***VEREINBARUNG FUER FELDER A UND B**************
0020  DIM A(100),B(100)
0030  REM ***EINGABESCHLEIFE FUER A***********************
0040  PRINT 'ANZAHL DER ELEMENTE VON MENGE A =?'
0050  INPUT N1
0060  PRINT 'EINGABE:  ELEMENTE VON A'
0070  FOR I=1 TO N1
0080  INPUT A(I)
0090  NEXT I
0100  REM ***EINGABESCHLEIFE FUER B***********************
0110  PRINT 'ANZAHL DER ELEMENTE VON MENGE B =?'
0120  INPUT N2
0130  PRINT 'EINGABE:  ELEMENTE VON B'
0140  FOR I=1 TO N2
0150  INPUT B(I)
0160  NEXT I
0170  PRINT 'DURCHSCHNITTSMENGE VON A UND B:'
0180  REM ***BEGINN DER BEIDEN GESCHACHTELTEN SCHLEIFEN***
0190  FOR X=1 TO N1
0200  FOR Y=1 TO N2
0210  IF A(X)≠B(Y) GOTO 240
0220  LET Z=Z+1
0230  PRINT A(X)
0240  NEXT Y
0250  NEXT X
0260  REM ***ENDE DER SCHLEIFEN***************************
0270  PRINT 'ANZAHL DER ELEMENTE: ';Z
0280  STOP
```

5.3.2.D Codierung zu MISCH2

```
0001  REM NAME    = MISCH2
0002  REM INHALT = MISCHUNGSAUFGABEN MIT VIELEN LOESUNGEN ALS
0003  REM SIMULATION
0004  REM -----------------------------------------------------
0005  REM
0010  REM ***VEREINBARUNG FUER VIER FELDER*****************
0020  DIM M(4),G(4),P(4),T(4),E(4)
0030  REM ***EINGABE VON MENGEN UND PREISEN***************
0040  FOR I=1 TO 3
0050  PRINT 'EINGABE: PREIS JE ME FUER SORTE ';I
0060  INPUT P(I)
0070  NEXT I
0080  PRINT 'EINGABE: PREIS JE ME DER MISCHUNG'
0090  INPUT P(4)
0100  PRINT 'EINGABE: MENGENEINHEITEN FUER SORTE 3'
0110  INPUT M(3)
```

```
0120 REM ***ERMITTLUNG VON GEWINN/VERLUST*****************************
0130 FOR I=1 TO 3
0140 LET G(I)=P(4)-P(I)
0150 NEXT I
0160 T(3)=M(3)*G(3)
0170 REM ***LOESUNGSMENGE FUER SORTE 1 FESTLEGEN****************
0180 IF P(1)>P(4) GOTO 220
0190 PRINT 'LOESUNGSMENGE FUER SORTE 1:'
0200 PRINT 'MENGE 0 BIS ';ABS(T(3))
0210 GOTO 230
0220 PRINT 'LOESUNGSMENGE FUER SORTE 2: UNENDLICH'
0230 PRINT 'WAEHLEN SIE:  MENGE FUER SORTE 1'
0240 INPUT M(1)
0250 LET T(1)=M(1)*G(1)
0260 REM ***ERMITTELN DER MENGEN VON SORTE 2 UND MISCHUNG******
0270 LET M(2)=(-T(1)-T(3))/G(2)
0280 LET M(4)=M(1)+M(2)+M(3)
0290 LET T(2)=M(2)*G(2)
0300 REM ***ERMTTTELN DES ERLOESES********************************
0310 FOR I=1 TO 4
0320 LET E(I)=M(I)*P(I)
0330 NEXT I
0340 REM ***AUSGABE ALS UEBERSICHT********************************
0350 PRINT '            MENGE  PREIS    GEWINN/   GESAMTGEWINN/ ERLOES'
0360 PRINT '                   JE ME    VERLUST   GESAMTVERLUST'
0370 PRINT '                            JE ME'
0380 PRINT '--------------------------------------------------------------'
0390 :##### # #### ####.## ######.## ######.## #######.##
0400 LET A$='SORTE'
0410 FOR I=1 TO 4
0420 IF I≠4 GOTO 450
0430 LET A$='MISCH'
0440 PRINT '--------------------------------------------------------------'
0450 PRINT USING 390,A$,I,M(I),P(I),G(I),T(I),E(I)
0460 NEXT I
0470 REM
0480 REM ***WIEDERHOLUNG: NEUE MENGENANGABE FUER SORTE 1*******
0490 PRINT 'MENGE FUER SORTE 1 NEU VORGEBEN (EINGABE: JA/NEIN)?'
0500 INPUT E$
0510 IF E$='JA' GOTO 170
0520 PRINT 'PROGRAMMENDE'
0530 STOP
```

5.3.3.D Codierung zu GRUWE2

```
0001 REM NAME    = GRUWE2
0002 REM INHALT = TABELLENVERARBEITUNG ALS GRUPPENWECHSEL
0003 REM ----------------------------------------------------
0004 REM
0010 REM ***VEREINBARUNG VON DREI FELDERN*************************
0020 DIM P(4),M(5,4),U(5,4)
0030 REM ***EINGABE DER PREISE**********************************
0040 PRINT 'EINGABE: PREISE FUER PRODUKT 1, 2, 3, 4'
0050 INPUT P(1),P(2),P(3),P(4)
0060 REM ***BEGINN DER EINGABESCHLEIFEN************************
0070 FOR I=1 TO 5
0080 PRINT '4 MENGEN FUER BEZIRK';I
0090 FOR J=1 TO 4
0100 INPUT M(I,J)
0110 NEXT J
0120 NEXT I
0130 REM ***BEGINN DER VERARBEITUNGSSCHLEIFEN*****************
0140 FOR I=1 TO 5
0150 FOR J=1 TO 4
0160 LET U(I,J)=M(I,J)*P(J)
0170 NEXT J
0180 NEXT I
0190 REM ***BEGINN DER AUSGABESCHLEIFEN***********************
0200 PRINT 'UMSAETZE, NACH 5 BEZIRKEN (WAAGERECHT=ZEILEN)'
0210 PRINT 'UND 4 PRODUKTEN (SENKRECHT = SPALTEN) GEORDNET:'
0220 FOR I=1 TO 5
0230 FOR J=1 TO 4
0240 PRINT U(I,J),
0250 NEXT J
0260 PRINT
0270 NEXT I
0280 REM ************************************************************
0290 STOP
```

5.3.4.D Codierung zu TABELL1

```
0001 REM NAME    = TABELL1
0002 REM INHALT = ARTIKELBESTELLUNGEN NACH TAGEN ORDNEN
0003 REM ----------------------------------------------------------
0010 REM ***VEREINBARUNG VON B ALS MATRIX***********************
0020 DIM B(35,35)
0030 REM ***BEGINN DER EINGABESCHLEIFEN FUER B******************
0040 READ Z,S
0050 FOR X=1 TO Z
0060 FOR Y=1 TO S
0070 READ B(X,Y)
0080 NEXT Y
0090 NEXT X
0100 REM ***ENDE DER EINGABESCHLEIFEN**************************
0110 REM ***BEGINN DER SCHLEIFEN ZUM SUMMIEREN*****************
0120 FOR X=1 TO Z
0130 LET T=0
0140 FOR Y=1 TO S
0150 LET T=T+B(X,Y)
0160 NEXT Y
0170 PRINT 'BESTELLUNG TAG ';X;': ';T
0180 LET G=G+T
0190 NEXT X
0200 REM ***ENDE DER SCHLEIFEN ZUM SUMMIEREN******************
0210 PRINT 'BESTELLUNGEN GESAMT  : ';G
0220 REM
0230 REM ***BESTELLUNGEN ALS PROGRAMMINTERNE DATEI************
0240 DATA 5,7,120,90,80,50,20,70,97
0250 DATA 23,45,47,12,24,89,81,10,40,20,50,70,30,30
0260 DATA 13,45,38,98,10,40,11,1,5,7,8,3,4,2
0270 STOP
```

5.3.5.D Codierung zu SUCHEN3

```
0001 REM NAME    = SUCHEN3
0002 REM INHALT = IN LAGERLISTE NACH EINEM BESTIMMTEN ARTIKEL
0003 REM SUCHEN
0004 REM ----------------------------------------------------
0005 REM
0010 REM ***VEREINBARUNG VON VEKTOR A****************************
0020 DIM A(100)
0030 REM ***EINGABE VON N ARTIKENUMMERN*************************
0040 PRINT 'WIEVIELE ARTIKEL GEBEN SIE EIN?'
0050 INPUT N
0060 PRINT 'EINGABE:';N;'ARTIKELNUMMERN'
0070 FOR I=1 TO N
0080 INPUT A(I)
0090 NEXT I
0100 REM ***BINAERES SUCHEN************************************
0110 PRINT 'BEGINN DER AUSKUENFTE (EINGABE 0 FUER ABBRUCH):'
0120 REM ----INTERVALLGRENZEN I0 (UNTEN) UND I2 (OBEN)----
0130 LET I0=0
0140 LET I2=N+1
0150 PRINT 'WELCHE ARTIKELNUMMER IST ZU SUCHEN?'
0160 INPUT X
0170 IF X=0 GOTO 350
0180 REM ----BEGINN DER SCHLEIFE ZUR SUCHE----------
0190 PRINT 'SUCHINTERVALL VON ';I0;' BIS ';I2
0200 REM ----INTERVALLMITTE I1 SUCHEN----------
0210 LET I1=INT((I0+I2)/2)
0220 IF X=A(I1) GOTO 290
0230 IF X>A(I1) GOTO 260
0240 LET I2=I1
0250 GOTO 270
0260 LET I0=I1
0270 IF (I2-I0)≠1 GOTO 180
0280 REM ----ENDE DER SCHLEIFE ZUR SUCHE----------
0290 IF X=A(I1) GOTO 320
0300 PRINT 'SUCHERGEBNIS:  ARTIKEL NICHT AUF LAGER.'
0310 GOTO 120
0320 PRINT 'SUCHERGEBNIS:  ARTIKEL AUF LAGER.'
0330 GOTO 120
0340 REM ***ENDE DES BINAEREN SUCHENS**************************
0350 PRINT 'PROGRAMMENDE'
0360 STOP
```

5.3.6.D Codierung zu SORT1

```
0001  REM NAME    = SORT1
0002  REM INHALT = VERKAUFSMENGEN AUFSTEIGEND SORTIEREN
0003  REM  ------------------------------------------------
0010  REM ***VEREINBARUNG VON Z ALS 100-ELEMENTE-VEKTOR*********
0020  DIM Z(100)
0030  REM ***EINGABE VON N ZU SORTIERENDEN ZAHLEN NACH Z********
0040  PRINT 'WIEVIELE ZAHLEN SIND ZU ORDNEN?'
0050  INPUT N
0060  PRINT 'EINGABE DER ';N;' ZAHLEN:'
0070  FOR I=1 TO N
0080  INPUT Z(I)
0090  NEXT I
0100  REM ***BEGINN DER AEUSSEREN SCHLEIFE*********************
0110  LET I=1
0120  LET S=0
0130  REM ----BEGINN DER INNEREN SCHLEIFE-----------------------
0140  IF Z(I)≤Z(I+1) GOTO 210
0150  REM ---BEGINN DREIECKSTAUSCH UEBER HILFSSPEICHER H--
0160  LET H=Z(I)
0170  LET Z(I)=Z(I+1)
0180  LET Z(I+1)=H
0190  REM ---- ENDE DREIECKSTAUSCH------------------------------
0200  S=1
0210  I=I+1
0220  IF I<N GOTO 140
0230  REM ----ENDE DER INNEREN SCHLEIFE-------------------------
0240  IF S=1 GOTO 100
0250  REM ***ENDE DER AEUSSEREN SCHLEIFE***********************
0260  REM ***AUSGABE DER N SORTIERTEN ZAHLEN AUS Z*************
0270  PRINT 'ZAHLEN IN AUSTEIGENDER GROESSE GEORDNET:'
0280  FOR I=1 TO N
0290  PRINT Z(I);
0300  NEXT I
0310  STOP
```

7 Lösungen zu den Fragen

2.1.F Fragen zu PROZ1

1. Pfeil nach links.

2. Zeile 0010 drückt W (= Textkonstante) und Zeile 0040 druckt z.B. 8.55 (= Wert der numerischen Variablen W).

2.2.F Fragen zu PROZ2

1. Vorgehen „Vom Einfachen (= Ausgabe) zum Schweren (= Verarbeitung)".

2. Codierung zu PROZ21:

```
0001 REM NAME    = PROZ21
0002 REM INHALT = PROZENTWERT ERMITTELN
0003 REM ---------------------------------
0010 PRINT 'EINGABE: PROZENTSATZ, GRUNDWERT'
0020 INPUT P,G
0030 LET W=P*G/100
0040 PRINT 'PROZENTWERT:';W
0050 STOP
```

2.3.F Fragen zu ZINS7

1. Ja: Bezeichnungen Ein-/Ausgabeparameter bzw. Ergebnisparameter.

2. RND nach Minimal-BASIC ohne Parameter; die anderen Funktionen zumeist mit Parameter.

2.4.F Fragen zu DISK1

1. Hinweis: Maske(n) der Übersicht halber ans Programmende setzen.

2. a) Vor STOP: Verzweige zu „Eingabe T".
   b) Verzweigungsbedingung, damit Abbruch möglich wird.
   c) Nein: Wiederholungsstruktur bzw. Schleife.

3.1.1.F Fragen zu DEMO2

1. Ja.

2. (1) Abfrage Z < 0, (2) Ausgabe an NEIN-Zweig und (3) Zusammenführung vor Ausgabe PROGRAMMENDE.

3. Codierung zu DEMO21 umständlicher:

```
0001 REM NAME    = DEMO21
0002 REM INHALT = POSITIVE ZAHL ANGEBEN
0003 REM ---------------------------------
0010 PRINT 'EINGABE: BELIEBIGE ZAHL.'
0020 INPUT Z
0030 IF Z>=0 GOTO 40
0031 GOTO 50
0040 PRINT 'POSITIVE ZAHL.'
0050 PRINT 'PROGRAMMENDE.'
0060 STOP
```

3.1.2.F Fragen zu DISK 4

1. Z = Z + 1 mathematisch unsinnig, als Wertzuweisung ← möglich.

2.

ZEILE	A	F	L	M	T	M $\geq$ 0	T $\geq$ 0
		Wert der Variablen				**Resultat der Entscheidung**	
20	30, 11, 78						
40		20, 10, 79					
50			360				
60				−1			
70						nein	
80				11			
90			0				
100			330				
110					−10		
120							nein
130					20		
140			300				
150			320				

4. DISK 4 rechnet zuerst die Jahre um, dann die Monate und die Tage. Umgekehrtes Vorgehen möglich: Tage, Monate und dann Jahre.

5. Nach Eingabe der Fälligkeit einfügen: IF F1 = 0 THEN Zeile mit STOP. Vor STOP einfügen: GOTO Zeile mit Eingabe der Fälligkeit.

3.2.1.F Fragen zu DEMO 3

1. (1) Abfrage Z < 0, (2) Je eine Ausgabe an den Zweigen und (3) Zusammenführung vor letzter Ausgabeanweisung.

2. Fall 2 insbesondere bei umfangreicheren Abläufen.

3. IF Z < 0 THEN PRINT „NEGATIV" ELSE PRINT „POSITIV"

3.2.2.F Fragen zu PROZ 4

1. Ja, wenn 2malige Wertzuweisung zu S vorgesehen wird.

2. PRINT durch PRINT USING ersetzen und Maske vor STOP.

3. Konstanten 1000, 20 und 15 durch Variablen L1, P1 und P2 ersetzen, denen Werte über Tastatur zugewiesen werden.

4. Zweiseitige Auswahl und Folgestrukturen.

3.3.1.F Fragen zu DEMO 4

1. Zuerst Z $\leq$ 40 abfragen und dann Z $\leq$ 100.

2. (1) Zwei Abfragen jeweils zu Z, (2) drei Tätigkeiten an den drei Zweigen und (3) ein Zusammenführungspunkt vor PROGRAMMENDE.

3. Da der letzte NEIN-Zweig den „Rest" erfaßt.

4. Zwar steht STOP in der Mitte, aber übersichtliche Codierung.

5. Nein, da nur Vergleich mit *einem* bestimmten Wert möglich.

3.3.2.F Fragen zu DEMO 5

1. Zumeist ein logischer Operator.

2. PAP 1 für UND in PAP 2 für ODER.

4.1.1.1.F Fragen zu DEMO 6

1. Ja.

2. PAP zu Programm DEMO 6:

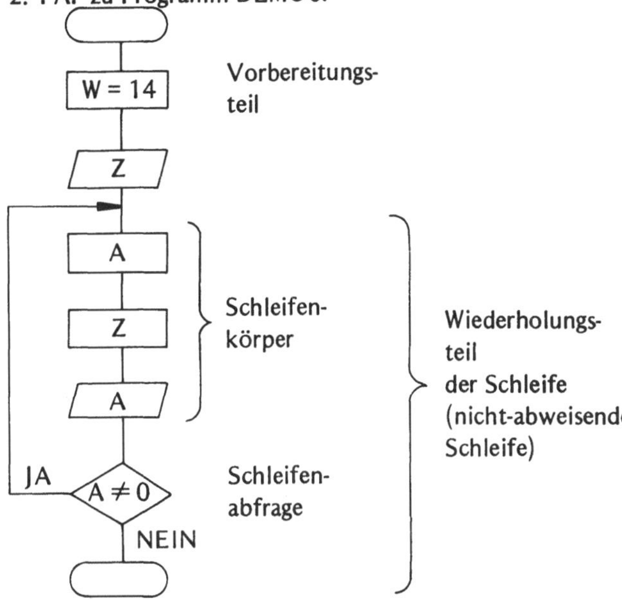

4.1.1.2.F Fragen zu PROZ 5

1. Fallabfrage und Folgestruktur hintereinander angeordnet.

2. Anweisung IF A $<$ 0 THEN Fehlermitteilung einfügen.

3. Abfragen in der Reihenfolge A $\leqslant$ 0, A $\leqslant$ 100 und A $\leqslant$ 250.

4. Bei Programmbeginn Anweisung INPUT K, M, G für kleinsten, mittleren und größten Prozentsatz und in den Zweigen Anweisungen LET S = K, LET S = M bzw. LET S = G einfügen.

4.1.1.3.F Fragen zu VERTEIL 1

1. Numerische Eingabevariable E anstelle von E$ verwenden.

2. Anweisung LET A = INT (100 · N1 · X + 0.5)/100; für B und C entsprechend.

3. Rückverzweigung zur Anweisung INPUT K.

4.1.2.1.F Fragen zu DISK 3

1. A als Dezimalzahl auf ganze Zahl aufrunden.

2. Zähler Z jeweils um 1 erhöhen (LET Z = Z + 1) und für Z $>$ 3 die Textausgabe WECHSELBETRAG (0 = ENDE)? überspringen.

4.1.2.2.F Fragen zu KURS1

1. Schleife mit dazwischenliegender Abfrage (Abfrage X = 0 innerhalb des Schleifenkörpers). Im Schleifenkörper ist eine zweiseitige Auswahl eingeschachtelt.

2. Ja, da Auskünfte über Kurs eingeholt. Nein, da Auskünfte nicht von Datei bzw. Daten-
   bank stammen.

4.1.2.3.F Fragen zu TABELL3

1. Gewichtgrenzen G (in Gramm) sowie Briefmarkentypen (in DM) als Variablen vorsehen.

2. Mittels Programmschleife.

3. Codierung zu TABELL31:

```
0001  REM  NAME    = TABELL31
0002  REM  INHALT = BELIEBIG VIELE ZAHLEN AUFSUMMIEREN
0003  REM  ..........................................................................
0004  REM
0010  PRINT 'SOLANGE ZAHLEN Z UNGLEICH 0 EINGEGEBEN'
0020  PRINT 'WERDEN: AUFSUMMIEREN ZUR SUMME S'
0030  PRINT '==================================================='
0040  PRINT 'BEGINN DER EINGABE:'
0050  INPUT Z
0060  IF Z=0 GOTO 90
0070  LET S=S+Z
0080  GOTO 50
0090  PRINT 'SUMME:';S
0100  STOP
```

4.1.2.4.F Fragen zu DEMO7

1. Folgestruktur, abweisende Schleife (offene Schleife) und Folgestruktur hintereinander
   angeordnet.

2. Anstelle B = 0 z. B. B = 9999 als Endesignal verwenden. Starre Programmierung (z. B.
   nach 20 Bewegungen Abbruch). Frage NEUE BERECHNUNG? nach dem Schleifendurchlauf. Frage WIE VIELE BEWEGUNGEN? vor Schleifeneintritt.

3. Zusätzliche zweiseitige Auswahl im Schleifenkörper:

   wenn B < 0   dann LET A1 = A1 − B
                 sonst LET Z1 = Z1 + B

   sowie Wertzuweisung LET E = A + Z1 − A1 vor der Ergebnisausgabe.

4.1.2.5.F Fragen zu ZINS1

1. 1. Übersichtlichkeit, 2. ein Ablauf mehrfach auszuführen und 3. (Unter-)Programme
   getrennt entwickeln und später zusammenbauen.

2. Ja, wenn mit der Menübereitstellung ein modularer Programmaufbau vorgesehen ist.

4.2.1.1.F Fragen zu ZINS4

1. Ausgabeanweisung PRINT S, Z bei jedem Schleifendurchlauf.

2. Behauptung stimmt nur dann, wenn der Zähler auch in der Schleifenabfrage als Kontrollvariable verwendet wird.

4.2.1.2.F Fragen zu ZINS3

1. Nach der Definition von Abschnitt 4.2 hat ZINS3 eine geschlossene Schleife: Bei Eintritt in den Wiederholungsteil (nach Eingabe von Schrittweite 1) ist die Anzahl der Schleifendurchläufe festgelegt. Hinweis: Schleifen wie ZINS3 werden auch als ‚halboffene' und zuweilen auch als ‚offene' Schleife bezeichnet.

2. K, T, Grenzen für P sowie Überschriftzeile.

3. IF-Anweisung durch GOTO-Anweisung ersetzen und bei Eintritt in den Wiederholungsteil der Schleife zusätzliche IF-Anweisung einfügen.

4.2.2.1.F Fragen zu TABELL2

1. Codierung zu TABELL21:

```
0001 REM NAME     = TABELL21
0002 REM INHALT = WOCHENLOHN NACH PERSONAL-
0003 REM NUMMERN ORDNEN
0004 REM ------------------------------------------
0010 PRINT 'PERS.- LOHN-    STUN- WOCHEN-'
0020 PRINT 'NUMMER SATZ     DEN   LOHN'
0021 LET Z=0
0030 READ P,L,A
0040 LET Z=Z+1
0050 LET W=L*A
0060 PRINT P;L;A;W
0070 IF Z<3 GOTO 30
0080 DATA 101,20.5,40,103,22.5,38
0090 DATA 105,18.75,40, 110,26.5,35
0100 STOP
```

2. Geschlossene Schleife: stets 4 Schleifendurchläufe

3. Externe Dateien, da:
   - Mehrere Programme können auf eine Datei zugreifen.
   - Datei kann größer sein als Hauptspeicherplatz.
   - Daten nur jeweils in der einen Datei zu ändern.

4.2.2.2.F Fragen zu ZINS2

1. Anstelle von I die Variable T als Laufvariable verwenden.

2. NEXT-Anweisung durch GOTO-Anweisung (Rücksprung) und FOR-Anweisung durch Anweisung IF T > T1 THEN ... ersetzen.

4.2.2.3.F Fragen zu SUCHEN2

1. Portoberechnung innerhalb einer Schleife mit Endesignal über Eingabe von null oder Zusatzfrage.

2. Da bei teilweiser Schachtelung zwei Schleifenausgänge vorliegen.
   Prinzip aber: Jede Ablaufstruktur hat jeweils nur einen Eingang und einen Ausgang.

3. Abfragen mit „ ≤ " in umgekehrter Reihenfolge.

4. Nein, sondern nur entsprechende Daten unter DATA ändern.

4.2.2.4.F Fragen zu VERTEIL 2

1. Nachherige Anfrage IF $A \leqslant A2$ THEN ... zusätzliche Wertzuweisungen LET $A = A1 + A3$ im Schleifenkörper und LET $A = A1$ im Vorbereitungsteil.

2. Codierung zu VERTEIL 21:

```
0001 REM NAME    = VERTEIL21
0002 REM INHALT = VERTEILUNGSALTERNATIVEN FUER DREI PERSONEN
0003 REM ----------------------------------------------------------------
0004 REM
0010 REM *****EINGABETEIL********************************************
0020 PRINT 'ANTEIL VON A (KLEINSTER WERT ALS DEZIMALZAHL) =?'
0030 INPUT A1
0040 PRINT 'ANTEIL VON A (GROESSTER WERT ALS DEZIMALZAHL) =?'
0050 INPUT A2
0060 PRINT 'ANTEILE VON A (SCHRITTWEITE ALS DEZIMALZAHL) =?'
0070 INPUT A3
0080 PRINT 'ANTEIL VON C =?'
0090 INPUT C
0100 PRINT 'ZU VERTEILENDES KAPITAL =?'
0110 INPUT K
0120 REM *****VERABEITUNGS- UND AUSGABETEIL*************************
0130 PRINT ' ANTEILE VON:        | SUMMEN VON:'
0140 PRINT '  A       B      C   |   A           B           C'
0150 FOR A=A1 TO A2 STEP A3
0160 LET B=1-(A+C)
0170 LET S1=A*K
0180 LET S3=C*K
0190 LET S2=K-(S1+S3)
0200 PRINT USING 220,A,B,C,S1,S2,S3
0210 NEXT A
0220 : #.###   #.###   #.###   ########.## ########.## ########.##
0230 STOP
```

3. Negative Werte möglich, da $S2 = K - (S1 + S3)$ als Restgröße ermittelt wird. Beispiel: Programmausführung mit Eingabewerten $A1 = 0.3$, $A2 = 0.5$, $A3 = 0.03$, $C = 0.6$ und $K = 10000$ ergibt für B negative Werte.

4.2.2.5.F Fragen zu PROZ 6

1. a) 9 Zeilen (waagerecht) und 6 Spalte (senkrecht).

   b) Die Tabelle wurde nur temporär bzw. zeilenweise den 6 Variablen P1, P2, P3, U1, U2 und U3 zugewiesen; um sie als Gesamtheit abspeichern zu können, müßte sei *einer* (Bereichs-)Variablen zugewiesen werden.

2. Stimmen Anfangs- und Endwert überein, so wird die FOR-Schleife kein mal durchlaufen, da abweisende Schleife.

4.2.2.6.F Fragen zu TERMIN 1

1. a) Zu Beginn der Zinsstaffel bleiben R und T unverändert, da die Staffel von einer Restschuld in Höhe der Ratensumme ausgeht.

   b) IF-Anweisung löschen; LET $R = R0 \cdot N$ ersetzen durch LET $R = R0 \cdot (N + 1)$ und LET $T = 0$ ersetzen durch LET $T = -L$.

2. L als Bereich (Feld) vorsehen mit Eingabeschleife zu Programmbegin.

4.3.1.F Fragen zu ZINS5

1. A0 als Anfangsguthaben mit einmaliger Wertzuweisung. A und N als altes bzw. neues Guthaben mit Wertzuweisungen bei jedem Schleifendurchlauf.
2. Ja, wenn Anweisung LET A = A + (A · Z)/100 verwendet wird.
3. Im Schleifenkörper LET J = J + 1 einfügen und J mittels PRINT ausgeben.

4.3.2.F Fragen zu ABSCH 1

1. Nein, da Schleifenkörper in jedem Fall mindestens 1mal durchlaufen wird.
2. Codierung zu ABSCH 2:

```
0001  REM NAME    = ABSCH2
0002  REM INHALT = LINEARE ABSCHREIBUNGEN
0003  REM ---------------------------------------------
0010  PRINT 'ANSCHAFFUNGSWERT, JAHRE DER NUTZUNG'
0020  INPUT A,J
0030  LET R=A
0040  LET A1=A/J
0050  PRINT 'JAHR          ABSCHREIBUNGSBETRAG    RESTBUCHWERT'
0060  FOR Z=1 TO J
0070  LET R=R-A1
0080  PRINT Z,A1,R
0090  NEXT Z
0100  STOP
```

Dialogprotokoll zu ABSCH 2:

```
RUN
ANSCHAFFUNGSWERT, JAHRE DER NUTZUNG
20000 , 8
JAHR          ABSCHREIBUNGSBETRAG     RESTBUCHWERT
  1                   2500                 17500
  2                   2500                 15000
  3                   2500                 12500
  4                   2500                 10000
  5                   2500                  7500
  6                   2500                  5000
  7                   2500                  2500
  8                   2500                     0
```

3. Codierung zu ABSCH 3:

```
0001 REM NAME     = ABSCH3
0002 REM INHALT   = KOMBINATION VON ABSCHREIBUNGSMETHODEN
0003 REM ---------------------------------------------------------
0010 PRINT 'ANSCHAFFUNGSWERT, JAHRE DER NUTZUNG'
0020 INPUT A,J
0030 PRINT 'ABSCHREIBUNGSSATZ DEGRESSIV'
0040 INPUT P2
0050 LET P1=100/J
0060 LET R=A
0070 PRINT 'JAHR     BETRAG    RESTBUCH   ART PROZ(LIN) PROZ(DEG)'
0080 FOR Z=1 TO J
0090 LET J1=J-Z+1
0100 LET A1=R/J1
0110 LET A2=R*P2/100
0120 IF A1<A2 GOTO 170
0130 LET A$='L'
0140 LET A3=A1
0150 LET P1=100/J1
0160 GOTO 190
0170 LET A$='D'
0180 LET A3=A2
0190 LET R=R-A3
0200 PRINT USING 210,Z,A3,R,A$,P1,P2
0210 : ##   ######.##   ######.##   #   ###.##     ###.##
0220 NEXT Z
0230 STOP
```

Dialogprotokoll zu ABSCH 3:

```
RUN
ANSCHAFFUNGSWERT, JAHRE DER NUTZUNG
10000 , 10
ABSCHREIBUNGSSATZ DEGRESSIV
20

JAHR     BETRAG    RESTBUCH   ART PROZ(LIN) PROZ(DEG)
  1     2000.00    8000.00    D    10.00     20.00
  2     1600.00    6400.00    D    10.00     20.00
  3     1280.00    5120.00    D    10.00     20.00
  4     1024.00    4096.00    D    10.00     20.00
  5      819.20    3276.80    D    10.00     20.00
  6      655.36    2621.44    L    20.00     20.00
  7      655.36    1966.08    L    25.00     20.00
  8      655.36    1310.72    L    33.33     20.00
  9      655.36     655.36    L    50.00     20.00
 10      655.36       .00     L   100.00     20.00
```

5.1.1.F Fragen zu MISCH1

1. Schleife EIN: Eingabe der Sorten über Tastatur. Eingabe SCHNITT: Verarbeitung. Schleife AUS: Ausgabe an Bildschirm bzw. Drucker.

2. Nein, da Anordnung hintereinander bzw. in Folge.

3. a) Ja, Anzahl N.
   b) Nein.
   c) Ja für Programmbeginn als Kriterium und nein für Beginn des Wiederholungsteils als Kriterium.

5.1.2.F Fragen zu SUCHEN1

1. Abfrage $Z(I) \geqslant K$ umkehren zu $Z(I) \leqslant K$.

2. Schreibtischtest:

N	Z	K	I	$Z(I) \geqslant K$	$I < N$
6	1250 1245 998 780 500 650	1250	1	1250 1250	1 6
			2	1245 1250	2 6
		1245			
			3	998 1245	3 6
		998			
			4	780 998	4 6
		780			
			5	500 780	5 6
		500			
			6	650 500	6 6

3. Zählerschleife und nicht-abweisende Schleife hintereinander angeordnet; einseitige Auswahl in nicht-abweisender Schleife eingeschachtelt.

5.1.3.F Fragen zu DISK2

1. Hintereinander angeordnet sind: Einseitige Auswahl, Zählerschleife mit geschachtelter Zweiseitiger Auswahl und Zählerschleife mit drei geschachtelten Einseitigen Auswahlen.

2. Ganzzahligen Teil der Kapitalbeträge berücksichtigen mittels INT (K (I)). Diskontzahlen ganzzahlig runden mittels INT (Z (I) + 0.5). Mindestdiskontzahl runden mittels INT (360 · 2/P + 0.5).

3. Ja: Abfrage IF T = 31 ändern in IF T $\neq$ 31.

5.1.4.F Fragen zu TERMIN2

1. a) Feld (Bereich) L weist nur 20 Elemente auf.
   b) Dimension von L erweitern (z.B. DIM L (100)) oder zusätzliche Abfrage mit Hinweis bei Eingabe > 20 vorsehen.

2. Z.B. dann, wenn mehrere Ausgabeschleifen (unterschiedliche Druckgestaltungen) sich auf ein und dieselbe Verarbeitung beziehen.

5.1.5.F Fragen zu PROZ 3

1. LET Z = 1 + INT (RND · A) oder LET Z = INT (A · RND + 1).
2. LET Z = N + INT (RND · A) oder LET Z = INT (A · RND + N).
3. a) Z erhält den Wert 13.
   b) Fragestellung: 8.333 PROZENT = DER . ? . TEIL VON 100?

5.1.6.F Fragen zu MISCHEN 1

1. Datenbestand der Filiale B.
2. Eingabe: 2 geschachtelte Zählerschleifen.
   Ausgabe: 3 Zählerschleifen hintereinander.
   Verarbeitung: Abweisende Schleife mit einer zweiseitigen und zwei einseitigen Auswahlen im Schleifenkörper geschachtelt.

5.2.1.F Fragen zu ZINS 6

1. a) Bei der mittleren Schleife mit T.
   b) S1 = S2 = 30 eingegeben.
   c) Ja, S3 beliebig.
2. Tabelle hat 96 Zeilen: 4 Werte für X, 4 Werte für Y und 6 Werte für Z.
3. Vollständige Schachtelung der Schleifen (engl.: ,,nesting'').

5.2.2.F Fragen zu KURS 2

1. a)

N	A	B	C
1	0.1	0.9	0.1
2	1	9	1
3	10	90	10
4	100	900	100
5	1000	9000	1000

   b) Die jeweiligen Intervalle (1er, 10er, ..) werden hochgeZAEHLt.
2. Nein: Schleife ZAEHL schachtelt Unterprogramm DRUCKEN ein und damit auch
   Schleife ZEILE.

5.2.3.F Fragen zu GRUWE 1

1. Gruppieren von Daten nach Vertretern getrennt; Summe bilden als Gruppenverarbeitung; 6 Datensätze zu 3 Summen verdichtet.
2. Innerhalb der Vertreternummern (= Hauptgruppen) wird zusätzlich nach dem Datum
   gruppiert (= Untergruppen).
3. a) Ein Ablauf wird mehrfach benötigt; Übersichtlichkeit; Programme getrennt ent-
      wickeln und erst später als Unterprogramme zu einem komplexen Gesamtprogramm
      zusammenfügen.
   b) Übersichtlichkeit.
   c) Unter GOSUB angeführte Anweisungen ,direkt' im Hauptprogramm nennen.

5.3.1.F Fragen zu SUCHEN4

1. Alle 4 Schleifen vom gleichen Typ: Zählerschleifen, geschlossen, abweisend, Endwerte durch Benutzereingabe festgelegt.
2. DIM D (100) bei Programmbeginn, LET D (Z) = A (X) anstelle von Anweisung PRINT A (X) und Ausgabeschleife für D bei Programmende vorsehen.
3. Äußere Schleife für Menge A und innere Schleife für Menge B.

5.3.2.F Fragen zu MISCH2

1. Gibt man z. B. zu Beginn der Programmausführung für Sorte 1 die Werte von Sorte 2 ein und umgekehrt, so kann dieser (scheinbaren) Starrheit begegnet werden.
2. Beim Testen mehrerer Mengen für Sorte 1 diese Mengen mit denen der Mischung gegenüberstellen.

5.3.3.F Fragen zu GRUWE 2

1. Nein, da teilweise Schachtelung zu Überschneidungen führt.
2. Dimensionieren z. B. auf M (100, 4) und P (100, 4) und gemäß der angegebenen Anzahl von Bezirken die Zeilen füllen.
3. Nein.

5.3.4.F Fragen zu TABELL1

1. a) Anstelle des Einlesens aus DATA ist die Tastatureingabe vorgesehen.
   b) Codierung zu TABELL11:

```
0001 REM NAME    = TABELL11
0002 REM INHALT = ARTIKELBESTELLUNGEN NACH TAGEN ORDNEN MIT
0003 REM TASTATUREINGABE
0004 REM ........................................................
0005 REM
0010 REM ***VEREINBARUNG EINER MATRIX B*************************
0020 DIM B(35,35)
0030 REM ***FESTLEGEN VON ZEILEN- UND SPALTENANZAHL***********
0040 PRINT 'ZEILENZAHL (=TAGE)?'
0050 INPUT Z
0060 PRINT 'SPALTENZAHL (=ARTIKEL)?'
0070 INPUT S
0080 REM ***EINGABE DER DATEN UEBER TASTATUR****************
0090 FOR X=1 TO Z
0100 PRINT 'BESTELLUNGEN FUER TAG';X
0110 FOR Y=1 TO S
0120 INPUT B(X,Y)
0130 NEXT Y
0140 NEXT X
0150 REM ***SCHLEIFEN ZUM SUMMIEREN**********************
0160 FOR X=1 TO Z
0170 LET T=0
0180 FOR Y=1 TO S
0190 LET T=T+B(X,Y)
0200 NEXT Y
0210 PRINT 'BESTELLUNG TAG ';X;': ';T
0220 LET G=G+T
0230 NEXT X
0240 PRINT 'BESTELLUNGEN GESAMT  ';G
0250 STOP
```

2. Zwei geschachtelte Eingabeschleifen und zwei geschachtelte Verarbeitungsschleifen bei
   TABELL1 wie bei TABELL11.

3. X ist Laufvariable einer Zählerschleife sowie Variable zur Benennung des Tages.

5.3.5.F Fragen zu SUCHEN3

1. Binär heißt zweiwertig: Zwei Seiten bilden, linke und rechte Hälfte.

2. Auflisten der Variablen N, I0, I2, X und I1 und der Abfragen $X = A(I1)$, $X > A(I1)$
   sowie $(I2-I1) \neq 1$.

3. Zählerschleife zur Eingabe und Schleife mit dazwischenliegender Abfrage als Suchschleife hintereinander angeordnet.

   Innerhalb der Suchschleife sind 3 zweiseitige Auswahlen geschachtelt angeordnet.

5.3.6.F Fragen zu SORT1

1. $I < N$ für innere Schleife und $S = 1$ für äußere Schleife.

2. Schreibtischtest für Variablen I, S, H, Z(I) und Z(I + 1) sowie für die Abfragen
   $Z(I) < Z(I + 1)$ und $I < N$.

3.

Nach I. Durchlauf der Schleife:	Reihenfolge der zu ordnenden Zahlen Z:						
I = 0	34	33	102	76	12	199	9	76
I = 1	33	34	102	76	12	199	9	76
I = 2	33	34	102	76	12	199	9	76
I = 3	33	34	76	102	12	199	9	76
I = 4	33	34	76	12	102	199	9	76
I = 5	33	34	76	12	102	199	9	76
I = 6	33	34	76	12	102	9	199	76
I = 7	33	34	76	12	102	9	76	199
I = 1	33	...						
I = 2	...							

4. Begründung für Äußere Schleife:
   Es werden nacheinander die Zahlen nur *paarweise* verglichen.

5. Schleifendurchläufe bei Sortierung von 3, 2, 5, 1.
   a) Äußere Schleife wird 3 mal durchlaufen:

      Nach 1. Durchlauf: Folge 2, 3, 1, 5
      Nach 2. Durchlauf: Folge 2, 1, 3, 5
      Nach 3. Durchlauf: Folge 1, 2, 3, 5

   b) Innere Schleife wird 3 mal 3 gleich 9 mal durchlaufen.

8 Verzeichnis der Programme

Programmname:	Gliederung nach Ablaufstrukturen		Gliederung nach Anwendungsgebieten	
	Abschnitt:	Seite:	Abschnitt:	Seite:
ABSCH1	4.3.2	88	5.1	88
ABSCH2	4.3.2	89	5.2	89
ABSCH3	4.3.2	89	5.3	89
DEMO1	1.1.2	3	1.1	3
DEMO2	3.1.1	24	1.2	24
DEMO3	3.2.1	29	1.3	29
DEMO4	3.3.1	37	1.4	37
DEMO5	3.3.2	40	1.5	40
DEMO6	4.1.1.1	44	1.6	44
DEMO7	4.1.2.4	56	1.7	56
DISK1	2.4	19	11.1	19
DISK2	5.1.3	98	11.2	98
DISK3	4.1.2.1	50	11.3	50
DISK4	3.1.2	26	11.4	26
GRUWE1	5.2.3	113	4.1	113
GRUWE2	5.3.3	122	4.2	122
KURS1	4.1.2.2	52	8.1	52
KURS2	5.2.2	110	8.2	110
MISCHEN1	5.1.6	105	2.6	105
MISCH1	5.1.1	90	6.1	90
MISCH2	5.3.2	117	6.2	117
PROZ1	2.1	12	9.1	12
PROZ2	2.2	15	9.2	15
PROZ3	5.1.5	103	9.3	103
PROZ4	3.2.2	32	9.4	32
PROZ5	4.1.1.2	46	9.5	46
PROZ6	4.2.2.5	79	9.6	79
SORT1	5.3.6	131	2.5	131
SUCHEN1	5.1.2	95	2.1	95
SUCHEN2	4.2.2.3	74	2.2	74
SUCHEN3	5.3.5	128	2.3	128
SUCHEN4	5.3.1	115	2.4	115
TABELL1	5.3.4	125	3.1	125
TABELL2	4.2.2.1	69	3.2	69
TABELL3	4.1.2.3	54	3.3	54

Programmname:	Gliederung nach Ablaufstrukturen		Gliederung nach Anwendungsgebieten	
	Abschnitt:	Seite:	Abschnitt:	Seite:
TERMIN1	4.2.2.6	82	12.1	82
TERMIN2	5.1.4	101	12.2	101
VERTEIL1	4.1.1.3	48	7.1	48
VERTEIL2	4.2.2.4	77	7.2	77
ZINS1	4.1.2.5	58	10.1	58
ZINS2	4.2.2.2	72	10.2	72
ZINS3	4.2.1.2	68	10.3	68
ZINS4	4.2.1.1	66	10.4	66
ZINS5	4.3.1	86	10.5	86
ZINS6	5.2.1	107	10.6	107
ZINS7	2.3	17	10.7	17

9 Verzeichnis der INFO-Übersichten

Sachwortverzeichnis

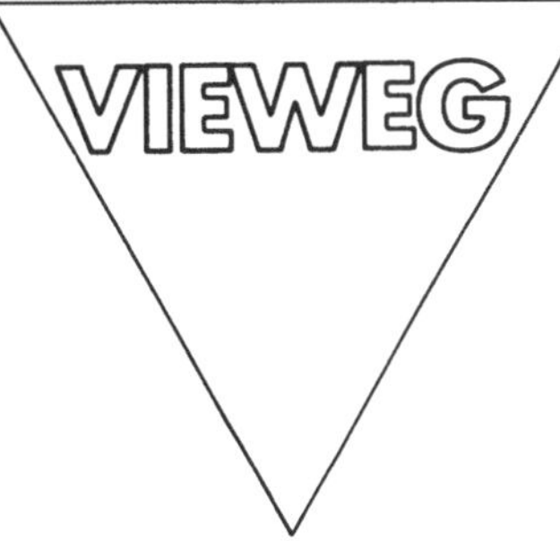

BASIC- und MBASIC-Infoware

von Ekkehard Kaier

BASIC-Wegweiser für den Apple II

Datenverarbeitung mit Applesoft-BASIC für Apple II/IIe und kompatible Computer, 1984. X, 200 S. mit 80 vollst. Progr. und zahlr. Abb. 16,2 X 22,9 cm. Br.

Applesoft-BASIC-Programmierkurs — Diskette

1   5 1/4'' Diskette

BASIC-Wegweiser für den Commodore 64

Datenverarbeitung mit BASIC 2.0, BASIC 0.4 und SIMON's BASIC. 1984. X, 235 S. mit 78 vollst. Progr. und zahlr. Abb. 16,2 X 22,9 cm. Br.

Commodore 64 — BASIC-Programmierkurs-Diskette

1   5 1/4'' Diskette

MBASIC-Wegweiser für Mikrocomputer unter CPM und MS-DOS

1984. X, 234 S. mit 86 vollst. Progr. und zahlr. Abb. 16,2 X 22,9 cm. Br.

MBASIC-Programmierkurs Disketten zum Apple IIe unter CP/M 2.20 und kompatible Computer

2   5 1/4'' Disketten

MBASIC-Programmierkurs Diskette zum IBM-PC unter PC-DOS (MS-DOS) und kompatible Computer

1   5 1/4'' Diskette

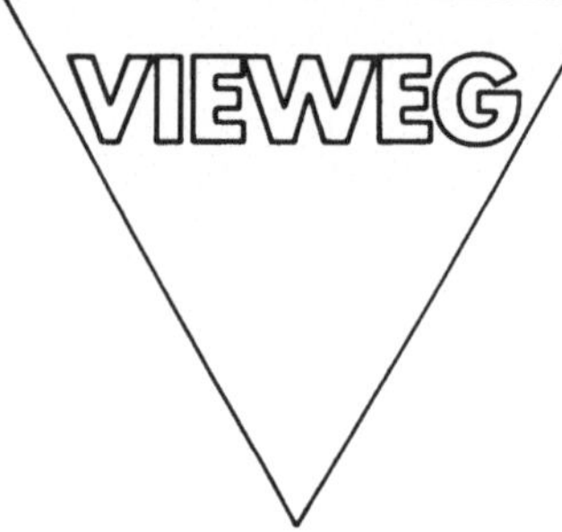

Zum Thema: Mikrocomputer

Harald Schumny (Hrsg.)
Mikrocomputer Jahrbuch 1984

Tendenzen — Anwendungen — Software — Daten. 1983. IX, 309 S. mit 148 Abb., 33 Tab., 40 Progr. und 838 Adressen. 18,5 X 24 cm. Br.

Die 5. Ausgabe dieses Jahrbuchs bietet aktuelle, zuverlässige und interessante Informationen zur Mikrocomputer-Hard- und Software.

Harald Schumny
Mikroprozessoren (6502, 6800, 8080, Z 80, 9900)

Grundlagen — Programmierung. Vergleiche — Übungen. 1983. VII, 240 S. 16,8 X 24 cm. Br. DM 48,—

Das Buch gibt in einem Teil „Grundlagen und Basisoperationen" eine Einführung für Anfänger bzw. ein Repetitorium für Fortgeschrittene. In einem zweiten Teil „Programmieren im Maschinencode" werden Übungen und Vergleiche gegeben.

Gerhard Schnell und Konrad Hoyer unter Mitarbeit von Burkhard Kours
Mikrocomputerfibel

Vom 8-bit-Chip zum Grundsystem. 2., durchges. Aufl. 1983. X, 231 S. 16,2 X 22,9 cm. Br.

Dieses einführende Lehrbuch behandelt fast alle auf dem Markt angebotenen 8-bit-Mikroprozessorentypen sowohl hard- als auch softwaremäßig. Parallel für alle behandelten Mikroprozessoren werden Programmbeispiele in der einheitlichen, übersichtlichen Assemblersprache CALM beschrieben.

Jörg Zschocke
Mikrocomputer, Aufbau und Anwendung

Arbeitsbuch zum µP 6800. 1981. 192 S. mit 193 Abb., zahlr. Beisp. und 13 Tab. 16,2 X 22,9 cm. (Viewegs Fachbücher der Technik/Reihe Informationstechnik.) Br.

Das Buch erleichtert das Einarbeiten in die Mikrocomputer-Software. Klar und übersichtlich wird der Leser mit dem Mikrocomputer, dessen Baustein µP 6800, dessen Funktions- und Arbeitsweise vertraut gemacht. Durch den Aufbau der Kenntnisse von den Grundlagen bis zu den Programmierbeispielen ist das Buch auch dazu geeignet, denjenigen, die bereits mit dem Mikrocomputer vertraut sind, als Nachschlagewerk zu dienen.